# 李鸿章传

李志波◎著

北京联合出版公司
Beijing United Publishing Co.,Ltd.

**图书在版编目(CIP)数据**

李鸿章传/李志波编著．—北京：北京联合出版公司，2013.11（2022.1重印）
（中国名人大传/马道宗主编）
ISBN 978－7－5502－2158－1

Ⅰ.①李…　Ⅱ.①李…　Ⅲ.①李鸿章（1823～1901）—传记
Ⅳ.①K827＝52

中国版本图书馆 CIP 数据核字(2013)第 253189 号

**李鸿章传**

编　　著：李志波
版式设计：东方视点

北京联合出版公司出版
（北京市西城区德外大街 83 号楼 9 层　100088）
北京一鑫印务有限责任公司印刷　新华书店经销
字数 230 千字　710 毫米×1000 毫米　1/16　15 印张
2013 年 11 月第 1 版　2022 年 1 月第 3 次印刷
ISBN 978－7－5502－2158－1
定价：49.80元

# 前言

李鸿章（1823—1901 年），字子黻、渐甫，号少荃、仪叟。安徽合肥人。清朝晚期的重臣，淮军创始人和统帅，洋务运动的主要倡导者之一。

其父李文安，曾任刑部郎中、记名御史，与曾国藩有“同年”关系，交情甚深。1847 年（道光二十七年），李鸿章中进士，后改翰林院庶吉士，授编修。同时，师事曾氏，讲求经世之学。1853 年（咸丰三年）受命随工部侍郎吕贤基回籍办团练，后在安徽巡抚幕府中任职，多次领兵与太平军对抗。1858 年冬转至江西，晋谒曾氏，入其营幕。1860 年，统带淮扬水师。湘军占领安庆后，被曾国藩奏荐“才可大用”，命回安徽招募淮勇。其间，选兵择将，厘定营制饷章，“悉仿湘军章程”。1862 年（同治元年）乘英国轮船抵沪镇压太平军时，自成一军，是为淮军。由此，李从曾手下的一个幕僚，一变成为清朝统治集团重要的一员，成为军事上独当一面的统帅。旋经曾国藩推荐被任命为江苏巡抚。地方实权既握，在江苏大力扩军，采用西方新式武器，使淮军在短短的时间内由六千多人增至六七万人，成为清军中装备精良、战斗力较强的一支地方武装。淮系集团就是在此基础上逐渐形成并壮大起来的。李鸿章到上海后，受到外国侵略者和国内地主买办势力的支持，伙同外国雇佣军（后组建为常胜军）进攻太平军。1863 年和 1864 年先后攻陷苏州、常州等地，和湘军一起镇压了太平天国。1866 年，继曾国藩署钦差大臣，专办镇压捻军事务。

在镇压农民起义军期间，李鸿章认识到外国武器装备精粮的威力，遂积极筹建新式军事工业，仿造外国船、炮，开始了以“自强”为旗号的洋务事业。1865 年分别在上海和江宁（今江苏南京）创建江南机器制造总局和金陵机器制造局。

在“自强”过程中，他时常感到经费不足，使局务难以维持和发展；原料燃料不能自给，不得不向外国购买；缺乏新式交通工具，在运输上碰到很多麻烦。于是从19世纪70年代起，李鸿章开始进一步扩大洋务事业，由标榜“自强”到进而“求富”，主要以“官督商办”的形式创办了一系列民用工业，其中规模较大的有上海轮船招商局、开平矿务局、天津电报总局、唐山胥各庄铁路、上海机器织布局、漠河矿务局等。同时，又着手筹划北洋海防，于1888年（光绪十四年）建成一支拥有二十余艘舰艇的北洋海军。这是李鸿章“求富”事业的重要内容。为培养“自强”“求富”所需人才，他还积极创办各类新式学堂，并派人到西方去学习。所有这些，其主观目的只是引进某些西方的技术设备、增强国家实力以应付变化了的国际国内局面，维护清朝的统治，但西方近代物质文明的引进不可避免地要导致资本主义经济的萌发和封建体制的某些破裂，这无疑对近代中国社会的发展产生了深远的影响。

李鸿章办洋务事业，时间最长、方面最广、主持最力，虽声势甚大，但是收效不大。在封建体制束缚下的洋务运动，不可能使中国真正富强起来。中外力量对比悬殊的格局，使李鸿章产生了严重怕洋人的心理，在对外交涉中总是借口中国的军事力量大不如人，不是西方国家的对手，因此，抱定逆来顺受、“保全和局”的方针。结果是接受无理要求，签订一系列丧权辱国的条约，使中国半殖民地的程度一步步加深。

1876年，他屈服于英国的压力，签订了中英《烟台条约》。1885年中法战争中，尽管中国军民已取得重大胜利，他却主张“乘胜即收”，与法国订立了《中法新约》。1894年中日甲午战争爆发，他一意幻想国际调停，疏于战备；被迫应战后，却力图保存淮军和北洋海军实力而消极应战，结果导致北洋舰队全军覆没，并于次年与日本签订了丧权失地的《马关条约》。此后淮系军阀势力瓦解，洋务运动在政治上宣告失败，李鸿章声名大损，于是闲居起来。1896年，命充专使赴俄致贺沙皇加冕，签订《中俄密约》，旨在联俄制日。1899年，出任两广总督。1900年义和团运动勃兴、八国联军进犯津京时，被任命为直隶总督兼北洋大臣，并命偕庆亲王奕劻为议和全权大臣。1901年，代表清政府与列强签订了使民族受到更大损失的《辛丑条约》。同年11月去世。谥文忠，赠太傅，晋封一等侯。至此，这个控制北洋军达二十五年之久，清末权势最为显赫的封疆大吏终于结束了其政治生涯。著有《李文忠公全集》。

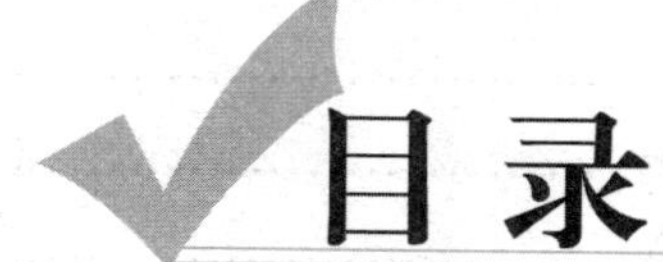

# 目录

Contents

# 第一章　大器晚成

## 一、立志仕途

传说李鸿章是财神下凡，这当中也有巧合。民间都以阴历正月初五作为财神的生日。清道光三年正月初五，也就是1823年2月15日，李鸿章在安徽省庐州府合肥县磨店乡出世了，伴随着他降生的是人们置酒接神、给财神过生日的一片喜庆。李氏宗族洋溢着喜庆的气氛。

李鸿章的先祖姓许，名福山，原居江西湖口县，后来迁到安徽合肥大兴集居住。这样传了几代，到了许迎溪时，同村的李心庄娶许家女为妻，两家遂结秦晋之好。但许家女久无生育，故许迎溪把次子许慎，也就是李心庄的妻侄过继给李家为嗣。七代之后，便传至李文安。此前，李家一直是耕读之家，尚未出过一个官宦之人。李文安字玉泉，号愚荃，就是李鸿章的父亲。他生有六男二女，儿子们大都用他的“荃”字取字：长子瀚章，字筱荃，又作小泉；次子鸿章，字少荃；三子鹤章，字季荃；四子蕴章，字和甫；五子凤章，字稚荃；六子昭庆，字幼荃。大女儿嫁给同县富户张绍棠，李家故而常常得到张家的资助；同县费日启，字心箴，娶了文安小女为妻，后来在江苏帮助李鸿章办理军务。李鸿章排行老二，故又被人称为“李二先生”。

李文安时的李家，还是“家风寒素”、半耕半读的境况。李文安曾作塾师，一边谋生，一边准备参加科举考试，谋求仕途。道光十四年（1834年），他在江南乡试中举，为第96名，接着又在四年后进京参加会试，中了第112名进士。报子到家中来报喜，她的夫人一点儿也不相信，仍旧耕着田地。文安高中进士，使他的家庭由“力田习武”转变为当地“望族”。李文安当上户部主事，俨然一个朝廷大员，成为许氏改为李姓之后做官的首人。

李文安在刑部为官多年，尽忠职守，非常认真。据说每逢断案，他都会夜以继日地工作，不查出案情的真相绝不罢休。为此，常要与人“庭诤面折”，被人称为“包公再世”，但他也因为刚毅的脾气，常常得罪上司。后来，他管理牢狱时，同样严守规章，禁止狱卒虐待囚犯，为在押的囚徒准备衣被、药饵，冬天给粥，夏间给席，还不时亲自检查督促。

李鸿章的母亲勤劳善良。直到李文安做京官以后，她还留在合肥家中织布、督耕，教子读书，一针一线都很节约，保持俭朴的生活。有人劝她应该享享清福了，她却告诉别人，自己让儿子们发愤读书，成为有作为之人，不怕什么贫困。为了让儿子们成才，她甘愿受苦受累，并不埋怨。

道光八年（1828 年），李鸿章 6 岁，与兄弟和乡里其他孩子一起开始了读书生涯。他的父亲就是老师，并以一处方塘花树环绕下的水阁作为书房，名为“棣华书屋”，又叫“棣萼书屋”。向西可见到蜀岫，东边挨着鲍台，北边有淮浦，南面可以俯视巢湖，有山水环抱，景致十分幽雅，非常适宜读书学习。鸿章与他的兄弟们在这里一起研读诗书，吟诗作对，吮吸着传统文化。

道光二十年，李鸿章通过科举，成了秀才。

又过了两年，李鸿章年已二十。他对自己十多年来一直求取功名颇有感慨，于是赋诗《二十自述》四首。其中一首是：

蹉跎往事付东流，弹指光阴二十秋；
青眼时邀名士赏，赤心聊为故人酬。
胸中自命真千古，世外沉浮只一沤；
久愧蓬莱仙岛客，簪花多在少年头。

另一首写道：

丈夫事业正当时，一误流光悔后迟；
壮志不消三尽剑，奇才欲试万言诗。

闻鸡不觉身先舞，对镜方知颊有髭；
昔日儿童今弱冠，浮生碌碌竟何为。

他对20年来的总结，竟是“碌碌”而“无为”!

道光二十三年，他收到在北京做官父亲的来信，便遵信所嘱，赴京准备第二年的顺天乡试。途中，他又写作《入都》诗，一共十首。其中一首是这样的：

丈夫只手把吴钩，意气高于百尺楼。
一万年来谁著史，三千里外欲封侯。

字里行间透露出他跃跃欲试的迫切心情，意气风发的神态跃然纸上。类似的豪言壮语也大量出现在另外几首诗中，像什么“倘无驷马高车日，誓不重回故里车”“即今馆阁需才日，是我文章报国年”等等。

同时，他也有增长见识，开阔眼界，结交师友之愿。有诗为证：

频年伏枥困红尘，悔煞驹光二十春；
马足出群休恋栈，燕辞故垒更图新。
遍交海内知名士，去访京师有道人。

他慨叹曾经的碌碌无为，决心离开故乡追求新知。

他在过卢沟桥时作的一首诗，更是包含感慨和希冀：

定须捷足随途骥，那有闲情逐野鸥；
笑指卢沟桥畔路，有人从此过瀛洲。
回思往事尽成尘，我亦东西南北身；
白下沉酣三度梦，青衫沦落十年人。
穷通有命何须卜，富贵何时乃济贫；
角逐名声今已久，依然一幅旧儒巾。

此诗，既有对自己多年追求功名然而大事无成的感慨，还有对跨过卢沟桥就如同跨入仙境而扬名立万的希冀。

刚到京师，他便在安徽会馆安顿下来，不久又搬到铁狮子胡同。很快，他就见到了曾国藩，寻到了自己理想中的“有道之人”。

曾国藩，是湖南湘乡人，字伯涵，号涤生，戊戌年与李愚荃一同考中进士，故二人年兄年弟相称。自然，鸿章就以年家子的身份拜见了曾国藩。曾国藩对他进行了针对科举考试的指导，结果李鸿章在第二年的乡试中中举。此后，李鸿章经曾国藩的推荐，做了何仲高的家庭老师，在教何家公子读书的同时也为参加全国会试积极准备。

这时云集在京的各省举人组织了一个文社，选址就在九条胡同，会长由曾国藩担任。每人每月交八首诗、三篇文章是社员的任务。李鸿章借此有利条件，向曾国藩请教诗文。由于他勤学好问，有了不小的进步，在学习诗词的同时，他也不忘求教经世之学，因而深得曾国藩赏识。

道光二十五年的会试，李鸿章虽然落了第，但仍觉得收获不小。曾国藩就是在这时知道李鸿章是可用之才。

道光二十七年，李鸿章再次参加会试。潘世恩担任了这一年的正考官，另有朱凤标、杜受田和福济为副考官。一考完李鸿章就给母亲写了信，告诉她自己这次考试，感觉要比上回好得多。于是就和别的举子到通州游览了一番，返京后，还蒙圣赐到御园北海一游。四月发榜，李鸿章高中二甲第十三名进士。经朝考后，获得庶吉士资格。和曾国藩一样，他进入翰林院，入馆研习。

“庶吉士”只是翰林院的研修生，散馆后，当上“检讨”、“编修”才算翰林院的正式官员。三年后，李鸿章被授予翰林院编修，还担任了国史馆协修等官职，仍从曾国藩左右学习。曾国藩对经史一类的书籍颇感兴趣，李鸿章在他编选《经史百家杂抄》的过程中，就负责校正的工作。在方法上，曾国藩的教诲也让李鸿章受益匪浅。曾国藩告诫他，写字与人的命运和作风有重大的联系，不能虎头蛇尾，半途而废，要不然老年之时是难有好结果的。李鸿章对此十分重视，不但身体力行，而且也以此与自己的兄弟共勉。后来李鸿章的字果然胜过了曾国藩，而且他始终以非常认真的态度办事，即使遇到困难重阻也要坚持到底。

咸丰二年（1851 年），曾国藩丁忧回乡，李鸿章在京师，师生之间的音信也稀少了。

## 二、入曾国藩幕府

道光三十年（1850年）底，在两广地区爆发太平天国起义，仅两三年便占有南京，与此同时北方捻军大起义也爆发了。农民们反抗封建压迫和封建剥削，在全国各地都有他们的起义。封建知识分子在阶级本质上与封建地主阶级无异，为维护封建统治，他们必然要参与到镇压农民起义的活动中去。这个时候，他们终于不再死抱书本钻研儒道之学，而是积极投身到残酷的阶级斗争中去。

当时，作为清朝正规军的“绿营”“八旗”都已腐化堕落，已没有什么战斗力了，最高统治者皇帝只好以保境安民为号召，任命了团练大臣43人，企图让这些人回乡组织地主武装，对付农民起义。咸丰三年（1853年）正月，工部侍郎吕贤基和周天爵奉召来到安徽，和巡抚蒋文庆共同办理团练。正月二十五日，吕贤基向咸丰帝保荐李鸿章、主事朱麟棋、刑部员外郎孙家泰、给事中袁甲三、通判徐启山和知府赵匀随同帮办团练。安徽人的出身，让李鸿章具备了熟悉当地情形的优势。

安徽北部早在咸丰初年就有捻军活动了。这时因太平军北进，二者遥相呼应，局势更加动荡不定。

二月，李鸿章回到庐州。他成为了这时正在署理安徽巡抚的周天爵的一个幕僚。他帮着周天爵出谋划策，在定远、颍州之地做防御太平军的准备。他联络的地方团练包括其弟鹤章、合肥的张树声、张树珊兄弟，以及刘铭传等部，在定远、颍州一带，防范捻军的蔓延。

三月初九，周天爵在定远和嘉州之间大战捻军，李鸿章参与其中。

五月，占领扬州的太平军向运漕镇、东关一带进兵。太平军一旦越过运漕和东关就能直奔巢湖一带，所以此地战略通道的地位非常重要。为保住这个庐州的东南门户，新任皖抚李嘉端令李鸿章带练勇一千多人到和州裕溪口阻击太平军。七月，李鸿章在运漕一役中获胜。他与太平军第一次交战，就获得了从军以来的大捷。该月二十一日他得到了六品蓝翎的封赏。

十月二十九日，太平天国将领曾天养和胡以晃率兵攻占舒城，吕贤基阵亡，李鸿章的团练退保合肥。

李鸿章在安徽办团练的消息传到曾国藩那里，曾国藩特地给江忠源写信，力荐李鸿章是可重用之才：

吕鹤田（贤基）少司空与国藩契好，想与阁下相得益彰。李少荃编修大有用之才，阁下若有征伐之事，可携之同往。

他又修书李鸿章的哥哥李瀚章说：

“令弟少荃，自乙丙之际（道光二十五、六年）仆即知其才可大用。丁未馆选后（指道光二十七年鸿章中进士并选为庶吉士），仆以少荃及筠仙（郭松嵩）、帅逸斋（帅远怿）、陈作梅（陈鼐）四人皆伟器，私目为丁未四君子。兹令弟果能戡乱御侮，有声当世，窃谓鉴赏之不谬，惜三君子未尽柄用。昨寄岷樵（江忠源）书中，已令其亲敬鹤翁、少荃二人。想针芥契合，必能相与有成，保护珂里也。”

此外，在给李鸿章本人的信件中，他鼓励李在家乡积极募办团练，并告诫不要让新建的部队沾染清军旧营伍腐朽堕落的坏习气：

知吾弟统领练勇，驰驱戎马，懋勋令望，实用慰仰。今日兵事最堪痛哭者，莫大于败不相救四字。……秋间仆与岷樵（江忠源）中丞书，道及互弊，以为须尽募新勇，不杂一兵，不滥收一弁，扫除陈迹，特开生面，赤地新立，庶收寸效。……闻阁下所带之勇，精悍而有纪律，务望更加训练，束以戚氏之法，明年楚勇过皖，即与尊麾合为一军，将士一气，万众一心，一洗向日营伍之陋习，纵不能遽立勋绩，亦聊欲稍变气象，一泄积愤也。岷樵到庐求贤孔殷，足下及鹤翁（指吕贤基）、午翁（指袁甲三）如有所知，幸尽告之。

曾国藩在信中还提及了让他建立一支6000人马的团练队伍的打算，希望李鸿章能积极地给江忠源出谋划策，同时训练剽悍的队伍，以便湘军东进时能够合兵，共剿敌军。这也表现出曾国藩的老谋深算。

十一月，庐州被太平军围攻。李鸿章带着城外募来的兵勇，在冈子集驻守。鉴于庐州危急的形势，十二月初八日，他亲自赶往正阳关，请求援兵。这时八旗将军舒兴阿已被革去陕甘总督之职，领兵远道赶来。他害怕太平军的勇猛，故意拖延进军速度。以致内外合击太平军的策略破产，李鸿章率所部练勇自带粮草协同作战的愿望当然也落了空。十二月十七日，太平军攻破庐州，新任安徽巡抚江忠源阵亡。李鸿章对自己没能搬到救兵深感愧疚，引兵北撤。太平军焚毁了李鸿章的老家，毁家之仇使得他更是与太平军不共戴天。

咸丰四年（1854 年），其父李文安也回到了皖北办团练，经袁甲三奏请留在临淮募勇。这时，李鸿章之弟李鹤章带着自己数百人的团练加入了父亲的队伍。

咸丰四年，李鸿章担任了新任安徽巡抚福济的幕僚。福济是满人，曾任李鸿章中进士这一年的会试副考官，是李鸿章的座师。这一层师生关系使得李鸿章得到了福济的特别扶持。

这年十一月，李文安回到安徽练勇，并在官军守卫庐州的战役中起了作用。后来渡巢湖，在白石山下与陈玉成的太平军交战，将其击溃。一时间，李鸿章父子三人为了绞杀太平天国而奔心。

次年春，副都统忠泰攻打巢县，李鸿章父子领团练协同作战，结果失败了。五月二十三日李文安抱恙，在留给儿子们亲笔手书遗嘱中告诫他们：

> 贼势猖獗，民不聊生。吾父子世受国恩，此贼不灭，何以家为，汝辈努力以成吾志。

他毕竟是个知识分子，在文中引用了西汉大将军霍去病的典故，以“匈奴未灭，何以家还”的名句，告诉鸿章兄弟要以国家为先为重，竭力平叛，以尽忠国家。

六月十三日，清军遭到巢县太平军的毁灭性的攻击，损失殆尽，副都统忠泰仅以身免。李鸿章因奔父丧，不在营中，故得幸免。

这时，总兵吉顺的大营遭到大批太平天国军队的围攻。消息传到李鸿章那里，他即刻领兵回援解围，以报亡亲破家之恨。为父亲服丧百日后，他就正式回到了军营。

十月，李鸿章协助和春、福济等进攻庐州城。破城后他因功成了记名道员。

次年九月，他追随福济，接连攻克巢县、和州、东关等地。这些功劳又让他当上了按察使。十一月，李鸿章利用战事稍松的空隙，将父亲的灵柩安葬在合肥葛洲。根据丁忧的制度，李鸿章离开了职位。

咸丰七年九月，福济将李鸿章已经丁父忧的情形向上奏报，李鸿章在结束团练的事务之后，就可以回京供职了。福济对他很好，不过福济并不懂军事，其手下的幕僚们又深忌李鸿章之才。故而李鸿章总有壮志未酬的感觉。六年夏，他途经光明镇时所作的题壁诗就流露出他对现状的不满：

四年牛马走风尘，浩劫茫茫剩此身；
杯酒借浇胸块磊，枕戈试放胆轮囷。
愁弹短铗成何事，力挽狂澜定有人；
绿鬓渐凋旄节落，关河徒倚独伤神。

他觉得福济等人不具备挽救局势的能力，总想着要另谋出路，投奔“力挽狂澜”之人。咸丰八年（1858 年）七月，陈玉成和李世贤再次率太平军攻占庐州城。太平军洗劫了他的家，他的夫人及幼子也惨遭不幸。在一首致吴棠的信中，他的诗句表明了自己既有另谋出路之心，却又难下决断的矛盾心情：

浮生萍梗泛江湖，望断乡团天一隅。
心欲奋飞随寒雁，力难反哺恋慈乌。
河山破碎新军纪，书剑飘零旧酒徒。
国难未除家未复，此身虽去也踟蹰。

国难家仇让他痛心，自己又难下决心离去。曾国藩在这时的来信相约给了李鸿章信心。他决心投奔曾国藩。

曾国藩于咸丰二年以团练大臣的身份回湘，编练湘军。他在湖南成功击退了太平军，湘军乘胜追击，杀出了湖南。咸丰八年十月初十日，湘军与太平军陈玉成所部展开了三河大战，湘军大败，而他的弟弟曾国华阵亡的消息，更令他悲痛异常。

十一月二十五日，李鸿章已经离开了安徽来到江西境内，很快就要到达建昌大营，得此消息，曾国藩顿时精神振奋。在当天的日记里表达了他的兴奋："闻李少荃已过广信，即日将来营会晤，为之欣喜。"

十二月十日，李鸿章到达建昌，他的到来给曾国藩带来了极大的兴奋，两人在一起交换对时局和军事的看法，一连几日。江北大营的钦差大臣和春、安徽巡抚福济以及江南江北各路军务的形势都纳入了俩人谈话之中。在很多看法上两人往往不谋而合，非常投机：

> 江北与江南不同，在那里非数千马队不为功；
>
> 可调察哈尔马三千匹。由上驷院派官员押解到湖北，而到亳州一带招募善于骑术的团勇骑用。

曾国藩交给李鸿章招募马勇的任务，李鸿章在福济、吕贤基等人手下的阅历告诉他，军旅之事非同小可，一开始就拒绝了。他觉得自己尚未具备独当一面的才干。曾国藩告诉他，彭玉麟亦为文人出身，现在也能够训练水师；杨岳斌虽然出身行伍，虽是陆军，如今率水师作战也不成问题，以消除李鸿章的畏难情绪。李鸿章在他的激励之下接受了任务。与此同时，曾国藩给湖北巡抚胡林翼写信，让他用官文向湖广总督请求调用北方马队。

李鸿章言出必行。他立即派了专人回到颍州去招募这 500 名马勇。但是，这时皖北的局面很混乱，政府军队和起义者错杂，根本招不到兵。招募马勇的计划泡了汤。

咸丰九年（1859 年）二月，曾国藩的大营迁到抚州。一月后，李鸿章赶来报到。一次曾国藩在晚霞楼大设宴席，李鸿章将自己满腹的感慨化作了这样的诗句：

> 霸陵猎马短后衣，昨梦封侯今已非。
>
> 南浮富春下彭蠡，山川辽绝音问稀。

任人呼牛或呼马，长醉不醒胡为者。

曾国藩非常清楚李鸿章“怀才不遇”的郁闷，他觉得应该再给李鸿章以机会。

五月十日，曾国荃受兄长曾国藩之命带着5500人从抚州向景德镇进军，李鸿章也被委派一同前往。二十六日曾国藩正式向朝廷奏报，说李鸿章“久历戎行，文武兼资，堪以留营襄办”。

但是这样李鸿章就得听命于曾国荃，这引起他的不满情绪。曾国藩鉴于此，先后于五月十七日和六月二十八日两次给李鸿章写信开导他，告诉他胸怀大志有济世之才这是好事，但高明的人应懂得等待良机，甚至说：“观阁下精悍之色，露于眉宇，作字则筋胜于肉，似非长处玉堂，鸣佩优游者。”信中“玉堂”二字，典出宋代，御赐翰林院为“玉堂之署”。曾国藩号称擅相人之术，他断定李鸿章不会在翰林院长久地担任闲职，将来可以称雄一隅，南粤、齐豫、东吴都有可能，但必须相时而动。

六月中旬，曾国荃攻占景德镇。七月，李鸿章回到曾国藩的幕府从事一些掌理文案的工作。曾国藩不以普通的秘书看待李鸿章，而是让他充当自己的助手和顾问的角色。每次曾国藩都先同李鸿章商量，才对重大的计划作出决定。

据说，安徽巡抚翁同书在处理江北练首苗沛霖事件中失策，后来定远失守时又弃城逃跑，根本不顾及自己封疆大吏守土之责。曾国藩对此非常气愤，于是让一个幕僚拟定弹劾翁同书的折子，然而拟来拟去总不满意，自己动笔还是不能拟好，总觉得要说服皇帝非常困难。因为翁同书之父翁心存贵为天子之师，弟弟翁同龢是状元。翁氏家族现在是皇上面前的大红人，而且朝中大臣中翁门弟子为数不少。措辞既要让皇帝下决心依法严办，不徇私情，又要使朝中大臣不能利用皇帝对翁氏的好感来说情，这真是令人头痛的事。最后由李鸿章拟稿。奏稿文意周密，尤其当中一段警句更是精妙，说：“臣职分在，例应纠参，不敢因翁同书之门第鼎盛，瞻顾迁就。”这样一来，皇帝只好破除情面，朝中大臣也不好袒护了。曾国藩忍不住拍案叫绝，便以此上奏朝廷。终于翁同书被革职，发配新疆。

八月，李鸿章随同曾国藩去见湖北巡抚胡林翼。胡林翼虽是初次见到李鸿章，却对他的才干赞赏有加，几次告诉曾国藩说李鸿章完全有能力独当一面，建议曾国藩保举李鸿章一个实缺。

十月二十四日，李鸿章受朝廷之命做了福建延津邵道，遇缺候补。然而福建已无缺可补，曾国藩便以“赞襄需人”的理由留下了李鸿章。

咸丰十年（1860 年）春，清军江南大营为太平天国忠王李秀成、英王陈玉成合兵击破。四月初，曾国藩、李元度、左宗棠、胡林翼、李鸿章及其兄李瀚章等湘军重要将领在宿松集会商讨局势，寻求解决危机的方法。

左宗棠和胡林翼先后离开以后，苏州便失守了。曾国藩就估计自己可能要被朝廷派去进兵苏州。

曾国藩常常在决策时犹豫不决。五月初十日，上午他与李续宜反复讨论湘军是否应停止围攻桐城和安庆，却始终决定不下来。午饭以后，李鸿章来了，很快就把问题分析得清清楚楚，于是曾国藩给胡林翼写信，决定要竭尽全力，确保死围安庆和桐城，就算其他战场吃紧，也要首先保证两处的围困不放松。曾国藩早就对李鸿章十分赏识，李鸿章入幕后积极出谋划策，表现出了思维的敏捷，说理的透彻，曾国藩越来越觉得他这种人才不可多得。

六月二十四日，曾国藩被朝廷任命做了两江总督，节制苏皖浙赣四省军务，实际上统帅各路大军剿杀太平天国。

七月初三日，曾国藩以“劲气内敛，才大心细”之由上奏保举李鸿章，任两淮盐务使实缺。

但曾国藩并未只是派他去办理盐务，在七月十二日的《复奏统筹全局折》中提出让李鸿章前往训练水师的想法：

谕旨垂询江北一带，如何布置一节。臣前于五月十七日，奏饬总兵吴全美、李德麟师船全数下驶，驻泊焦山、瓜州等处，以通镇、扬两府之气，而扼逆匪北渡之路。又于七月初三日，奏派道员李鸿章兴办淮扬水师，以护盐场，而辅陆军，无非为力保江北起见。惟水师庀材鸠工，赤地新立，非数月所能就绪。臣俟皖南各城立脚粗稳，乃能绕道驰赴淮扬，亦非数月所能成行。侧身东望，焦愤实深。都兴阿迭奉谕旨，督办扬州军务，日夜焦灼，谋所以速行之法。官文、胡林翼亦百计经营，谋所以资送之法。无如事多窒碍，迄不能就。不特三千劲旅，五月口粮，鄂省之力，一时难以拨付。即弁勇之心，亦实不愿远行。盖自湘省至扬州，绕道五千馀里，上游一水可通，人多而气聚。下游百物昂贵，人少而势孤。同一应募之勇，同一额定之粮，其愿就鄂就皖，而不愿赴扬州者，情也，势也。以臣愚见，淮、徐等处，风气刚劲，不患无可招之勇，但患地训练之人。拟即函商官文、都兴阿等，酌带楚师千人，先行驰往，仰慰圣怀。到江北后，用楚军之营制，练淮、徐之勇丁，严其禁约，宽其期限，李鸿章往办水师，亦照此法行之。臣明年驰赴淮、扬，亦照此法行之。饷绌而不改其常，战败而不变其度，期于有成而后止。若仗圣主洪福，得一二名将出乎其间，则两淮之劲旅，不减三楚之声威。此江北先行筹画之微意也。

曾国藩想让他去淮阳办理水师，并择地开办船厂，以水师之力保护盐场，防止太平军夺去这一利源。但后来发生祁门大营危机，曾国藩又奏请将李鸿章留在自己身边。

正当曾国藩一心栽培李鸿章时，却发生了意外事情，使曾李十分亲密的师生关系一度紧张。

咸丰十年四月，太平军大破江南大营，两江总督何桂清因此被革职，曾国藩受命署理两江总督。曾国藩奏请朝廷，要在祁门设立自己的总督衙门。李鸿章得知，便劝阻曾国藩改变计划，指出祁门地形不利，在此驻军是犯了兵家大忌，应该赶紧撤离这一战略险地。但曾国藩不予采纳，固执地坚持自己的计划，他怒气冲冲地对幕僚说："不愿留下的可以离开。"

果然，到了八月二十六日，祁门就陷入了重围，形势十分危急。曾国藩非常恼火，迁怒于祁门守将，自己的密友李元度，还让李鸿章上奏弹劾李元度。

曾国藩的作法没有什么可指责的，但他手下的官员、将领们却是一片反对之声，说他不念旧情。李鸿章认为，李元度以新兵三千抵御李侍贤一万多太平军主力的攻击，失败在所难免，理应宽大处理；加上李元度与曾国藩又是同生共死好友，于情也应从宽发落。他劝曾国藩高抬贵手，不要入奏。曾国藩执意不徇私情，根本不理睬李鸿章。李鸿章带着幕僚同事们向曾国藩请愿，还拒绝拟写奏劾。曾国藩宁愿亲自动笔，也不妥协。李鸿章表示："若此则门生亦将告辞，不能留侍矣。"曾国藩火了，让李鸿章自便。曾国藩在日记中写道："日内因徽州之败，深恶次青，而又见同人多不明大义，不达事理，抑郁不平，遂不能作一事。"曾国藩手书日记原稿"而"与"又见"中间"少荃"两字被圈掉了，他原本要写的是"少荃不明大义，不达事理。"这样的一个批评是切中李鸿章要害的。在曾国藩的强硬态度下，李元度被弹劾去职。由于意见被拒，加上祁门又处于岌岌可危的局面，李鸿章一气之下离开曾国藩，准备投奔南昌的哥哥。

李鸿章顺路去拜见了胡林翼，还把自己辞幕的原因告诉胡氏。胡氏耐心地开导他说："君必贵，然愿勿离涤生，君非涤生曷以进身?"李鸿章说了心里话："吾始以公为豪杰之士，不待人而兴者，今乃知非也。"曾国藩憎恶李鸿章在危急时刻借故离营，觉得他也不能够患难与共。胡林翼给曾国藩写信："李某终有以自见，不若引之前进，犹足以张吾军。"在胡林翼的劝导之下，曾国藩冷静思考，感到确实有理，于是在1861年3、4月间给李鸿章写信，希望他能参与到南昌的防御中去，让太平天国南路西征军无法得手。李鸿章也保持着和曾国藩的联系，直接写信劝说或请胡林翼代劝曾国藩尽快撤离祁门，以肃清江西太平军为首要任务。李鸿章的意见得到胡林翼的赞同。胡专门致函曾国藩说：李鸿章之议颇识时务，左宗棠移驻九江之策"亦握形势"，"然丈未必采纳。能于湖口、东流驻使节，联络南北两岸之兵气，乃合使节之体裁，且功效必大"。他甚至委婉地指出了曾国藩不从战略全局的角度处理问题，犯下因小失大的过错。他写道："使节兼三江非专为宣歙而设也……握大符当大任以力肩大局为义，二三邑之得失不足较也。"加上曾国荃"株守偏陬无益，宜出大江规全局"的极力相劝，曾国藩终于正视自己的失误，把大营迁至东流。

李鸿章在南昌之时，曾给丁未同年沈葆桢写信了解福建形势，表达自己想到福建补道员之缺。沈葆桢劝他赶紧打消此念："闽事糜烂，君至徒自枉才耳!"另一位丁未同年郭嵩焘在给李鸿章的信中也劝阻说，"力言此时崛起草茅，必有困依，试念今日天下，舍曾公谁可因依者，即有拂意，终须赖以立功名，仍劝令投曾公。"李鸿章"读之怦然有动于心"。1861年6月25日曾国藩抓住机会，写了一封很诚恳的请他回到自己手下工作的信函：

阁下久不来营，颇不可解。以公事论，业与淮扬水师各劳官有堂属之名，岂能无故弃去，起灭不测。以私情论，去年出幕时交无不来之约。今春祁门危险，疑君有曾子避越之情。夏间东流稍安，又疑有穆生去楚之意。鄙人遍身热毒，内外交病，诸事废阁，不奏事者五十日矣。如无醴酒之嫌，则请台旆速来相助为理。

曾国藩想要李鸿章来为自己办事，成为自己的左膀右臂。李鸿章分析当前形势，也清楚投靠曾国藩才是自己建功立业的唯一出路，这使得他决心不计前嫌，于7月13日又回到曾国藩东流大营，为曾国藩出谋献策了。

李鸿章重回曾国藩幕府的下午，两人进行了长时间的交谈；吃完晚饭，曾国藩洗去手上的药，两人又继续白天的谈话，直至深夜。几乎彻夜的长谈消除了曾国藩与李鸿章之间的嫌隙，两人都因畅所欲言而难以成眠。

如此几日，他们的情感已非普通师生之谊可比，已经上升到了铮友一般的程度，几乎无话不说。二十八日，在曾国藩的后院，他们乘凉畅谈直至二更三点。李鸿章将曾国藩的缺点是"懦缓"一语道破，说曾国藩考虑问题过多过细，决策又不够果断，缺乏大刀阔斧的能力。

八月初一日，湘军占领安庆。初五日，曾国藩便和李鸿章一同乘船赴安庆犒军。这时候咸丰帝死去，安庆大营设立了灵殿，以供文武官员们祭奠。这段日子里两人长谈仍未间断。他们的思想更加一致，对时势的发展更为关注。

十五日，李鸿章元配夫人周氏亡故，他回到江西处理后事。九月二十四日才回来。这时，朝局的变化一直是他们密切关注的焦点。后来，在北京政变时，慈禧、慈安两宫皇太后和恭亲王夺取了政权，咸丰帝临终任命的赞襄政务王大臣肃顺等八人被撵下台。他们一致认为"皇太后英明果断，为自古帝王所仅见"，因而"相与钦悚久之"。

# 三、机遇

湘军攻克安庆，占据了战略上的主动。湘军大营从东流移至安庆。然而，李秀成率领的太平军在长江下游却屡次挫败清军。江浙一带的城市大多落入太平军手中，仅剩下孤立无援的上海一城。城内的商人和入城避难的地主们惶惶不可终日。

咸丰十一年（1861年）十月初四日，安庆来了三位客人，为首的正是上海金匮县知县华翼纶。他们代表长江下游地区的地主富商们向曾国藩搬兵援沪，希望湘军能赶快出动，并愿意提供每月60多万两白银充作军费。曾国藩没有立即同意。12天后，厉学潮和钱鼎铭坐着外国轮船赶来。厉是江苏巡抚薛焕委派的，代表官方；而官居户部主事的钱鼎铭则是上海绅商代表。两人对曾国藩是又下跪又叩头，哭诉上海的局势岌岌可危，声泪俱下，哀求他指挥湘军解救上海之危难。二十二日当晚，曾国藩与李鸿章商议，还向钱鼎铭了解了具体的情况，然后告诉他两个月内是无法抽出一支部队去救援上海的。

曾国藩面对这样危急的形势，一下子也拿不出一个万全之策。唯一的办法，就是让曾国荃领一支兵奔赴上海。在十月二十四日曾国藩给曾国荃写信就谈到这种想法：

> 日来未接家信，不知澄弟已自衡归里否？沅弟已过武汉否？
>
> 此间军事如常。十五日四眼狗水陆上犯运漕，被我军击退，杀贼颇多。李与吾自白茅嘴来打接应，亦擒斩数十人，夺旗数十面。此后东并、运漕、无为在三处或可放心。浙事日棘，绍兴业已失守，杭州恐亦难保。今冬明春皖南必极危急，上海亦危如累卵。上海富甲天下，现派人二次前来请兵，许每月以银十万济我，用火轮船解至九江，四日可到。余必须设法保全上海，意欲沅弟率万人以去。已与请兵之官商订，定渠买洋人夹板船数号，每号可装三千人。现已放二号来汉口，不过放五号来皖，却可将沅弟全部载去。目下专主防守上海一隅，待多破庐州、鲍破宁国后，渠两军会攻金陵，沅弟即可由上海进攻苏、常。不知沅弟肯辛苦远行否？如慨然远征，务祈于正月赶到安庆，迟则恐上海先陷。如沅弟不愿远征，即望代我谋一保上海之法，迅速回信，由毛中丞排递寄来。至要至要。

而到了十一月二十四日曾国藩又给弟弟去信，告诉李鸿章将与他同赴上海：

> 此间日内平安。三河复后，余派振、开两营往守，吴竹庄团防劳替守庐江，十九日到防，开营二十一日全赴三河。另札将吴、罗、程归多都护调度。运漕等处日内如故。以理揆之，环巢湖四面庐郡及舒、庐、无、巢五城，运漕、东关、三河三隘，八者，官兵已占其六，想贼交此二者亦不能久守矣。惟浙江危急，上海亦有唇齿之忧，务望沅弟迅速招勇来皖，替出现防之兵，带赴江苏下游，与少荃、昌岐同去。得八千陆兵、五千水师“淮扬水师”，心能保朝廷膏腴之区，慰吴民水火之望。弟言银钱枪炮须咨湖南，顷已咨行矣。公牍应行知弟处者，已有两月未行。此后照常行知也。
>
> 京师十月以来，新政大有更张。皇太后垂帘听政，前此受遗赞襄之八人者，肃斩决，郑、怡赐自尽，穆军台、匡、景、杜焦革职，恭亲王议政居首，桂、周、宝曹入军机，中外悚肃。余自十五至二十二日连接廷寄谕旨十四件，倚畀太重，权位太尊，虚望太隆，可悚可畏。浙事想已无及，但求沅弟与少荃二人能为我保全上海。人民如海，财货如山，所裨多矣。庐、巢一克，余与弟中无梗隔，事局尚可与也。

然而这个时候，曾国荃刚率湘军取得安庆大捷，攻克南京获得首功比上海这一膏腴之地对他更具有吸引力。曾国藩对此亦无可奈何，在十二月初四给弟弟回复一信，说：“弟不肯赴上海，亦系量力而行。”

与此同时，陈士杰也借口母亲年事已高，拒绝赴援上海。这样一来，李鸿章获得了一个展示才华的绝佳机会。

十月间，江苏巡抚薛焕和浙江巡抚王有龄因有劣迹被人弹劾。曾国藩奉上谕对两人被参的内容进行调查，他与李鸿章商议决定采取复奏之法。曾国藩在李鸿章拟定的奏折初稿基础上，加以斟酌修改。十一月二十五日写奏折说，经调查了解到两人皆无好名声，不能再留任原职。同时，以附片分别保举李鸿章、左宗棠为江苏、浙江巡抚。

这样，就给了李鸿章一个千载难逢的历史机缘，曾国藩要保证军饷，绝对不会将富庶的上海拱手让人。鉴于上海的重要意义，他必须派可靠的亲信来控制，既然曾国荃不愿意去，那就派李鸿章前去了。十二月二十四日，曾国藩给弟弟写信表露了自己决定向朝廷保举李鸿章的想法："沅弟不肯赴上海，余亦决不相强。惟将程学启拨与少荃，系属万不得已之举，请弟飞缄渝程知之。闻上海每月实可筹银五十万两，不忍坐视其沦陷也"。

十二月十四日，朝廷审议了曾国藩的奏报后下了谕旨：

> 曾国藩遵旨查王有龄各款，持论平允。惟王有龄困于围城，左宗棠尚须赴援，一时骤难更换。应候事定之后，权度时势，再降谕旨。鲍超之军仍饬进攻宁国。以牵贼势。薛焕被参各款，亦经该大臣查明得实。上海系僻处一隅。该大臣所筹苏抚应于镇江驻扎之处，于地势军情，极得要领。道员李鸿章既据察看其才可胜重寄，着照所拟，即饬督带水军，并再由曾国藩拨给陆军六七千，驰赴下游。诚如所奏，北可联络淮、扬，南可规复苏、常，拊金陵之背，与该大臣扼吭之师相为策应，实中机宜。薛焕现在办理通商等事，一候可以移交，再降谕旨，或令其专办外国事宜，分别交替。李鸿章到镇后，着将镇江一带水师战船是否得力，两淮盐务现应如何整顿，及该运司等能否得力之处，一并查明，由该大臣妥筹具奏。

同治元年（1862 年）三月初七日、十三日、十七日、二十四日、三十日和四月二十二日、五月十一日，李鸿章带着曾国藩的嘱托，率领不久前在舒城、桐城一带收集的团勇旧部五营和程学启、郭松林的部分湘军六营，共五千五百人，分七批前往上海。加上由陆路进发的周盛传的传字营，周盛波的盛字营，共十三营六千五百人，构成了淮军最早的力量。这时候，曾国藩下定决心让李鸿章独立地前往上海。

李鸿章哪儿能错过良机，他一面广招淮勇，一面分别联络潘鼎新、刘铭传、吴长庆、张树声等团练首领，改编松散的练勇部队，使之成营，分以鼎字营铭字营、庆字营、树字营、命名，再加上原有张遇春的春字营，才两月他便拥有五营兵力了。

李鸿章带着新的队伍到安庆，按照湘军的成法对其进行编练。以营为单位，每营有营官一人，营官自有亲兵六队 72 人。同时，又设前后左右四哨，每哨各有一名哨官、哨长；兵勇八队，第一、五两队为抬枪队，第三、七两队为小枪队，第二、四、六、八各队为刀矛队。每队抬枪队正勇为 12 名，每队小枪、刀矛队均为正勇 10 名。每队又有什长伙夫各一名。每哨另有护勇 5 名，伙勇 1 名，这样一算，每哨的人数应为 108 人，四哨共 432 人。在六队亲兵中，第一、三两队用劈山炮，第二、四、六队用刀矛，第五队用小枪。一个营官统领拥有劈山炮 2 队，抬枪 8 队，刀矛 19 队，小枪 9 队，一共 38 队，共计 50 千人的官兵。此外，每营还有长夫 180 人，承担修工事、搬运等非战斗性任务。每营官兵加上长夫共有 685 人。

同治元年（1862 年）正月二十四日，淮军最初的五营官兵在安庆北门城外集结，一支新军诞生了。曾国藩也亲自到场向李鸿章祝贺。从此之后，李鸿章便日日呆在兵营中与官兵们操习演练，排兵布阵。

曾国藩也接连调了几营湘军，以增强李鸿章新军力量。其中有由韩正国统带的曾氏两江总督的标兵两个营；有从曾国荃部调来，由程学启统带的开字两营；此外，还有林字两营，由滕嗣林、滕嗣武兄弟统带；垣字营由马先槐统带；熊字营，由陈飞熊统带。

二月初四日，李鸿章邀请曾国藩到城外检阅淮军，淮军正式成立，拥有 11 营的兵力。各营官都是平等的，互不隶属，直接听命于李鸿章一人。

二月十九日，厉学潮从上海来到安庆，他带来了 8 万两银子以供淮军出发之用。按曾国藩计划，李鸿章率淮军于三月初二日与曾国荃会师，以江边对太平军发动攻击作掩护，沿着城墙进入镇江。这时，上海筹措了白银 18 万两，雇了洋轮七艘，由钱鼎铭、潘馥和顾文彬几人带着，于二月二十八日到达安庆，准备把淮军分三次运抵前线。

二十九日，曾国藩与李鸿章商议，“江苏官绅殷殷请援”，“有甚于蹈火者之求救，其雇洋船来接官兵，用银至十八万之多。万不可辜其望，拂其情。”二人决定放弃陆路进军的原计划，改为由水路进军上海。这是中国有史以来首次借助洋船运兵。

三月七日淮军亲兵营韩正国部 800 人，开字营程学启部 1300 人，周良才部 500 人，三营分乘三船，于午前辰、巳二刻开船。李鸿章与曾国藩在傍晚告别之后，于次日乘船出发。

这时，太平天国据守着南京及其附近南岸下关、九袱洲等处。洋船在长江往来航行，引起了太平军的注意，然而他们没有发现其中的奥秘。上游是曾国藩的湘军，莫不是他们已与洋人勾结了？太平军没有确切的情报说明问题，一直摸不清原委。

各处太平军堡垒的将士们争相观望经过南京向下游驶去的洋轮，而轮船船舱里正藏着李鸿章的淮军部队。一旦太平军发现，猛烈的炮火会把新生的淮军打得粉碎。由于不知实情，又顾及到洋人，太平军没有开火，眼看着洋轮驶离南京。

从安庆出发，仅用三天淮军便走完了1000多里的水路，到达了上海。

三月十三日，第二批淮军张树声的树字营和刘铭传的铭字营出发。

十七日，第三批淮军，张遇春的春字营和潘鼎新的鼎字营。

二十四日，第四批淮军，为吴长庆的庆字营及鼎字营的一个哨和林字营的二个哨。

三十日，最后一批淮军，林字二营分别由滕嗣林、滕嗣武统带出发。

就这样，至四月五日止，淮军一支5500的队伍悄悄地越过太平军的防线，安全抵达上海，在上海城南集结。

此后的四月二十二日垣字营出发；熊字营分两批分别于五月二日和十一日出发；李鸿章的弟弟鹤章带着各营的马匹从江北出发，同时还带来了庐州招来的新兵，周盛传、周盛波兄弟所部也随同向上海进军。淮军到五月中旬时已在上海集结了基本兵力共13营，其中除了江北之兵走的是陆路，其余皆为洋轮运送。

淮军不同于清朝的旧式军队，有一定的战斗力，而且一开始就利用先进的水运工具轻易完成了对太平天国占领区的战略大穿插，是一支不可轻视的力量。李鸿章这次行动的巨大成功，正是他利用西方的先进轮船的结果。相比之下，当时刚经受鸦片战争沉重打击的人们还对洋人洋物谈虎色变，李鸿章实是高明了许多。

这支军队的统帅李鸿章，刚四十出头，身材修长，风度儒雅，气宇轩昂，冷静而又冷酷。他给友人写信说："此行险阻艰危，当备尝之，成败利钝所弗计也。"他下定决心，要与农民起义军一搏到底。

# 第二章 初任封疆

## 一、初来乍到

上海的原地方官本不情愿看到李鸿章的到来，无奈上海无力抗击太平军，万不得以只好引狼驱虎。他们排挤李鸿章，李鸿章也还以颜色，上海的局势因内部原因又紧张起来。

由于有曾国藩给他撑腰，李鸿章占据了主动，原江苏巡抚薛焕被挤下了台。李鸿章奉旨署理江苏巡抚，薛却被剥夺了原职，只剩南洋通商大臣一职。六月，这一职务也被李鸿章夺去了。圣旨于同治元年三月二十七日发出，李鸿章收到时已是四月十二日。薛只好奉旨进京供职，即便如此，上海道员吴煦仍是不愿就范于他。

关税和厘捐是上海税收的两大支柱。李曾屡次让上海道员吴煦将关税细账上报，吴总是尽使手段，让他看不出个门道来。后来，他与吴煦商议，决定分别征收和使用关税与厘捐。关税用以支付涉外支出，如对英法条约的大宗赔款，镇江协款，常胜军、会防局用款，扣还官欠等；厘捐收入则充作淮军及本地防军的军饷。采用这个办法有几个原因：第一，吴煦经理关税，是在他职权范围之内进行，暂时只要能完成即可，不必计较其中细微之处；第二，同治元年以后，江海关税四成要拿来支付英法赔款，剩余六成的收入已不像从前那么重要了；第三，中外新约规定汉口、九江为通商口岸，但因战争之故，暂由上海代征这两口的税收，然而前任巡抚薛焕已将税款动用，加上湖广总督官文又派人前来催提，更令人头痛。关税的控制起了避开麻烦的作用，又消除了人们以为富裕的错觉。同时，他派专人负责淞沪厘局，每月收入10万至20万，这是明智的做法。

李鸿章到上海不久，就发现上海官场贪污腐化之风严重，于是决定整治吏治。四月十八日，因为舆论对苏松粮道杨坊不利，他便辞了职，李鸿章借机保荐郭松焘接任。郭虽是李的同年好友，却不愿屈就。然而在曾国藩和曾国荃多次相劝之下，他终于出山。在上海官员中任知府的刘郇膏（字松岩）是名声最好的，他与鸿章是丁未年同科进士，他借此关系请李鸿章支持自己。李鸿章果然依他意上奏。刘于是当上了江苏按察使，兼办淮军营务。

上海道员吴煦出身钱庄，善于蒙混取巧，因发公财而臭名昭著，人们流传着“防司道如盗贼”。李鸿章也十分痛恨吴煦。

这天晚上，李鸿章穿着便装趁着夜色来到吴煦的官署。吴煦来不及准备，仓促出迎。李鸿章一进来就东拉西扯地与他闲谈起来，让他摸不清门路，之后话锋忽转，边叹气边说：“我忝为巡抚，而此间所收税厘确数，尚未周知，闻君有简明计簿，可借我一观乎？”上司要看，当然不能怠慢。吴煦觉得李鸿章粗略翻看一下，不会发现什么问题，便拿出十几本。李鸿章说，“当尚不止此”。吴煦只好又拿出几本。李鸿章仍嫌不够，又命吴煦再拿。就这样拿了好多。这时，李鸿章说：“看来，此事条目繁多，非今晚所能遍阅，我将携归阅之。”然后用黄包袱皮把账本包好拿走了。吴煦根本没有准备，突如其来的一招让他傻了眼。

经过对这些账簿的研究后，李鸿章了解了上海的富庶，有广阔的空间供自己大展鸿图。他开始逐步除去吴煦的党羽，奏调王大经为牙厘局总办，吴煦的财权被削弱了。

吴煦的日子不好过了。三月，他几次向李鸿章提出卸职，以避富名。李鸿章借势请曾国藩派人接替其职。后来，李鸿章趁着太平军围攻金陵之机，调吴煦督带常胜军前往救援。这时，又发生了洋将白齐文索饷的事件。李鸿章因此罢免白齐文，以不善于统驭的借口革除了吴煦的职位。九月二十六日，李鸿章委刘郇膏代理按察使，在曾国荃的极力举荐下，又任命黄芳为上海关道道员。江苏的吏治开始走上轨道了。

在这期间，曾国藩与李鸿章之间频频以书信联系，内容既有日常的应酬，又有对当前局势军务的看法，然而与李鸿章谈论如何做人为将，怎样管理以及应付洋人的策略等问题还是占了大多数。看来曾国藩一心要把自己的毕生心得传授给他了。下面这信中，曾国藩的良苦用心可见一斑：

少荃仁弟大人阁下：

初十日接初二日惠函，十六日接十一日一缄，二十日又接十三、十五日两函，具悉一切。应复应商之件，条列如左：

一，与洋人交际，其要有四语：曰言忠信，曰行笃敬，曰会防不会剿，曰先疏后亲。忠者，无欺诈之心；信者，无欺诈之言；笃者，质厚；敬者，谦谨。此二语者，无论彼这或顺或逆，我当常常安此而勿失。至会离不会剿一语，鄙人有复奏一疏暨复恭邸一书言之颇详，兹抄呈台览。先疏后亲一语，则务求我之兵力足以自立，先独剿一二处，果其严肃奋勇，不为洋人所笑，然后与洋人相亲，尚不为晚。本此数语以行，目下虽若龃不合，久之必可相合相安。

二，二十日外，先派三四千人过浦扎周浦镇，台旆亦宜同去，住于行营之内。其说有三：阁下初当大任，宜学胡文忠五、六年初任鄂抚、左季翁初任浙抚规模，不宜学王公初莅浙任、薛公初莅苏任规模；宜从学习战事、身先士卒处下手，不宜从牢笼将领、敷衍浮文处下手，一也。湘淮各营志气甚好，战守则除程学启外皆太生疏。即阁下早岁在巢县带勇，亦等儿戏，难当大敌。一年之内，阁下与各营官必须形影不离，卧薪尝胆，朝夕诰诫，俾淮勇皆成劲旅，皆有誉望。目下可使在沪、在常苏之合肥健儿慕义归正，将来可恃淮勇以平捻匪而定中原。阁下若与各营离开，则淮勇万不能有成，二也。阁下自带五千人征西剿，留刘松岩驻沪，留湘、淮二三营交刘统辖训练。薛部亦可酌调数营回沪，改用楚师营制营规，并交松岩训练。数月之后，阁下带三四千人赴镇，松岩留沪，此其张本矣，三也。有此三者，故愿阁下力为其难，自赴前敌。大难未平，吾辈当为餐冰茹蘖之劳臣，不为肠肥脑满之达官也。

这一时期，曾国藩的此类教诲非常频繁地出现在他的信中。同治元年八月十三日信中称：

> 复恭亲王书大稿则正精细，佩甚佩甚！与洋人交际，丰裁不宜过峻，宜带浑含气象。渠之欺侮诡谲，蔑视一切，吾若知之，若不知之，恍似有几分痴气者，亦善处之道也。

这时，清政府越来越倚重曾国藩，授予他节制镇压太平军十路大军的权力。这十道之师分别为：曾国荃、彭玉麟、曾贞干三路，他们担任收复金陵的任务；李鸿章、黄翼升二支援救上海的部队；张运兰的防剿徽州之师，鲍超的进攻宁国之师，还有围攻庐州的多隆一路，负责收复浙江的一路和增援颍州的李续宜一路。此外，袁甲三、都兴阿、冯子材、李世忠、魁玉的部队也归他调遣。曾国藩实际上成为了清军镇压太平天国的最高统帅。

这一时期，李鸿章积极地为淮军、湘军以及江苏防军筹办军饷。曾国藩对李鸿章极力支持，十分重视他上海第二战场的地位及筹办军饷的作用。有时，李鸿章忙于处理繁杂事务，除了与曾国藩保持联系之外，他几乎断绝了与外界的其他通信。在曾国藩的支持下，李鸿章成为了正式江苏巡抚，至此完全控制了江苏。

十月十二日，朝廷正式任命李鸿章为江苏巡抚，这距他署理江苏巡抚不过半年多。李鸿章知道曾国藩在其中起了决定性作用。冬至那天，他给曾国藩写了充满感激之情的信函："此皆由我中堂夫子积年训植、随事裁成，俾治军临政，修己治人，得以稍有涂辙。……实不知所以为报，伏乞速赐箴砭。"这时，上海的局面已大大好转。他不禁想，自己初到上海时，人们还怀疑他是否具备扭转危局的能力，当时城内的原有官吏对他排挤，城外又面临着太平军的军事威胁，他不得不日日待在军营之中，起早贪黑批阅文件，应付一切情况，实是心力疲惫。在自己的努力下，军事、吏治、饷事、外交等局面都有了极大的好转。

如今，他感到自己须更加以身作则。在十月二十二日，他写信给友人孙有齐说："鄙人既膺非分，只有不要钱，不怕死六字，刻刻自讼，仰酬君国，远对友朋。""不要钱，不怕死"成了他的座右铭。

李鸿章在上海如鱼得水，凭借过人的才能，很快就将上海牢牢置于自己的控制之下。

# 二、重创太平军

咸丰十年（1860年），李秀成率太平军进攻上海，由于驻扎在此的英法军队进行干涉，没有得手。同治元年（1862年）四月，周浦、青浦县、柘林城、南翔、嘉定县皆为英法军队所下。然而，太平军却在奉贤的南桥镇一战中打死法国提督卜罗德，并于同日消灭了太仓知府李庆琛率领的5000江苏防军。两役的惨败使英法联军不得不于二十八日从嘉定撤回上海。五月二十一日，太平军慕王谭绍光、纳王部永宽、听王陈炳文等部五六万人在李秀成的指挥下对上海发动了猛烈的攻势，虹桥淮军兵营遭到打击，程学启等营吃尽太平军洋枪洋炮的苦头。

太平军已经攻占了江浙的大部分地区，仅存的上海是孤立无援，城内兵力薄弱，除淮军外，有江苏巡抚手下官军3万余人；有由上海县令所办、后归上海团练大臣调派的团练；美法自卫保卫上海租界的部队；此外，还有中国官绅雇佣而组成的中外混合部队洋枪队，这支力量源于咸丰十年。当时苏州失守，四明公所董事杨坊初建，在美国人可富的推荐下，雇佣白齐文、华尔和法尔思德等外国人为将领，招募百余名菲律宾人而成，后来又招了华人，最多时达到5000多人，由于洋枪队的勇敢作战，薛焕称之为“常胜军”。

此时上海四面皆敌，李鸿章带来的十三个营远不够用。他又陆续把陆军增加到30多个营。分别是亲兵、奇字、建字、濂字、鹏字、云字、玉字、升字、有字、志字、桂字、传字、良字、昌字、忠字、介字、松字、魁字、虎字、得字、盛字、荣字、义字、群字、德字、勋字、胜字、敏字、善字、芳字、会字、华字、振字、聘字、学字、护军、常字、护卫、庞字、抚标亲兵营等营。他一边募兵，一边从上海、广东及香港购买武器。各军编组洋枪小队，营制也随之改变，各营哨都改为洋枪队，配备两个劈山炮队。程学启的开字营和新兵营是最先改动的。

在安庆的淮军，完全是按照湘军的规制进行编练的。到了上海仅六个月，李鸿章就因时制宜，改革了营制，其宗旨是使用西方枪炮，学习西方军事技术。

其实，太平军早就开始大量使用西式武器。受时代和宗教的影响，太平军的武器洋化的程度已比较高了。

当时，淮军刚组建成立，到上海日子也不长。形势严峻，李鸿章却冷静清醒地认识到只有打退太平军，解除上海之围，才能使自己在上海牢牢地站住脚，才能证明自己的指挥才能。

此前，李鸿章曾拒绝与洋人合兵作战，又拒绝了洋人让他派淮军守城的建议，说："吾所将数千人皆战兵也，能合不能分，岂区区守此二城者乎？俟寇自来送死，观我胜之。"面对太平军凶猛的形势，李鸿章与各营将领相约，一定要打好此仗，因为淮军进沪两个月，尚无大战，须借此役止外人轻视，还商定在太平军远来疲乏，扎营未定之时实施突击作战的策略。李鸿章亲自督率庆、熊、春、树、垣字各营，由排炮轰击掩护，兵分六路杀向太平军。当形势对淮军不利时，几千外国军队却按兵不动，李鸿章看此心急如焚，一咬牙，跃马独出，身先士卒，完全不顾身家性命，一心要取得胜利。官兵受到鼓舞，个个奋勇向前；程学启部也从城内发动攻击。太平军腹背受敌，战死 3000 多人，被迫向泗泾撤退。

李鸿章在战后给曾国藩报告说，"此极痛快之事，为上海数年军务一吐气也！今日探称泗泾、松江附近各踞贼全数退去。有此胜仗，我军可以自立，洋人可以慑威，吾师可稍放心，鸿章亦敢于学战"。六月初三，他于信中再次提及此役，说："幸而我军战胜，洋人悦服，若我军战败，无处立足矣！"

没有洋人的帮助，淮军第一次出战就获得虹桥之捷，使李鸿章的指挥信心大大增强。

六月，淮军协同华尔的常胜军攻打金山卫城大胜，浦东全境因而全部收复。七月中旬，又与常胜军配合作战，一举拿下青浦县城。然而太平军慕王谭绍光很快又来转攻吴淞江上下，淮军熊兆周、况文榜等在北新泾的营盘遭到接二连三的攻击。此外谭绍光还调苏州蔡、黄两主将攻打上海，动用兵力有五六万之多。这时，洋兵因惧怕而不敢出战。

八月初二日，李鸿章遣程学启率所部在七宝大战慕王。慕王大败，向昆山退却，只剩蔡、黄部还在北新泾。初三日，李鸿章亲自督率刘铭传、韩正国、程学启、周盛波、李鹤章各营及郭松林的小枪队，向北新泾营盘增援。北新泾的况文榜也发动反击，对蔡元隆、谭绍光形成了夹击之势。一夜激战之后的初四日，太平军已处于劣势，徐家汇的洋兵趁机参战，击退太平军，上海危急告解。

这是一场艰苦的战斗，北新泾守兵苦守七昼夜，援兵苦战三天。淮军伤亡200余人，将领刘玉林战死，韩正国腿部受伤，稍事包扎又披挂上阵，10天以后死去。

九月中旬，十余万太平军向四江口一带发动猛烈的攻势。淮军数日苦战，都没有取得胜利。二十日，李鸿章来到战场上，亲自指挥战斗。二十二日，下令有功必赏，后退必斩。淮军士气得到鼓舞，全面进攻。太平军一万多人阵亡，淮军缴获洋枪数千杆。淮军军威因而大震，将领们都说，杀死敌军这么多人的大胜仗是前所未有的。李鸿章也赶紧向朝廷汇报战功，说此次大捷“足以寒贼胆而快人心”，又写信向曾国藩报告。曾回信表示极大快慰：“五月、九月两次皆当极危之候，贤帅亲临督战，奏此奇捷，化险为夷。伟哉！君侯足吾党生色。鄙人从军十载，未尝临阵手歼一贼，读来书为之大愧，已而为之大快，对江天浮一大白也。”

虹桥、北新泾和四江口三次大捷，使淮军声名大振，很快昭文、常熟的太平军守将骆国忠就提出要投降李鸿章了。李鸿章派人调查，了解到其部多为湖南和安徽人，确实是诚心诚意地投降，便接受了。

十一月二十七日，这支降军正式成为清军一分子。后来，他们将福山口内拒降的太平军粤籍老兵数百人杀死，福山、徐六泾、许浦各口因而归降。昭文、常熟城内粮草丰富，是江苏的粮饷之地，李秀成很快率大军赶来，要夺回粮仓。李鸿章派常胜军570人带着大炮坐轮船进至福山，准备由此到常熟去增援城内处于危急中的新降官兵。然而太平军防守严密，这支小部队只好撤回。十二月下旬，李鸿章调松字营、开字营，与奥伦率领的常胜军攻击太仓，企图上演一出“围魏救赵”的好戏。结果遭到惨败，号称“常胜军”的洋枪队死伤300余人。

同治二年（1863年）正月，李鸿章命潘鼎新和刘铭传领兵与淮阳水师一块儿增援福山，在太平军听王所部阻扼之下，没能成功。4月15日，常胜军改换戈登为统将，他调集炮队，会合淮军张遇春的炮队把福山包围，潘、张、刘各军也加入战斗。太平军寡不敌众，只好撤离。长达 70 多天的常昭二城之围终告解除。

淞沪大捷使太平军伤了元气，曾国藩对李鸿章表现出来的军事指挥才能非常满意，从此更加倚重李鸿章。此捷使李鸿章一举扬名，为他日后仕途之路的发展奠定了坚实的基础。

李鸿章被曾国藩视为最得意的弟子，他将曾国藩关于残酷对待敌人原则完全继承，并发挥到了极至。

同治三年（1864 年），李鸿章兵临太仓。三月，太仓太平军守将蔡元隆诈降，假意要在 26 日巳刻投降作淮军内应。当日，太平军从东南门冲出突袭，淮军被杀了个措手不及，李鸿章的弟弟李鹤章腿部中枪。后来，调来常胜军的十几门大炮参与攻城，城墙在数日的炮火猛轰之下崩塌了，太仓城破。李鸿章对太平军的诈降疯狂报复，太平军约一万多人惨死屠刀之下。他还得意地向曾国藩汇报道："城贼实万余人，漏网盖少，惨劫亦快事也。"

一个月后，程学启率 15 个营进攻太平天国苏福省东面门户昆山。昆山有五六万太平军，严防死守，程学启久攻东门 20 余日，未能奏效。淮军转而攻克城西正义镇，太平军后路被断。之后淮军发起总攻，昆山及新阳县城落入淮军手中。太平军二三万人阵亡，尸体布满了大街小道及河沟。在正义镇，郭松林带 400 兵力俘获太平军 3000 人，全部押赴上海。

李鸿章在表功中称此战役说："积尸数尺，河水为之不流"。在给曾国藩的信中称："查得踞贼与援贼擒杀淹毙实有二三万人，千汊百港，漂尸浮油。"

除此之外，李鸿章及其淮军对太平军俘虏也是施以令人发指的残刑酷法。据当时目击者说："他们的衣服全被剥光，每个人被绑在一根木桩上面……他们身体的各个部分全被刺入了箭簇，血流如注。这种酷刑还不能满足那些刑卒的魔鬼般的恶念，于是又换了另种办法。……从这些俘虏身上割下了，或者不如说砍下了一片片的肉……这些肉挂着一点点的皮，令人不忍卒睹。……这些可怜的人们在数小时之内都一直痛苦地扭动着。大约在日落时分，他们被兽性的刽子手押到刑场上，这些家伙手里拿着刀，急欲把自己的双手染满鲜血，像个恶魔的化身。刽子手抓住这些不幸的牺牲者，威风凛凛

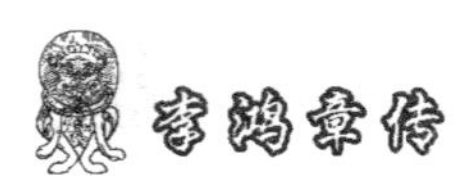


地把他们拖到前面，嘲笑他们、侮辱他们，然后把他们乱剁乱砍，用刀来回锯着，最后才把他们的头砍断一大部分，总算结束了他们的痛苦”。

后来李鸿章攻破苏州，又进行了灭绝人性的大屠杀。

1863 年 6 月，李鸿章纵观整个战局形势，制定了分兵三路，“以剿为堵”，“规取远势以剪苏州枝叶，而后图其根本”的战略。以程学启所部陆军作为中路军主力，从昆山出发直逼苏州。李鹤章、刘铭传两部的陆军则编为北路由常熟进攻无锡、江阴，“为扼吭拊背之计”。同时，以黄翼升部淮扬水师配合中路和北路；戈登的常胜军则到昆山驻防，以作各路游击援应之用；潘鼎新、刘秉璋、杨鼎勋等人分别防守金山卫、泖泾和张堰阻止范杭嘉湖地区太平军乘虚进攻上海地区。

11 月 22 日，李鸿章亲临苏州督战。25 日，戈登和程学启在吴江打败太平军 3 万浙江援军。苏州城外的五龙桥、宝带桥、黄埭、蠡口、浒磁、观音庙、十里亭、王瓜泾、虎丘以及附城石垒落入其手中。太平军形势岌岌可危，纳王部永宽等联络淮军副将郑国魁，通过这个太平天国的降将向戈登和程学启等提出了投降。

30 日，李秀成见大势已去，便带着万余名部下连夜撤出苏州。

12 月 2 日夜，在苏州城北阴澄湖程学启的船上，双方达成了投降协定：纳王部永宽等按约要将慕王谭绍光杀死，带着兵士归降，朝廷方面则授其二品顶戴。程学启以发誓作保证，戈登也说李鸿章不是第一次受降，他们投降后能够确保性命。接下来程学启与纳王又商量了细节的问题。第二天，程学启向戈登通报，除慕王主战外，纳王等人已同意归降。同时，戈登向李鸿章提出宽待这些俘虏，李鸿章满口答应。

4 日，太平天国纳王部永宽、康王汪安钧、比王伍贵文、宁王周文佳及天将范起发、汪有为、汪绳武、张大洲等 8 人借口商议军事杀害了慕王谭绍光。晚上便开城投降。程学启等在第二天入城。这时城内四万太平军（李鸿章的奏报中述为 20 万人），歃血发誓要同生共死，请程学启向李鸿章说情，赏给他们总兵、副将等官衔，并按 500 人一营之制将其编为二十营，还是驻守胥、阊、齐、盘四门。

但是，李鸿章担心降众复叛，又有尾大不掉之虞，便与程学启密谋诱杀降将。王德森的《记程忠烈计诛降囚事》对此杀降的行动有详细记载：李鸿章在苏州娄门外军营会见并宴请郜永宽等8人，“甫就席，有军官自外人，投谍李公，李公就谍出。酒行，旋有武弁八人，各手一冠，皆红顶花翎，膝席前，请大人升冠。降酋不知是计也，竟扬扬得甚，起立，自解其额上黄巾，手冠者俟其侧，从官尽起，目注之。转瞬间，八降酋之头血淋漓，皆在武弁之手。”杀了“八降酋”之后，程学启的军队开进苏州，开始屠杀降兵降将，“无门不破，无处不搜，无人不魂飞天外”，仅城内双塔寺一庭院就有3万太平军遇害。

李鸿章的这一凶残举动得到曾国藩的赞赏，称“李少荃杀苏州降王八人”，“殊为眼明手辣”。计杀降人，让自己背上了残忍和背信弃义之恶名，但李鸿章觉得，与降众复叛的后患相比，这一举动还是很合算的。

程学启和李鸿章大杀苏州降兵，也把自己陷入了十分难堪的境地。当时，郑国魁作为牵线人，觉得于旧人有愧，怨恨不已。

洋将戈登对李鸿章和程学启不守信义大为恼火，甚至要把程杀掉，还扬言带常胜军哗变。此外，还有谣传说他暗藏火炮要袭击李鸿章。后来，他气呼呼地不辞而别，只给李鸿章留下一封信，要求李鸿章交出苏州，并辞去巡抚之职，要不然他就把常胜军打下的全部城池夺回来交给太平军。

李鸿章玩弄了一下手段，让郑国魁为郜永宽等设坛诵经，自己也到场祭吊，几滴眼泪下来，众怒也基本平息了。

同时，他派出洋员马格里、总兵李恒嵩、道员潘曾玮去劝戈登。戈登虽然怒火小了许多，然而已决心脱离背信弃义的李鸿章的领导，于是带着郜王的义子退回昆山。

后来，李鸿章费了好大劲，托新任总税务司赫德前往劝解，又加上一笔七万元的犒赏费，才让戈登重新带领常胜军作战。

这件事使他联系到过去白齐文大闹的往事，他对常胜军有了“磨难星”的新认识了。他开始想法子撤掉常胜军，从这时起，他不再信任常胜军，只是将其作为工具利用了。

攻克常州以后，戈登提出解散常胜军，准备辞职回国。这正中了李鸿章的下怀，立即答应了戈登的要求，还帮戈登向朝廷请求赐予戈登提督职衔，仿制表功旗帜和金宝星。从而李鸿章一桩心事了却。

# 三、洋务先觉

## 1. 寻求自强之术

刚到上海的时候，李鸿章要处理的事务可谓是千头万绪。

师友们对李鸿章独立东征有许多赠言。沈葆桢赠以“勿急”，李续宜赠以“从容”二字，曾国藩赠以“深沉”，胡林翼以“瞢懂”二字相送。李鸿章一向自认“戆直”，师友规劝都应该当作“枕中秘”参考使用。

临别时，曾国藩反复提醒他，要“以练兵学战为性命根本，吏治洋务皆置后图”。一到上海，他就在琢磨这句话，觉得很有道理，万事应先从选将练兵人手。他大胆创新，开辟出一条自己独特的道路。

借洋轮运兵一事，使他从洋人的“恭顺”态度上看出洋人易于接近的一面。将一些旧有方法改变，采纳部分“洋法”，也许就能使中国达到“自强”之目的。

同治元年三月初十日，李鸿章进入上海。他整顿队伍的同时积极向洋人学习。

三月十九日，李鸿章到浦东南汇的周浦镇观战。洋枪队整齐的队伍、发炮时极高的命中率都使他赞叹不已，称之为“攻城利器”。

李鸿章审时度势，当机立断，下令要求将领们学习洋人军事技术。

为了达到这一目的，李鸿章一步步摆脱了束缚他手脚的旧体制，与洋人交往越来越频繁。初到上海，江苏巡抚薛焕告诫他最好远离洋人，说什么“宜疏不宜亲”。薛焕和当时许多中国官员都不愿与洋人官员见面。

李鸿章根本没把这话放在心上，洋人在他的大营进进出出。这虽然给他带来很大的烦扰，而且使他穷于应付，但也从中得益不小。第一，使双方更了解彼此的情况，中间人挑拨离间的可能性减少；二是不摆官架子，对方才能“尽情倾吐”一切。上海人告诉他，他因此得到洋人前所未有的尊敬。

李鸿章主张与洋人的交往做到“有度”，既要保持人格，又要处理得当。他在给曾国藩的信里说，从前的江苏巡抚薛焕一味强调体制末节，态度过于强硬，使洋人十分不满；上海道员吴煦则与会防局的杨坊相互勾结，“外交之术过趋卑谄”。李鸿章反复强调要不卑不亢，控制局面。

他让上海会防局请人翻译三份英文报纸，每十天送一次，分别送给总署、曾国藩和自己。由于他对外情十分清楚，洋人也不敢轻视他。二十六、七日，英国海军提督何伯与他进行了长达八刻之久的会谈。何伯向来不与江苏大员薛焕、吴煦见面，现在两人却十分投机。李鸿章从中得知洋人与太平军不和，于是想让洋人助剿太平军。

李鸿章来上海之前，洋人也提出要借师“助剿”，但这样会让洋人看不起中国，而且洋人还可能有其他野心，所以曾国藩根本不同意。他告诉李鸿章可以让洋人在上海助战，毕竟上海是通商口岸；但要是在苏、常、金陵，则是万万不能。李鸿章通过在上海与洋人的直接接触，发现洋人并没有“助剿苏州、金陵”的要求。

李鸿章牢记曾国藩的教导：“忠信笃敬”，在与洋人的交往中他形成了“委曲周旋，但求外敦和好，内要自强”的行动准则。

要达到友好和操纵的双重目的，李鸿章没有利用英法洋兵，只用了华洋混合的洋枪队。

早在同治元年三月，李鸿章刚到上海时英国海军提督何伯就提出由英国军官给他训练3000名士兵。李鸿章一开始没有答应，后来见难以推辞，就从薛焕的“海勇”拨出1000人，让何伯训练。先由英国军官在松江九亩地训练了四个月，练成后改名为会字营，归周志鸿统带，后来并入鼎字军。紧接着，法国人也提出愿意帮助训练清军，于是李鸿章又拨出600当地练勇，交由法国参将庞发在徐家汇训练，后来成为筅字营。同时，还派人学习西洋炸炮。

五月二十五日和六月初九日，恭亲王两次致函李鸿章，让他把官兵交给洋人代为训练。李鸿章复信说，已有部分军士交由英法代为训练了，与亲王所示不谋而合。这其实是婉言拒绝，不让英法控制部队。法国公使却在北京向恭亲王提出让法国军官达尔弟福作江苏总兵，让庞发作副将。李鸿章知道后，更是明确表示了拒绝。他给总理衙门写信，说：“鸿章窃查外国人性情，揽权嗜利，不约而同。如上海英法教练勇兵一千数百名。始议中外会带，久则外国多方搅扰，渐侵其权，不容中国管带自主，亦不肯绳勇丁以中国之法。又如常胜军4500名，现已裁至3000余。自戈登接带后，尚听调遣。然引用外国弁兵至一百数十人，分领其众。中国会带官李恒嵩，名虽会同商量，实不能自行法令，不过调停迁就，使其和合各营，并力剿贼，不至决裂耳”。

这样做的主要目的，就是达到不让外人操纵主权，然而恭亲王不好明拒，推到地方，由李鸿章明确提出，以绝外人之望。

**2. 创建洋炮局**

当时，有许多外国人在上海聚居，他们带来了西方各种各样的先进东西，这让李鸿章的眼界大大开阔了，洋人的物品总能引起他格外的兴趣。当然，从实际考虑，李鸿章最为感兴趣的，是西方先进的枪炮。

同治元年三月十九日，李鸿章前往浦东南汇周浦镇观战。洋枪队给他留下深刻印象，他们列队整齐威严，武器犀利，射击精准。四月初二日，他写信报告曾国藩，说："连日由南翔进嘉定，洋兵数千，枪炮并发，所当辄靡。其落地开花炸弹，真神技也；鸿章遵师训忠信笃敬四字，与之交往，密令我营将弁学其临敌之整齐静肃，枪炮之施放准则。亦得切磋观感之益。"

八月，李鸿章致信曾国荃，提及太平军虽无劈山炮，但是拥有大量洋枪，因而冲锋时"必有数千杆冲击，猛不可当"。他已经在自己的队伍中增设了洋枪小队，拥有一千多枝洋枪。九月，他又致函曾国荃，强调必须使用洋枪："李秀成所部最众，洋枪最多"，"欲剿此贼，非改小枪队为洋枪队不可。再持此以剿他贼，亦战必胜攻必取也。"他又把部队里全部小枪队都改为洋枪队，每哨增加两个劈山炮队，淮军都改造成了使用新式武器的新营。当淮军规模达到7万人时，洋枪已成了主要装备。每营都有300—400杆洋枪。每营500人中除了伙夫和山炮队，基本是人人有枪。

然而，曾国藩却与李鸿章有不同的看法，他觉得军队不应彻底洋枪洋炮化。同治元年九月二十一日，曾国藩在给曾国荃的信中说："洋枪、洋炮总以少用为是，余前接办张小浦（张芾）之徽防，其弁目人人皆有洋枪。余令部下不必染其风，而张部亦次第裁汰。凡兵勇须有宁拙勿巧、宁故勿新之意，而后可以持久。”于是李鸿章在十月初六日写信给曾国藩，说“洋枪实为利器”，同时希望曾国荃、张运兰、鲍超等湘军主力各营都装备洋枪，进行操练。

由于当时中国还不能自己制造洋枪洋炮，因此李鸿章只能向洋人购买所需的枪枝弹药。同治元年，李鸿章幕府迎来了英国人马格里。在马格里积极鼓励之下，李鸿章坚定了依靠中国人自己的力量制造洋枪洋炮的信心。从此，李鸿章迈出了自造枪炮的第一步。当时购买外国军火费用极高。一颗从英国炮船上偷来的普通 12 磅炮弹要卖 30 两银子，19 两银子只够买一万粒铜帽，而且质量非常不好。李鸿章也深有感触，然而对中国工人的制造能力表示了怀疑。马格里很快就把自造的样品送到了李鸿章面前。事实说服了李鸿章，他当即指派了 50 个工人归马格里带领，开始制造武器弹药。开始时条件很差，在没有机器的情况下，一切生产均为手工进行。连熔化器都是周围田野里的粘土所制。就这样，首批炮弹造出来了，并在随后的打靶中取得了令人满意的成功。不久，马格里便带着李鸿章给他的一支队伍投入战场，并有两次小胜。因此他这个炮局一直是作为李鸿章的随营军械所存在的。

同治二年，中国以英国人购买的舰队与原订合同不符为由退回了这支舰队。随舰队而来的有许多机器设备，马格里劝李鸿章购买这些设备，以供自己修造枪炮弹药。

李鸿章看着装着机器的一个个大箱子和大量的铁钢，非常担心白花了大笔钱，又没有收效。马格里劝他不要着急，同时积极筹备工厂开工。新厂建成后，李鸿章被请来主持开工仪式。厂房里寂静无声，李鸿章入内环视一周后，马格里一声令下，全部机器轰鸣。李鸿章对此惊喜不已。这一来，苏州洋炮局以每周 1500—2000 枚枪弹炮弹的速度，为李鸿章的淮军提供着大部分的军火保障。这开创了中国引进大机器生产的先河。

### 3. 设馆办学

在同治元年，京师已经由恭亲王奕䜣等设立京师同文馆。这是一所外国语学校，每次只计划从八旗子弟中招生 10 人，数量过少，范围也太窄。

同治二年，江苏名士冯桂芬受聘加入了时任江苏巡抚的李鸿章的幕下。此人好学深思，敏锐地指出中国应该进行改革。这些思想，表现在其所著

《校邠庐抗议》一书的数十篇时论之中。

李鸿章即使公务繁忙也要抽空与冯桂芬交流心得。李鸿章越与洋人接触，越感到丰富、可靠的信息是不可缺少的。洋人的外交人员不仅能熟练运用中文，而且对中国的朝章、民情、吏制、制度等都有一定的了解。而中国官员绅士中通晓洋文的人却寥寥无几。中外交涉总是通过外国翻译进行，假如这些翻译从中搞鬼，搬弄是非，偏袒捏造，肯定会造成恶劣的影响。

冯桂芬告诉李鸿章，广州和上海等地也有“通事”，这些人专门从事口译的工作，然而他们缺乏教育，人格低劣，洋人、国人皆不齿，用他们作翻译更危害到整个洋务。他还提出应该有科学意识。西洋人擅长科学，对于“测算之学、格物之理、制器尚象之法，无不专精务实，泐有成书”，中国只不过是将其中很少的一部分翻译过来。只有把所有有关的书都读完，才能对科学的本源进行探讨，深入事物的本质，不要只停留在皮毛之上。

正月二十二日，李鸿章上奏，要在沪广两地效仿京师同文馆，开设外国语言文字学馆。学馆兼招汉满子弟。李鸿章因诸多事务抽不开身，就请冯桂芬代拟奏稿，然后稍加修改。还请冯桂芬拟定12条章程。办学以有助于自强之道为目的。

具体做法是选择十四岁以下儿童入学，由西方教师授课，用中国品学兼优的举贡生员教授文艺、经、史。三年毕业后，通过督府考试者成为该县的附学生。有年龄小、聪颖而自愿入学且有初级功名如候补佐贰等官员，可以参加学习。毕业后也酌情给予升级。

最终决定，招收学生40人，聘请2名英国学者为西教习，另用中教习四名，由举贡生员分别教授经学、算学、史学、词章。总教习一人以近郡品学兼优的绅士充当。以三年为期，能够从事翻译，文理斐然可观的学生经过考试合格，可以作为附生，或是送到各衙门充当翻译官。

海关道全面负责此事，以期达到培养翻译和研究西方科学人才的目的。

李鸿章非常热衷于这个目标，在给哥哥瀚章的信中，他做了更确透彻的说明：

特设外国言语馆于上海，选聘各国旅沪侨民，为之教授。专授

> 各国文字，养成外交人才，吾兄倘有意于此者，可命玉侄来申（上海简称为申）学习，将来为国家出力，此亦我李氏所欣幸也。

二月十日，朝廷批准了申请，于是上海敬业书院改设为广方言馆。

外国语学校在沪广两地先后建立，这极大地鼓舞了恭亲王奕䜣。同治五年十一月五日，他奏请在北京同文馆中添设天文学馆，由外国人担任自然科学的讲授，这又迈出了一大步。

西学馆是在李鸿章创立的江南制造局内设立的。同治八年，上海广方言馆并进来。主要课程有国文、算学、法文、英文、舆地，学额为 80 名，学制四年。同治十三年，操炮学堂也就是光绪初年的炮队营设立。光绪二十四年工艺学堂设立，有机器工艺和化学工艺两科，学额为 50 名，4 年毕业，与现在大学的工学院相当。

同治七年，沪局设立翻译学馆。到清末，共译出西书 200 种，以科学书籍为主，有关时事政治的都没有超过 10 部，《西国近事汇编》是所有书中规模最大的，共有 108 册，是历年关于国际形势的杂志，起到了向国人介绍传播世界知识的作用。科学书籍中最多的是物理、算学、化学，其次是工程、兵政、地学、医学、农学。

同治九年，上海广方言馆改名翻译馆，并入江南机器制造局，之后该馆编译了数百种书籍，有七八十种现在可以考见。

译书时先请西人口译，由华士进行笔录，译成以后，再按照中国语言习惯加工。如仍辞不达意，再由双方斟酌进行修改。重要的书籍还要再经口述者与笔录者核对才可刊刻。重要的图板则送到英国去用钢版印刷。从开始译书到光绪六年，已销售了书籍 3.1 万余部共 8.3 万册。

沪局的科学工作者还把译书工作推广到社会上去。上海广智书局就是由沪局中的中外成员承担其主要工作，所印译书很多。英国人傅兰雅就是其中的领军人物。上海总领事举办上海格致书院，聘请沪局里的洋员傅兰雅、伟烈亚力和华员徐建寅、华衡芳等为董事。而沪局的华人赵元益主持了上海译书公会，印制了大量西方的政治类书籍。这时的译书事业已不仅仅局限于自然科学和工程类领域，对社会科学书籍也重视起来。

这些译书提供了沿海一带新式学校教材，成为洋务单位重要参考材料，为中国思想界认识外国提供了重要途径。康有为、谭嗣同、梁启超等变法人物的新思想的产生，就一定程度上受到这些书籍的影响。

### 4. 上书恭亲王

同治三年四月，李鸿章对自己到了上海三年来学习外情的体会作了总结，表述了自己对世界形势的看法，对中国将来的发展作了自己的规划。在当时，这种见地亦是颇有远见的，有很重要的意义，上书中写道：

> 鸿章窃以为天下事穷则变，变则通。中国士大夫沉浸于章句小楷之积习，武夫悍卒又多粗蠢不加细心，以致所用非所学，所学非所用。无事则嗤外国利器为奇技淫巧，以为不必学；有事则惊外国之利器为变怪神奇，以为不能学。不知洋人视火器为身心性命之学者已数百年，一旦豁然贯通，参阴阳而配变化，实有指挥如意，从心所欲之快。……前者，英法各国以日本为外府，肆意铢求，日本君臣发愤为雄，选宗室及大臣子弟之聪秀者往西国制造厂师习各艺；又购制器之器在本国制习，现在已能驾驶轮船，造放炸炮。……夫今之日本，即明之倭寇也，距西国远而距中国近。我有以自立，则将附丽于我，窥伺西人之短长；我无以自强，则并效尤于彼，分西人之利薮。日本以海外区区小国，尚能及时改辙，知所取法，然则我中国深维穷极而通之故，夫亦可以皇然变计矣。……
>
> 鸿章以为中国欲自强，则莫如学习外国利器；欲学习外国利器，则莫如觅制器之器，师其法而不必尽用其人。欲觅制器之器，与制器之人，则或专设一科，士终身悬以为富贵功名之鹄，则业可成，艺可精，而才亦可集。

文中的世界意识鲜明，危机感和改革的要求清晰可见。李鸿章的改革思想不再仅仅停留在军事之上，已经是全方位的。

薛福成是李鸿章的幕僚，他对李鸿章的好学精神有许多叙述，在总结李鸿章在江浙一带剿杀太平军的历程时，他说：

> 西洋诸国火器精利，亘古无匹，中国初不知购习，诸军皆畏其锋而未能得其用。李公既与洋人习，闻见渐稔，以英吉利人戈登领常胜军三千人，俾总兵程学启挟以攻战，精劲为诸军冠。又采用委员丁日昌条议，益购机器，募洋师，设局制造，颇窥西洋人奥要，而淮军各营，皆颇自练洋枪队助军锋，所用开花炮，大者可攻城，小者以击贼阵、平贼垒，遂能下姑苏，拔常州，连克嘉湖诸郡。设非借助利器，殆不能若是劲且捷也。

同治三年夏，鉴于李鸿章办洋炮局取得的成绩，奕䜣奏请：现在江浙一带进行着平定叛乱的战事，如果趁此时机，“托名学制以剿贼”，御外的目的就可以为之所掩盖；一旦太平天国平定后，再学制造枪炮，则纵然“洋匠虽贪重值而肯来，洋官必疑忌而挠阻”；“是宜趁南省军威大振，洋人乐于见长之时，将外洋各种机械火器实力讲求，以期尽窥其中之秘。有事可以御侮，无事可以示威”。于是朝廷派京营旗兵8名军官和40名士兵到江苏学习。还指示李鸿章妥为安排，做好配合的工作。

# 第三章　平步青云

## 一、署理两江

### 1. 共商剿捻方案

同治四年（1865 年），张宗禹和任柱（化邦）带着捻军余部，进入湖北。而这时太平军赖文光部从陕西回救天京不及，两军遂行合并。以太平军之法统一管理，各首领皆称为王；同时，苗沛霖部余众也加入了队伍，加上豫、鄂一带起义农民，力量又恢复并壮大了。同治四年四月，两江总督曾国藩、湖广总督官文以及部分淮军奉命前往镇压。但骄横自大的僧格林沁拒绝湘淮军的增援。捻军以“以走致敌”的灵活运动战见长。僧格林沁一心急着消灭捻军，只带数千亲兵前往追剿捻军十万之众。捻军以每日 200 里的急行军速度迂回运动到了山东荷泽、曹县一带。僧军穷追不舍一月之久，三四千里的长途奔袭极大地削弱了僧军的战斗力，士兵们累得需要把手和肩用布带固定才能举缰御马。僧军行至山东曹州以北高庄中埋伏，僧格林沁也殒命沙场；他的蒙古骑兵也被全歼。这一惨败震动了朝野上下。二十九日，朝廷下令钦差大臣两江总督曾国藩全面负责直隶、河南、山东三省军务，立即赴山东督师剿捻，当地地方文武及旗绿各营他都有权节制，又命江苏巡抚李鸿章署理两江总督。五月初一日，李鸿章又接到让他调派精锐部队取海道北上的指示，让他由胶州登岸攻击济南，或者由天津登岸保卫首都。

五月初三日曾国藩接到廷寄，心中很是不安，接连五次借口自己“精力颓惫，不能再任艰巨”加以推辞，希望朝廷改派他人承担此任。他在初九日奏折中称自己衰惫至极，说话至二十句舌尖就强硬麻木，不能再说，见客实为不便。可朝廷就是不准，他只好硬着头皮接受。可是当时湘军正在进行大规模的裁撤，8 万多人中只有 9000 至 10000 人能够出征。唯一可用的只有淮军了。他写信给李鸿章说，南京城大，而且刚收复不久，情况复杂混乱，必须自带三四千人用以镇抚。他还担忧，把树、盛、铭三营淮军从江苏调到山东，会由于人心不齐而影响镇压活动。还计划请李鸿章的弟弟鹤章和昭庆也一块儿前往山东。

此时李鸿章也单独接到廷旨：

> 两次总督已有旨令李鸿章暂行署理，著即赴金陵接任任事。两江任大责重，李鸿章务须悉心经理，仍随时与曾国藩筹商。曾国藩军营调兵、集饷各事宜，该抚并当妥为筹划，不得稍有迟误。

在五月四日李鸿章给曾国藩去信，表示对曾国藩受到朝廷信任感到高兴。他说：

> “上意专倚吾师，保障北方，收拾残烬。事机紧迫，物望从识，自属义无可辞。”拟派铭、盛、树三军共 32 个营，一万六七千人供曾指挥。兵饷不致成为问题。

初六日，李鸿章奏上《密陈剿捻事宜》提出“坚壁清野”剿捻方案。令山东、河南、安徽、直隶各省的官员监督居民坚壁清野，以断绝捻军的粮草，同时各省积极练兵，在战略要地驻防，打击捻军，另外加紧操练骑兵，以对抗以流动作战为特点的捻军。他强调：

> 非令直东皖豫各省居民坚壁清野，官督民团去邪扶正，认真办理，则贼得地觅食掳人，增党为患，竟无底止。非令各省整练步队劲旅扼要扎营，伺近邀击，则贼得任意去来征调，徒增疲乏，无裨实用。非令各将帅多练马队则无力兜追，剿办殊难痛快。

曾国藩后来采用了这样的方法。

初七日，朝廷下令，让李鸿章调派原来戈登统带的洋枪队取海道北上天津，同时派丁日昌率工匠来京，负责制造枪炮弹药。李鸿章在十六日向朝廷汇报，洋枪队已经在戈登走后解散，如今只剩 1000 人，分别由袁九皋和余在榜统带，现归潘鼎新统一指挥。可将余在榜一营交潘鼎新，由他完成北上天津的任务。而丁日昌不能离开上海，可派上海制造局内熟悉铸炮事务之官员代替丁日昌赴津督制军火。

潘鼎新率十营乘船北上天津，然后转进至景州、德州，负责京津一带的防务。这十营中有一个开花炮队营，还有由余在榜统带的由常胜军整编来的一营洋枪队。由此可见李鸿章对洋枪洋炮的使用是极为重视的。

十三日，李鸿章又给曾国藩写信，告诉他刘铭传已赴济宁，对诸将情况做了介绍：刘铭传以前“徒以骁勇称”，近年“谋略大进”；潘鼎新“坚忍果决，有文武之资”。他告诉了曾国藩自己已派出了最好的将领，“以上驷奉吾师，以中下驷留鸿章左右”。

这次淮军总共派出 36000 人参加作战，有刘铭传（铭军），张树声、张树珊兄弟（树军）、潘鼎新（鼎军）、刘士奇（奇军）、吴毓芬（华字营），有杨鼎勋（勋军）、周盛波（盛军）、郭松林（松军）、王永胜（开字营）、刘秉璋（庆军）等部。淮军每营有洋枪三四百杆，此外，有四个营装备的是开花大炮，用于摧城攻坚。而湘军每营只有老式的抬枪和小枪 120 多杆，这使得其作战力大大低于装备精良的淮军。湘淮两军有 6 万之多。

二十三日，李鸿章与曾国藩在南京见面，向曾国藩交接了兵力。

二十八日，曾国藩率大军离宁出发，沿水路过瓜州、清江浦前往徐州、临淮。他准备将帅府设在徐州。

李鸿章送走曾国藩，还是很担心。闰五月初三日，他给安徽巡抚乔松年的信中说：“节相（指曾国藩）奉命讨贼，义不容辞。惟部下已乏强兵，精力近亦疲惫，勉起就道，未知能否终局？”

闰五月二十一日，曾国藩到了清江浦，他向朝廷提交了剿捻计划。准备在山东、河南、江苏、安徽四省边境设立四个老营，“以有定之兵，制无定之寇”。让刘松山和易开俊驻皖临淮，刘铭传驻于河南周家口，以潘鼎新驻山东济宁，以张树声和周盛波驻于江苏徐州，四个军事重镇互为犄角。其中湘军只占一镇，而淮军有三镇之多。另外派李昭庆训练骑兵，汇同僧格林沁旧部作为游击部队供机动使用。“拦剿”“围堵”“追剿”构成了剿捻战略的核心，与五月六日李鸿章所述方略如出一辙。

同治四年五六月，四大镇的各支军队先后到位。曾国藩发布“应行事宜”四条：一、坚壁清野；二、发给执照；三、分别良莠；四、询访英贤。基本上是在贯彻他与李鸿章商议好的战略思想。但是从部队机动性上说，捻军较为灵活，而湘淮军多是步兵，加上大量笨重的炮械，这方面稍逊一筹。

淮军连续打了几场胜战。例如，同治四年六月初三日，周盛波部、刘铭传部在皖北雉河集将张宗禹、任柱击溃，捻军被追兵分两路作战。淮王邱远才、梁王张宗禹等从河南柘城、太康商丘向西撤退，是为北路；南路遵王赖文光、荆王牛洪、鲁王任柱等由太和、陈州、沈丘往西运动。八月初四日，曾国藩从临淮来到徐州，加大力度扩展骑兵力量，以针对捻军机动性强的特点。不久，刘铭传在沈丘和阜阳再次将任柱所部击败。九月初六日，清廷鉴于河洛兵力空虚，河南缺乏主将的情况，让李鸿章率杨鼎勋部赴河洛一带驻防，防止捻军进犯川陕，这样一来曾国藩也能够一心用于东路军务。

九月十九日，曾国藩上奏以“目下贼势仍趋重东路，秦晋暂可无患”，“李鸿章视师河洛，该处现无可剿之贼，淮勇亦别无可调之师”为由反对这项指令。九月二十七八日和十月初，李昭庆和潘鼎新部先后在柳新庄、丰县两败任柱。但是还是未能完全消灭捻军，这又是捻军灵活机动的作战之故。初八日，李鸿章向朝廷上奏，力陈自己如果率军赴河洛，便犯了分兵的兵家大忌，而军队也会因此缺饷，此外，军火的供应也成了问题。他建议朝廷应集中兵力。奏折中写道：

> 臣籍隶庐州，实在淮南，所部淮勇则庐州、六安、安庆、扬州人等居多，皆滨江之处，于长江上下防剿最宜。军士战于其乡，亦较得力，其性情风气与淮北迥异殊。……用之于江淮南北千余里内必可指挥如意若逐渐调移山东、河南边境，尚能勉强相从。若遽赴河、洛、山、陕，并预备剿除京东马贼，甘肃回匪之用，水土不习，诚恐迁地弗良，勇心涣散，不独素食谷米骤改麦面一端为可虑也。……臣若赴豫欲图兜灭此捻，必须多练马队，以备冲突，广置

车骡以资转运，需饷甚巨。豫中蹂躏已久，力难供应，若专指苏饷，目下苏沪税厘分供前敌淮军已虞饥溃，再添募马步，人数益众，道路益远，势必不支，臣一经离任，恐亦不能遥制，此饷源不能专恃之实情也。……臣若远赴他省，则炮局与铁厂久必废弛，不但技艺不能渐精，且虑工需多有缺乏，而臣军接济亦将有断绝之时。臣部将士皆已熟习洋器，惯用剿贼，设此后临敌不能应手，或远道解运不及，将苦之何？

这件奏折是配合曾国藩而作，分析了不能远去山陕作战的原因，当中的两点令人寻味，一是江南地区是为自己提供兵饷的基地，自己不能离开；二是不能离开自己亲手创立的宁沪的铁厂、炮局。他声称他的部队离开洋器将无法作战，他对现代化武器的依赖可见一斑。

在曾国藩实际上也是在李鸿章的指示下，淮军骑兵的训练上取得了很大的进展。其中，刘铭传的部队最为精锐，倍受曾国藩的赞赏，故而改为游击之师，曾还因此举荐刘铭传为直隶提督。据说，刘铭传提高部队速度有妙法：他在辕门外置重金，宣布谁能在一寸香燃烧的时间里绕营跑上六圈，此金便归他所有。将士都踊跃奔赴，最后有的军士竟能在规定的时间里跑十四圈。部队的行动速度有了质的飞跃。

同治五年（1866年）四月初七日，曾国藩上奏，提出沿运河构筑长墙，合直隶、山东两省之力防守。这样一来，两次挫败了捻军渡过运河的企图。运防开始起作用了。李鸿章命令总兵王永胜，刘士奇所部会合李昭庆军，加上提督周盛传、刘铭传军打击丰沛宿迁一带捻军，迫使其分股回豫皖。五月十七日，周盛波又大败捻军牛老洪部于河南永城。六月二十七日，潘鼎新部在河南太康再败捻军。

### 2. 筹饷

五月，李鸿章接任两江总督，其兄瀚章早在二月初十日就被任为湖南巡抚，三月到任。两人皆须为曾国藩筹饷。当时，三万多湘军中，一部分由曾国藩带去剿捻，其余大多在大苏皖驻留。李氏兄弟面临400万两欠饷问题的解决。

为争索欠饷，湘军各营哗变情况十分严重，此时在京的江苏籍官员王宪成和殷兆镛等又以丞应载并厘卡，横征暴敛为由弹劾李鸿章。李鸿章于六月初一日复奏，说明自己在江苏抽厘助饷实是迫不得已，剥民之事纯属造谣，至于江苏每年可得4000万两的指责更是子虚乌有。实际情况是金陵克复以前，每年可以收到300万，而现在每月平均不到20万两。他请求朝廷在听言、用人两方面一定要实事求是，不可风吹草动，应放眼长远。

对士大夫们的无知趁势，他非常气愤地指责说士大夫对经典一窍不通，只晓得寻章摘句，还以此洋洋得意。他们不以攻击诽谤他人为耻，根本不懂尊主爱民等实政；把理财看成嗜利，妄拟治军之人为怙势。他们是非不分，“论事则务从苛刻，任事则竞趋巧伪，一有警变，张皇失措。俗儒之流弊，人才之败坏因之，此最可忧。”

十七日，朝廷宣布厘卡应予维持，殷、王实属诽谤，是暗箭伤人。

有了朝廷支持，李鸿章还是不满足，不能释怀。他在六月十九日给郭嵩焘信中说“苏绅不识时务，亦太无天良”。刘郇膏当时署理江苏巡抚，他也感到此事牵涉到自己，觉得难以自白于天下。闰五月十七日，李鸿章给他写信说：“总之，以半省之兵，供天下各省之用；又以半省之厘，供分防本境及援剿各省之饷，又何不可自白，不可共白耶?”他还向恩师曾国藩鸣不平，他指责两人诽谤他“抗违朝命”，还说什么他是“罪不容诛”，其实之所以“昧良至此”，都是因为自己不给他们送钱送物罢了。如果自己也像沈葆桢那样周到，或是像左宗棠那样凶狠，这种事根本不会发生，“世人专欺良善”。满腹牢骚向老师发泄出来。

由此可知筹饷不是件轻松的事情。

### 3. 一家制造局的诞生

筹饷，有两层含义，包括军饷军械的筹措。曾国藩统帅军队征战，而李鸿章在后方给他筹措军饷、军械。鸦片战争后，东南沿海一带先后出现了一些小型修造工厂，皆为洋人所设，主要用于维修来华的船只。其中上海虹口的“美商旗记铁工厂”具备造炮能力，厂主名科尔。驻地一些外侨反对其生产大炮，因此工厂经营出现困难。这时丁日昌被李鸿章举荐当上了海关道员，他提议应趁机收购此厂。

同治四年八月初一日，李鸿章上奏清廷，称丁日昌于半年前受命负责访购“制器之器”之事，现已查实：上海虹口有洋人机器铁厂一座，有上海洋泾浜中最大的外国机器，能修造大小轮船，开花炮和各式洋枪均可制造。因10万银元要价过高，尚未运成购买协议。现海关通事（翻译）唐国华因被参革，情愿集资4万两以赎己罪。另外，由海关道负责筹款2万两，以购买厂中的铜铁木材等原料。同时，继续雇佣原厂的8个外国技工。当时要购买具有这种生产能力的工厂是十分困难的，现在李鸿章哪能错过天赐良机，马上命令丁日昌尽快达成购买协议。为防止洋人从中作梗，让丁将买下的工厂改名为“江南制造总局”。

李鸿章急着把厂子买下来，不仅仅是考虑眼下的军火生产。他的理由是这样的：“臣查此项铁厂所有系制器之器，无论何种机器，逐渐依法仿制，即用以制造何种之物，生生不穷，事事可通，目前未能兼及，仍以铸造枪炮，借充军用为主。”他把机器制造说成是“御侮之资”和“自强之本”，洋机器可以生产军火，然而对民生日用有着更深刻的作用，他的眼光还是很长远的。

丁日昌遵照李鸿章之命和韩殿甲、精于计算的冯俊光、王德均，谙识洋军火的沈葆靖一同进行了清理接管的工作，将机器和原料都造册登记，拟定管理和生产的规章制度，同时丁、韩原有的两外炮局也并人总局。考虑到虹口房租高，而且华工在此洋人聚居之地会受洋俗影响，又害怕与洋人发生纠纷，又打算搬迁厂址。因而两年后工厂搬到了高昌庙。

一同随工厂转来的还有科尔和他的同伴，科尔和史蒂芬生（Sstephenson）还是负责监督生产，该厂逐渐成为江南制造总局的核心。

### 4. 查办教产案

同治四年正月二十一日，李鸿章时任江苏巡抚。总署写信通知他，原在直隶河间的法国天主教主教郎吉腊准备要到江苏当主教，让李鸿章趁这个法国人谒见巡抚时，对吉腊在河间的传教活动表示称赞，同时告诫吉腊到了江苏要一心一意传教，不准干涉当地事务。

咸丰八年的《天津条约》和咸丰十年的《北京条约》强化了法国在华的传教特权，还规定中国应将康熙朝禁教后没收的教产归还法国。但自雍正至同治已有200余年，原教产已经很难搞清归属了。而此时传教士只是一味要求按约索要，根本不管具体情况如何，所以一时间中外教产纠纷不断。

二十二日，总署又给李鸿章发来通知，说法国已提出要求，过去太平军控制了江浙一带，江苏的通州、镇江、江宁和扬州等地的天主堂和坟地的归还事务尚未处理，现在太平军已灭，请江苏巡抚履行条约。总理衙门只好答应，总署将法国照会转述后发给李鸿章，称：

> 本衙门查还教堂一事，法国续增条约内，载有应还交该处奉教之人明文，自应按约办理，相应咨行贵抚，转饬各该地方官，查明该公使照会内所称，详细查核，如各该处果系有教堂坟地，或将原基给还，或另择空闲地亩及无碍居民风水之处，量为抵给，悉由贵抚斟酌妥办。一俟办有头绪，即行知照本衙门，以凭核夺可也。

同时发出的还有总署密函，暗示此事虽不得不办，但应尽量阻止教士“妄认妄索之弊”。函末客气地写道：“阁下于洋务办之最熟，定有会心，固无庸本处多虑也。专此密陈。”

李鸿章立刻心领神会，制定了防止教士乱指乱认，保护居民利益的方针。

归还教产从扬州府开始进行了。经调查，发现府城外 10 里的金匮山有洋人大坟一座。据碑所示，墓主人是一个顺治十六年（1659 年）来江南传教的大里亚国人。李鸿章指示知府说：“此案所云教堂坟地，系专指法国而言，今此坟既为大里亚国人，于法国实属无干，切勿牵混。”知府又报：在新城罗湾街有一座教堂，据说是法国教堂，却没有券契证明。李鸿章见此下令知府无须办理抵还。四月初八日，他将办理意见和扬州府的原禀向总署发出。他强调说：“鸿章窃以为此等事件，隔越几百数十年，官私券据，必无可考，扬、镇、江宁兵燹之余，地方面目全非……诚如钧谕所云，固未便以茫无可查，空言答复，然亦必须证据确凿，方可议办。”他指出不应以传教士单方面的说法或当地传言作为归还依据，实非万不得已，不应用他地相抵。总署没有同意他的建议，反而提醒他天主教是法国国教，法国自认是天主教的保护者，所以处理敏感问题务必认真谨慎。

不久，总署接到李鸿章之函告，说法国领事强烈要求归还南京的天主堂、观星台和天主学院，并且拒绝接受别处抵换，他已经痛斥和批驳了洋人的无理要求。

八月二十二日，李鸿章在向总署的汇报中谈及了关于归还南京教产的问题，声称法人已同意在城内或城外另选土地抵换。还说，法国人对上海道照会过激语气很不满意，建议让上海道恰当地处理与法国人的关系。然而，在之后的谈判中，法国领事和主教又坚持一定要在城内择地，因而与上海道台应宝时发生了争执。

法国人对李鸿章拖沓敷衍已很不耐烦了。九月二十七日，法国人向总署告状说："江宁等处各（官）员，总不愿赔还城内旧址，只准在城外建造。"负责总理衙门事务的恭亲王被迫限定李鸿章在三个月内处理完毕。十月初三日，总署致函李鸿章，叮嘱他："勿再迟延，是为至要。"

李鸿章在上海向总署报称不同意法人在城内择地的是南京的官绅们，要是法国人一定要在城内择址，那么就让法国人自已与绅士们打交道。李鸿章摆出了一副爱理不理的样子。

法国人更为不满，又照会总理衙门，限令李鸿章三个月之内必须解决问题。朝廷迫于压力，加上也觉得应尽早解决问题为好，催李鸿章赶紧办完此案。李鸿章却我行我素，还是不予办理江南还堂之事。

同治五年六月，法国再次发出照会。法国威胁要派军舰到江浙一带查办教务，军费将由当地官绅提供。要清政府敦促南京、安庆的官员尽早结案。照会竟公然说："不然，于十五天之后，贵亲王定闻有南京被占、李鸿章被掠之信矣！"照会中对李鸿章也表示了极大的不满，说："兹既如此刁难至十八个月之久，只得仍要老堂旧址。"认为"如此办法，亦可稍抑李鸿章之傲耳。……贵亲王也必知此南京若经法兵攻打，定不费多日，较比广东、天津、北京更属容易"。显然这是以武力相威胁的"炮舰政策"。照会还诬称李鸿章"骄气日盈"，"有跋扈之执，欲于南方自雄焉"，"李鸿章实有自由自主之意"。以此动摇朝廷对李鸿章的信任并强烈要求把他调走。

总理衙门感到事态已非常严重。他们对第二次鸦片战争中京津被占，两广总督叶名琛被俘的惨痛失败仍是记忆犹新。他们害怕爆发战争，遂赶紧答复法国公使：江宁教案已基本理毕，安庆的问题也能很快解决，请求法国不要做派兵之打算，避免战争。同时，于同治五年六月初八日敦促李鸿章尽快解决南京教案的选地问题。

九月初，朝廷调李鸿章到前线代替曾国藩督师剿捻。江宁知府涂宗瀛接手江宁还堂之事，最后协议达成，小桃园的旧堂基地抵还给教堂，并由清政府购买法国教士现在居住的小丰富巷旧屋及其基地，划归教堂公所。双方于十月初二日签订了文约。

十月二十一日，李鸿章通过军机处向总署作了对还堂事件的总结报告。他说自己之所以对法国人的要求一拖再拖，目的是“旨在折其桀骜之气，无厌之心”。他认为当初法国传教士的胃口太大，想狠索一笔，自然会引起争执，只是在我方驳斥之下才有所收敛。他还做了以下的经验总结：

> 臣查法国之志不在通商而在传教……臣与交涉最久，如白齐文、戈登前事，风浪极大，究其曲不在以理相待，以诚相感，终可消弭无形。至寻常通商传教，于恪守条约之中，每有相机通融之处，似不至以微嫌细故，遽成决裂；亦不得因其恐赫逼迫，逐无限制。且即明知辩争无益，而入手之初，彼气过盛，而欲太奢，几莫测其底止。况与情不顺，公论沸然，势亦未以勉强，则不能不辩争；不能不缓宕，以折其气，而逆制其无厌之心。此又办理洋务不得已之实情也。

他还指出“此案法使先断以三月为期，未尝不可办结，然任其指索，诚恐后难为继，民心不服”。他非常清楚还堂之事还是得按约办理，但对侵略者的要求也要尽量阻挠，不让其轻易成功。

# 二、钦差剿捻

## 1. 曾国藩让贤

曾国藩征战沙场多年，精力已大不如从前了，此次剿捻 18 个月，不但未灭捻军，其实力反有所增强。他已精疲力尽，打算把肩上的担子交给年富力强、才干过人的李鸿章。二十三日，曾国藩向朝廷请求让李鸿章带两江总督印出驻徐州，会同山东巡抚阎敬铭剿杀东路捻匪；让弟弟湖北巡抚曾国荃和河南巡抚李鹤年对付西捻，自己负责调度。

八月二十九日，朝廷准奏，命令李鸿章驻徐州主持徐、淮、海、泗等府军务。

九月十二日，捻军在河南陈留一带作了重大的战略布署，决定由遵王赖文光和鲁王任柱率领部分队伍进入山东，称东捻，梁王张宗禹和怀王邱远才指挥西捻进军陕西，东西两路相互策应。这时，东捻拥有兵力达三四万，西捻虽仅 2 万兵马，但其中有一半是骑兵，还计划与西部回民起义军会合。

十月初三日，李鸿章在徐州制定了新的剿捻计划。他命李昭庆所部 4 营守御徐州城厢内外，刘士奇所统 7 营进扎运河西岸，王永胜统 11 营进驻皖徐交界，刘铭传、潘鼎新等部回师东援。这极大地鼓舞了淮军士气。十月二十六日，刘铭传在山东曹县遭遇东捻，迫使东捻向南撤退前往陈州和归德。

同治五年，因剿捻没有成功，曾国藩回到两江总督任上，李鸿章接过了老师的担子。李鸿章一心要在剿捻的活动中展示自己的过人才能，在任上立下汗马功劳。然而对捻军的首战告负，令李鸿章大失所望。

### 2. 剿灭东西捻

同治五年底，东捻由山东掉头，迅速插入湖北安陆、德安。鲁王任化邦和遵王赖文光准备在这里建起东捻的基地，在击败清军后与西捻军和西北回民起义军形成呼应之势。这时东捻军通过歼灭僧格林沁，壮大了骑兵部队，总兵力十多万，正是鼎盛时期。此外，像赖文光、范汝增和任化邦这样的首领都身经百战，将士们都团结一心，不畏艰难，士气高昂。

然而李鸿章的淮军很快便赶到，加入作战。捻军疲于对付李鸿章，已无暇顾及原计划。李鸿章派刘秉璋部和刘铭传部向商城、固始进发，同时由张树珊部和周盛波部分别进入湖北，准备和当地的地方军会合去打捻军。安陆臼口镇一带，前有长江、汉水天险，后为大洪山所阻，山川河流密布，骑兵很难发挥作用。根据这种情况，李鸿章决定展开“臼口之围”：把湘系的鲍超“霆军”安排在汉水以东襄樊地区防守，切断东捻西进川陕之路；调淮军刘铭传部和豫军张曜部驻扎在河南、湖北交界之地，阻止东捻进入河南；安徽巡抚英翰的皖军负责切断东捻回皖北路线；请湖北巡抚曾国荃率湘军6000人在武胜关驻防，作为游击之师。

1867年1月11日，东捻军主动发起迅猛攻势，目标是臼口附近的沙冈集。曾国荃正驻扎此地。由于兵力不多，加之湘勇均为新募，是诸军中最薄弱的一环。结果湘军大败，四营人马损失殆尽，提督郭松林被打成重伤，侥幸逃脱。

周盛波部与张树珊部在1月26日进至距德安二十里的杨家河，张树珊所率六营步兵3000多人被捻军数万人趁夜包围，张树珊重伤坠地而亡。他是淮军中一员勇猛的战将，他的死给了李鸿章一个沉重的打击。于是他联合曾国荃与左宗棠，集中力量实施军事报复计划。清军在豫南和鄂北地区集结了7万人，其中有1.6万名鲍超霆军，还有刘铭传的铭军1万人。刘铭传与鲍超计划，铭军由北向南，霆军由西向东，展开夹攻之势，并以1867年3月29日辰刻为行动时间。

刘铭传却在29日清晨提前行动，在尹隆河畔发现捻军。刘铭传自以为枪炮精良，留了5个营保护辎重，自己带着另外15营人马，分三路渡河作战。捻军兵分三路，分别由任化邦、赖文光和牛洪迎击淮军左、中、右三军。左军刘成藻五营很快被任化邦所率骑兵击溃，退回到河对岸，任化邦得以抽出力量攻击中军；这时，右军唐殿魁部已经获胜抽身来增援中军；但中军已溃。右军反陷重围，唐殿魁及营官田履、吴安、维章阵亡。一片混乱的淮军士卒向对岸逃跑。捻军趁势渡河追击，又打死了副将胡衡煦、李锡曾。全军400杆洋枪损失，数千辎重和号衣落入敌手，刘铭传个人的玛瑙红项花翎都被捻军掠去。铭军濒临覆灭，刘铭传及其部将幕僚们已脱下帽子衣服而坐，准备受戮。万分危急之时，鲍超的霆军赶到，与淮军两面夹击，打死数千捻军，扭转败局，刘铭传免于一死。

此役之情形非常清楚：刘铭传为抢头功提前进兵，以至几临覆灭；多亏鲍超及时赶到，才化险为夷，转败为胜。李鸿章对此事实心里再明白不过了，他在家信中明确说："铭传冀得首功，先一刻进攻，竟大败，所部唐殿魁等死亡。及霆军践期来，乃大破捻匪，杀敌万余，生擒八千有奇，救铭军于重围之中。"

然而，当他向朝廷奏报战况时却明显混淆了事实真相，说：

> 迭据鄂省控报，鲍超、刘铭传会剿任、赖捻股于安陆府属之杨家泽、尹隆河一带。正月十五日刘铭传统军先至，迎击获胜，追逐四五里，因军中讹传后面有贼，分队回救，贼众悉力回犯，铭军挫退，兵将颇有折损。幸鲍超督队接应，奋力轰击，杀贼数千，大获胜仗，该逆仍向安陆西路窜去。

这样，霆军的按时到达被说成是延误战机；援救反倒干扰了刘铭传军的作战。朝廷据此非常严厉地斥责了鲍超。

李鸿章为什么要冤枉和陷害鲍超呢？

原来，刘、鲍二人素有隙阂。鲍超是湘军老将，能征善战，战功卓著；而刘铭传军功不及鲍超，是后起之秀，却不把鲍超放在眼中，说他有勇无谋，想抢下头功，给鲍超以颜色。刘铭传在战前布置时就对诸将说："度我军之力可以破贼，若会合霆军而获捷，霆军必居首功，且谓我因人成事，不如先一时出师，候翦此寇，使彼来观，亦当服我铭军之能战也。"于是把进攻提前一个时辰。

但此役的惨败让刘铭传丢尽颜面，想到真相一旦让世人知道，麻烦就大了。于是他让办文案的人将此役过程做了歪曲。大意说，本来已经和霆军约定黎明攻击，而霆军却姗姗来迟，铭军独自拼死力战，已经初步取得胜利。然而此时霆军赶到，铭军不知，误以为后面有敌，出现了混乱，又抽兵五营过河回护辎重。敌人借机反攻，我军虽败但仍奋勇还击，最后与霆军会合，大败敌军。

刘铭传歪曲事实的报告送到李鸿章处，李鸿章觉得如此对淮军有利，想也不想就上报朝廷。

山东、湖北、河南、安徽成了东捻流动作战的广阔战场。清军对他们灵活机动的战术是一筹莫展。李鸿章的军队终日在捻军屁股后头转悠，疲于奔命，连吃败仗。这引起了朝廷的不满和指责，令他戴罪立功。大小官员们也对他指责不断。五月初八日，东捻离开河南，来到山东曹县。淮军却老是追不上。但李鸿章不轻易言败，追剿行不通，就利用防守。于是，他制定了

“运防”的策略：在山东东岸的河南贾鲁河、沙河西岸修筑长墙，以此达到阻拦东捻东进山东的目的。

但是，这样的计划还是没有取得成功。6 月 13 日，东捻进入由地方军把守的山东郓城水套区。这里恰好是防守的薄弱环节，加上得到当地原有小股起义军的接引，东捻一下子就击溃了王心安所率的山东地方军，突破运河东岸长墙防线并缴获了大批军械船只，兵锋直指济南。东捻军先后越过济南和胶莱，到达山东滨海，在烟台一带活动。这一地区长期免于战火，还算比较富庶，为捻军的休整和补充提供了有利条件。

山东的失败让朝廷大为恼火，下令追究李鸿章、曾国荃、李鹤年等人的责任，对李鸿章表示极大的不满：“李鸿章以钦差大臣督剿捻军务，时逾半载，办理毫无起色，殊负朝廷委任。著戴罪立功，迅督诸军，驰赴山东，会同剿洗，务将此股全数剿灭。倘再任贼纵横，毫无调度，恐该大臣及该抚等均不能当此重咎也，懔之!”

李鸿章面对朝廷巨大的压力，从实际出发，决定执行倒守运河的计划，企图将捻军困死在胶东。具体做法是：

一、以运河作为外围防线，把当年曾国藩所筑长墙由运河东岸移至运河西岸，调直隶、湖北等省地方军防守，防止捻军西渡运河。

二、以胶莱河为内围防线，调淮军、豫军和东军各部修筑堤墙，并严密防守，防止捻军向胶莱以西移动。

三、以六塘河为南面防线，由漕运总督张之万率湘军一部把守南岸，以黄河为北面防线，由刘长佑、崇厚率洋枪队把守北岸。

四、游击之师由淮军一部充担，深入胶东进行对捻军的追击。

主要的战略思想就是逼东捻进入三面环海的胶东地区，利用淮军的枪炮优势，逼着捻军陷入包围，而后将他们在胶莱以东的滨海地带一举歼灭。胶莱防线如果不能阻挡捻军，外围运河防线还能起到同样作用。这样能确保于山东的黄河、运河、六塘、胶莱之间的地区全歼捻军。李鸿章投入了 10 多万人，精心构筑两条防线。

李鸿章在计划的执行中特别注意稳扎稳打，而不是冒然发动进攻，要寻找最佳战机一举围歼东捻。7 月 21 日，他上奏朝廷说：“衡量利害之轻重，与其驰逐终年，流毒江、皖、东、豫、楚各省，不如弃一隅以诱之；与其往复运东济、泰、衮、沂、青及苏之淮、徐海各属均受其害，不如专弃登莱以扼之。胶莱河之守不密，则登莱无可扼；运河之守不密，则胶莱仍不足恃。贼踪已向胶东，事势至此，机会可图，臣意必运堤与胶莱河两防均已布定，乃可抽兵进剿，庶灭一贼少一贼，贼智自困，而兵力不疲。但求万全，不争一日。”

但是，这个似乎天衣无缝的计划有一个致命的漏洞，在山东半岛围困东捻，实际上让捻军有在山东发展力量之机。山东地方势力因此极力抵制该计划的实施。山东巡抚丁宝桢根本不理会李鸿章的命令，淮军也得不到地方上的粮草供给，驻守在胶莱河上的山东军随时准备把渡口交给捻军，为他们离开山东提供便利。东捻军很快就摸清了李鸿章的意图，他们利用李鸿章与山东地方势力的矛盾，没有按李鸿章的设想攻击烟台，而是往西猛攻胶莱河防线。正好这一段防线由淮、湘军驻守，捻军没能得手，于是顺着河向北运动，寻找战机。8 月 19 日，王心安根据丁宝桢的暗示，让出所守海神庙一带，形成防线上一个缺口，让东捻渡过淮河，离开山东。胶莱防线又失去了意义。

再次败北给李鸿章带来巨大压力，朝廷已经对倒守运河的做法产生了很大的怀疑，要将李鸿章交部议处，以示惩戒，连曾国藩也力劝李鸿章放弃原来的想法。但是，李鸿章还是毫不动摇，他在给潘鼎新的信中写道：“甑已破矣，顾之何益，惟人事乖忤，捻祸方长，中夜以思，耿耿不寐。”“心绪恶劣，提笔辄止，愿仍吃苦耐烦，以待事机之转。”

同时，他向朝廷辩解，说运河防线是胶莱防线的外围，目的是阻止捻军西进；捻军被阻在运河以东，对当地几个府州有损害；但是不设防的话，捻军过河后将对几省造成破害，“运河东南北三面贼氛来往聚拢，官军分路兜逐，地方虽受蹂躏，然受害不过数省州县之地，驱过运西，则数省流毒无穷，同是疆土，同是赤子，未便歧视”。

为了证明自己的想法没有错，李鸿章到台儿庄督促加强运河防线。勋、武毅、庆、铭军的一部和浙军、皖军和漕运总督所部分别驻扎在 350 多里的沿河防线之上；同时铭、鼎两军作为游击军不停骚扰追击捻众。此外，郭松林接统 20 营武毅军会同杨鼎勋部负责追击捻军。这样，既有大量的防运部队，还有四支各有战马 8000，兵士逾万的追剿部队，相互配合对捻作战。

9月，形势逐渐对李鸿章有利。东捻军成功渡过胶莱防线，却没能再突破运河防线。淮军在运河防线上几次挫败了捻军渡河攻势。东捻军没有实现与西捻合兵一处，只好在运河以东流动作战。

进入夏季之后，连日的大雨限制了捻军骑兵的作用，而淮军的游击部队却越来越多。东捻流动作战的优势逐渐失去，运动的余地越来越小。

10月1日，鼎军在海州阿湖镇遭遇任化邦。这支捻军有一万多人，首先向鼎军发动攻击。鼎军奋力迎战，双方伤亡都很严重。然而，捻军抢渡运河的计划宣告失败。

其后，东捻主力赴潍县、安邱一带抢夺粮草，遭提督刘铭传、副都统善庆所部32营追击。11月12日，淮军在松树山一日内三次打败捻军。当时，任柱、赖文光带着最精锐的主力兵分为两路杀向铭军，而刘军依靠威力很大的新式步枪，将敌军切成三段，歼敌2000多人。

17日，追击部队追击东捻来到日照境内，给东捻军造成了难以弥补的损失，大量妇女儿童掉队被俘。东捻逃奔江苏赣榆县。二十四日，刘铭传和善庆追上捻军，任化邦挑选精兵数万，大战铭军。激战中，捻军叛徒潘贵升乘乱将任化邦杀死，然后纵马投敌，向刘铭传邀功。刘铭传还不相信任化邦已死，后来看见捻军纷纷溃退至赣榆、宿、沭境内，俘虏的捻众皆言任化邦已死，这才相信。东捻精锐丧失殆尽，加上首领被杀，士气非常低落。

东捻在山东昌邑、寿光、潍县和胶州几处迂迴穿插，想要混淆清军的追击方向。李鸿章严令铭、勋、鼎、武毅军不得放松追击。赖文光无法从困境中摆脱出来。12月15日，刘铭传、郭松林、潘鼎新、杨鼎勋的武毅、勋、鼎军在胶州小南沟之役大败捻军，秦王赖成龙阵亡。24日，在寿光南北洋河、巨弥河之间的战役中，捻军主力遭到了毁灭性的打击。当时，铭、勋、武毅三军尽弃辎重，轻装前进。捻军因河流阻隔，运动困难，被迫在赖文光领导下背水一战，马步配合，排列10余里。然而淮军武器凶猛，先用炮击，使捻军骑兵首先受损。其后，淮军从不同几个方向以步骑配合猛冲。郭松林又亲率小枪队精锐包抄捻军后路，作近身肉搏战。捻军高级将领也手持武器对淮军进行肉搏，仍是大败。捻众被杀2万多人，被俘1万多人，被掠马匹2万多，主力覆灭。剩余千余人由赖文光带领凫河转移到了江苏。

1868年1月5日，遵王赖文光和魏王李蕴泰带着残部1000多人越过六塘河防线，却被挡在了运河之前。于是，他们沿河岸南下直至扬州，又遭淮军华字营阻截。赖文光见已无法挽救，就带着檄文，向淮军将领吴毓兰投降，檄文中说："天不佑我，至于今日，夫复何言？古之君子，国败家亡，君辱臣死，大义昭然。今余军心自乱，实天败于予，又何惜哉？惟一死以报国家，以全臣节，惟祈鉴核，早为裁夺是幸！"

至此，李鸿章剿办东捻的活动取得了决定性的胜利。他显得高兴十足，连夜奏报功劳："淮军华字营淮勇即选道吴毓兰禀称：十一日戌刻，贼众突至湾冰，立即出队迎击。……由运河东岸向前追杀，遇贼于瓦窑铺，雨夜昏黑，逆骑数百拼死拒战。五更时该逆纵火烧屋，志在逃逸，我军冒雨直前砍杀。吴毓兰于火光中望见一骑马老贼，手执黄旗指挥，知是逆首，连放数枪，贼马创毙，余逆纷纷投河淹毙。……据贼指认，生擒者实系逆首伪遵王赖文光，该逆亦自认不讳，年四十一岁，面黄有须。"

同治七年（1868 年），西捻军转入河北一带活动。这时东捻刚刚剿灭，李鸿章正想趁机让部队充分整休，而左宗棠却没有在黄河西岸阻住西捻军。西捻进入李鸿章的防区，让李鸿章大为恼火，写信向曾国藩大发牢骚："省三、子美、琴轩谆求三月假；仲良、幼弟请卸勇，皆来济宁聚讼不休。论军情必须稍为息养，论大局则又义无可辞。左帅自请赴直，又有官老及各抚帅都统，事权不一。粮饷难济，乱源方长，往替师门承办东捻，谓事竣当可告饶，变故环生，竟无止境！终必溃败决裂而后已。"

接着，又指责左宗棠失职："左公放贼出山，殃及鄙人！"此话当然是一时意气之话，当朝廷命他北上剿灭西捻时，他还是立刻就去了。同时，他也知道此次剿捻必须与左宗棠并肩作战，因此，取胜的关键是搞好与左宗棠的关系。为此，他决心放弃前嫌，在给曾国藩信中说"鸿章此行，迫于大义，吃苦受气，是分内事。拟再与左公议和，但勿相犯，决不失敬"。

李鸿章又被逼着去剿灭西捻，心里边是恨死了左宗棠。其实左宗棠也很为难，因为西捻的确不易绞杀。

西捻首领张宗禹是捻军总首领张洛行的侄子，人称"小阎王"。他有勇更有谋，"剽滑过于任柱"。任柱和张宗禹相比较，就好像是项羽和刘邦。同治五年（1866 年），东捻与西捻兵分两路，西捻虽只有 2 万人，但半数是骑兵，而且进军路上又有大量农民加入起义队伍，到进入陕西时已达到了四五万人之众了。

剿办西捻，使左、李两人的势力发生了变化。本来是由左宗棠单独负责剿灭西捻，但西捻一到河北，左、李都要参与了。开始时，左被任命为钦差大臣总统直隶境内前敌追剿各军，李被任命为钦差大臣总统山东境内前敌追剿各军。后来，为了明确两人的责任防区，就让左负责西路，在彰德府驻扎；李负责东路，先在大名府驻扎，后来又相继移驻开州、东昌府、德州。同治七年，剿办西捻的主力军已经是淮军了。四月十四日，李鸿章取得了总指挥权，被再命为总统直隶境内各军，领导全部剿捻部队。左宗棠只在运河以西地区驻防，手下的张曜、程文炳、宋庆、喜昌等部队都调至李鸿章麾下。可见李鸿章在剿办西捻的后期已是总指挥了。

然而，左李又在剿灭西捻的方略上产生了很大的分歧。李鸿章根据成功剿灭东捻的经验，提出还是以运河长堤圈制西捻。而左宗棠却觉得太过保守，应该积极进攻。但西捻军特点就是机动性强，左宗棠的主张根本不灵。到5月上旬，运河陡涨使得“圈制”有了地利保障，左宗棠也改变了态度，写信给李鸿章表示同意“圈制”说：“圈制一策，实制捻良图，惟从前减河未注水时，地段太长，需时又久，弟不能无疑。现在捷地闸开，工程既省，自兴济以南东岸居民均移西岸，正可用民力筑堤自保，而以官军协守，腾出各军剿贼。”然而左宗棠还是很自负，在同意“圈制”的同时，还是坚持抽出部分兵力进行“追剿”，要“视贼所趋，随时随地分拦头、尾追、横截三支，由诸将自行商会”。5月23日，李鸿章提出不同意，说：“惟贼之盘旋飘忽，见兵即走，瞬息变幻，往往不能如人意所欲出，悬拟此着，相机为之，仍是分路排进之局。但军行迟速后先，难得划一；又每晚依村住宿，须趁大庄，即同行同止亦有参差，理也，势也。”他认为左宗棠分路排进不切实际，不会有功效。

闰四月初八日，提督刘松山总兵张曜成功地把从直隶东光杀来的张宗禹挡在了运河之前。倒守运河法取得了一定的成效。初九日，捻军在陵县被盛军击败，百余人被俘，损失马匹200骑。铭军精骑追击捻军，重创其骑兵部队。

战后，张曜、宋庆、郭松山等到德州拜见李鸿章，提到了需要注意的两个问题：一是要防止捻军在被迫无奈时丢弃辎重，轻装渡河逃窜；二是要增加驻防长墙的兵力，不给捻军有逃出包围可乘之机。李鸿章派鼎、盛二军赶修尚未承建的长墙，与左宗棠的防区连成一线；将水师调至张秋，另请左宗棠在连镇屯积大批粮草供所经之师使用。两人商量好了，如果捻军在包围圈的中心，就将其围歼；一旦捻军向南北运河防线，再安排东军和皖军分驻于茌、恩、博、高等战略要地，和运河防线构成完整的战略体系，与追击部队夹击捻军。

在紧锣密鼓地调兵遣将的同时，李鸿章也注意收集敌军情报。因此他了解敌情，能够进行较为客观的分析，他写信告诉部下：张宗禹是一个鸦片烟猾鬼，专以智取，凡是多智者，必然胆怯；凡烟瘾重者必然气馁。张宗禹的党羽张宗道、陈二坎、邱麻子等都是多年老贼，锐气渐消，不似任柱、牛遂子那样二十多岁人有一种犷悍无前气概。举例说，四月十五六日，我淮军刚到博平，立脚未稳，捻子大可一闯而过河，然却狐疑而退，至今不敢猛扑，可见其烟瘾、马匹、辎重、老弱都能掣肘，岂能轻于一掷？将来即使猛扑，张氏兄弟必不肯领头。他们不领头，其余捻众也未必能上前了。

他的分析不无道理。十五日，张宗禹进攻德州高家渡，被淮军水师炮船徐道奎等打败，又没能渡河，于是带三四千精骑溃退。二十八日，捻军余部被包围在徒骇河、运河、黄河之间。由于天降大雨，行动不便，部队精疲力竭，突围没有奏效。张宗禹与八个部下一同投徒骇河自尽，西路捻军彻底失败了。

张曜将降捻王双孜押送至德州。李鸿章和候补京堂袁保恒进行审讯后得知，张宗禹在混战时领数十骑撤逃，后来铭军将其逼至徒骇河边最后跟随张宗禹的，就有王双孜。那时，张宗禹本想渡过黄河，但河水高涨，无法渡过，又逃向徒骇河。这时，他劝 8 人各自逃命，自己投水自杀。李鸿章认为此人供词属实，上报了朝廷。

清军联合夹攻，剿灭了西捻。李鸿章是直东战场上的最高统帅。他制定了作战计划，其淮军充当了剿捻的主力。此战之能以胜利，离不开李鸿章的有力指挥。李鸿章在剿灭东、西二捻的活动中，起到了至关重要的作用。

李鸿章运用了适当的策略，剿灭西捻，要论功行赏，李鸿章当然是头功，于是朝廷赏加李鸿章太子太保衔，并荣升协办大学士。左宗棠也因剿捻中的表现获得太子太保衔，列为一等军功。

### 3. 灭捻殊荣

这时候，督抚大员调动前按制应入京面圣。李鸿章在江苏巡抚位置上一呆就是五个春秋，而且两次署理两江总督，直至调任湖广总督，都因为军务繁忙，没能够入京请觐。这回捻乱已定，他回任湖广总督，便在七月八日请求在处理完行营事务后进京面见皇上。

在此之前的七月里，朝廷进行了一系列人事调动任命。两江总督曾国藩调为直隶总督，马新贻由闽浙总督调为两江总督，福州将军英桂升任闽浙总督。

八月二十日，李鸿章在京师见到了同治帝及两宫太后。二十一日，他得到了在紫禁城内骑马的特权。这代表了极高的荣耀。

在京的一个月里，他广交各方权贵。他在军队和地方上经营多年，钱财富盈，所以花起来也是大手笔。据说单送的银子就有 10 万两。他是安徽人，所以发起兴建安徽会馆以表示对同乡在京活动的支持。而且，他为此进行了慷慨的捐款。

作为一名统帅指挥前敌作战的李鸿章为清廷立下了卓著战功，与最高层之间自然大多谈及军事和防务的重大事宜。他也从中得知，朝廷认为左宗棠单独应付西部军事，恐难了结，所以淮军有必要保留，以充当后备力量。此外，他还多次建议朝廷加强军队的统一指挥和调度。

他给曾国藩去信，通报了与恭亲王、军机大臣们谈话后了解的情况说：

枢廷自恭邸以次，皆属鸿章赴金陵功驾，并筹商善后各事。谷山（马新贻）同年履新，亦必恳留，计大旆须冬腊以后始能荣发。……内意必欲吾师坐镇畿疆，入都后必有不可中止之势，望预为筹备。

他告诉曾国藩，朝廷担心曾不愿就任直隶总督，让李鸿章返宁后进行劝说，并助他办理善后事宜。马新贻与李鸿章同年中进士，此人肯定也要挽留曾国藩。这些都会耽搁曾的动身日期，朝廷估计十二月前曾还不能出发进京，但不管怎样，还是肯定要曾国藩入京，负责直隶事务。让自己的老师早点准备。

他与恭亲王逐渐投机。恭亲王也觉得郭嵩焘是当时最谙洋务之人，能通治国根本。只是此人已被废黑出，难有施展机会。李鸿章便借此机会奏请朝廷让郭嵩焘进京为臣。

九月十七日，李鸿章离开北京，与他一同南下的还有内兄赵继元，赴刚刚会试考中，欲请假返乡。

他于十月初回到济宁、张秋，沿途办理淮军的裁减工作。二十六日，到了南京，和曾国藩、丁日昌、马新贻等一连数日讨论如何裁兵的问题。最后，按照在京所定大计方针，处理完毕，而且还在存留各军的防地分配上达成了共识。

二十八日、二十九日，曾国藩和南京各界官绅大摆酒宴，安排戏剧演出。三十日，李鸿章联合安徽省的官绅，以唱戏设宴为自己的老师饯行，三日里歌舞升平，盛况空前。这些人升官发财，靠的全是镇压农民起义，他们渴望平步青云，对封建统治也是忠贞不贰，都是一副乐陶陶、醉陶陶的德性。

# 三、随旨调遣

十一月初四日，曾国藩从南京出发到保定府接任直隶总督。初十日李鸿章奏请朝廷，让他回乡省亲兼扫墓，朝廷批了他一个月的假期。

李鸿章于当月下旬离开南京，回到合肥。除祭扫祖坟外，还去了他们兄弟六人为父亲李文安所建家庙，把曾国藩撰写好了的庙联镌刻在庙门两侧。联语是：

> 庭训差同太邱长，子肖孙贤，已迈元方季方而上；
> 碑文虽逊鲁国公，功高德厚，实在郭庙颜庙之间。

上联称赞李文安教子有方，所以子孙们都贤能忠孝；下联说虽然李文安本人的碑文等级差了一点，但即便他不曾做过高官，这家庙也足以跟郭庙和颜庙相提并论。曾国藩在其中用了唐代郭子仪、颜真卿因中兴唐室之功而使自己家庙增光之典，以喻李鸿章、瀚章兄弟亦为清朝中兴之臣。

李鸿章兄弟六人重新修葺了家庙，进行了拜祭。扫墓完毕之后，李鸿章又赴安床探母，和69岁的老母一块过年。

李鸿章于同治八年（1869年）正月初十日带着母亲由长江水路赴鄂，于十六日到武昌。十九日，他正式就湖广总督职。二月初二日，李母七十大寿，李鸿章大摆宴席为母亲祝寿，亲朋好友和他的属僚们纷纷前来祝贺。同年好友、大学者俞樾还为此专门写了《李太夫人七十寿序》一文，认为李母比起唐朝平定安史之乱的功臣李光弼之母更胜一筹，又作寿联，很是恭维地赞叹了老夫人的福气：

> 花下版舆来，自皖而两浙，而三吴，而潇湘洞庭，数千里瞻拜慈云，凤鸟舞，鸾鸟歌，颂无量寿佛；
>
> 床头朝笏满，有子为宰相，为节度，为观察转运，五百年特钟闲气，玉策贤，金策圣，作中兴名臣。

依制在战时编练的乡勇等不算是正规军，应随战事结束予以裁撤。李鸿章入京前就与曾国藩对此做了决策：捻军的剿办已经完成，湘淮军应该尽快裁撤。当时，曾国藩建议李鸿章保留2万淮军精锐，以备再有战事。李鸿章给朋友马新贻写信表示：

> “撤军归农，是吾素志，此后扁舟垂钓，不复与闻军事”。但接着又说“或谓宜留骁健，以备后患；涤相亦请留二万余人。未知主人翁能不惮烦否？”

其实李鸿章并无意于归农和垂钓，只是意在说明朝廷倚重他，使他不得不为朝廷效忠尽力。

他在北京期间，深感朝廷对他的倚重，归途中他就开始认真汰弱留强，选拔精锐。马步兵50个营共三万多人被裁退。到了南京后，他又和曾国藩和马新贻、丁日昌进行了商议，决定暂令刘盛藻统带铭军，驻扎于河北东昌和张秋地区；潘鼎新所部7营两哨在济宁驻防；吴长庆的马步11个营到徐州；段哲勋字5营布防于江苏沿江地区。李鸿章自己带周盛传步兵9个营、郭松林步兵5营、马兵3个营、亲兵枪炮两个营前往武昌。

李鸿章如今身为湖广总督，首先要裁撤湖北原有地方乡勇等部队，以节省粮饷供自己带来的淮军部队使用。他发现裁军实在不是一件容易的事。因为湘军旧例规定平时可以欠饷，到退伍时发还平时所欠饷。而湖北的50多营鄂军，已经欠下200多万两军饷。李鸿章一上任就面临着地方财力不足的问题，因此裁军速度缓慢。三月二十四日，他写信给左宗棠诉苦说，从胡林翼死了以后，湖北的财政已经松弛，当事者争着裁减厘金谋取好名声，财政收入大大减少，因难以奉命协济陕饷，希望左宗棠能够谅解。

李鸿章裁兵时还十分注意将才的保护。他的两员大将都不愿接任要求请假，其中一个便是已被任命为直隶提督却死活不愿赴任的刘铭传。刘铭传在二月的时候乘船到武昌见李鸿章，求李代为请假，好让自己养病，说自己已不愿再征战沙场。

李鸿章极力劝阻他，说朝廷如今急需用人，千万不能退避。刘铭传却总以捻军、太平天国均灭为由，强调自己宁愿激流勇退，不愿在朝做官。李鸿章看他执意如此，就连问他的罪也不怕，觉得还是不要把他逼急了。在给朋友的信里李鸿章说，像刘铭传一样的专门人才，如果“一律苛求，驱令被发入山，吾淮人才尽矣！亦岂天下之福”，他想让朋友在朝廷上出面说情，好让刘铭传得到朝廷宽大，这样刘才有可能在国家出现危难时为国效力。

四月初九日，李鸿章上奏替刘铭传请假，同时写信给曾国藩表示心中的歉意。

刘铭传有喜好酒色的恶习，为此李鸿章写信劝他多学、定志、养气：

> 多读古人书，静思天下事，乃可敛浮气而增定力。……如公之才识声望，断非终老林阿者。及此闲暇，陶融根器，后十数年之世界，终赖扶持，幸勿放浪自废为祷！

李鸿章虽然帮了他一次忙，然而还是希望他不要从此荒废，让他多学些东西，将来更好地报效朝廷。

另一人是潘鼎新，在上年十月入京面圣，朝廷命他到左宗棠军中服务。但他坚决不从，先请假3个月返乡省亲营葬。假期到了还是不去赴任，还让李鸿章替他帮忙，说自己的母亲告诫自己：既不见和于左公，不如归隐还乡。五月二十日，李鸿章只好又请求为他续假，并先请撤去他山东布政使之职。

同治九年正月初七日，朝廷谕令李鸿章入黔剿灭苗民起义，由李瀚章代理湖广总督。十三日，李鸿章奏上《遵旨援黔大略》，以入黔有地势军情、饷项、采办转运不便为由，不愿马上赴剿，要等李瀚章来到武昌，同时筹备工作差不多的时候再出发，请朝廷宽限时日。

他在二十一日写信给曾国藩表达了自己对朝廷此举的极度不满。他说，巡抚曾璧光一提出这个建议，朝廷不仔细推敲就同意了。打了20年仗还对兵饷之事一无所知，怎么可能让我一人只身前去平定叛乱？苗疆地势险要，运粮很是不便，就算兵饷充备也不是好啃的骨头。

然而就在他对朝廷的命令抱怨不止时，又接到了援陕助剿的命令。原来湘军大将刘松山进剿宁夏金积堡回民起义军马五部，不幸战死，陕西回民军又死灰复燃。清廷于是派李鸿章与李宗羲、安定和刘典等军堵住回军东进之路，好让左宗棠能一心一意处理甘肃军事。

李鸿章让周盛传和郭松林重招骑兵，但又担心新募军士缺乏训练，难以奏效，于是在二月二十八日致函曾国藩请求拔调铭军原有骑兵营。

三月初二日，李鸿章把湖广总督的大印交给李瀚章，另外启用了“督办陕西军务湖广总督行营”的临时大印。二十四日率水陆军队前往襄阳。

左宗棠一直负责平回事务，因而李鸿章的来援令他很是不快，于是报告朝廷，说金积堡的回民军已经是穷途末路了，敌我形势已有转变，他自己能独立完成任务。他觉得受李鸿章的援助是个耻辱。而李鸿章也不愿与他合作，并致信广东布政使王凯泰，提及左与他“未必同心也”，又致函翰林院侍讲学士袁保恒，说“太冲（指左氏）为鄙人西来，颇涉惊疑，疏稿略见一般。其实陇事自有专责，自忖绵力亦不足了此。况东西南北，惟天所命，与世无争矣”，这说明他不是贪功之辈。在给剿捻同事英翰的信中说：“鄙意左公主持陇事，未便越俎。”最后，在给老友马新贻的信中，露骨地表达了自己的意思，就是“愿借防秦养拙，作壁上观耳”。

在潼关待了几乎一个月，李鸿章才在六月十二日出发，二十七日才到达西安。

同治九年春，在天津发生了多起拐迷幼童的案件，其中部分幼童被天主教办的育婴堂购买。这时传出谣言，说育婴堂用幼童的心、眼制造迷药。有两个拐子被署理天津知府张光藻捕获严办。当地民团又拿获匪徒武兰珍，他对法国教堂的王三给他迷药之事供认不讳。这下子天津民众与信奉天主教的教民之间冲突激化了。五月二十三日，天津数千名群众在法国天主教堂前集会，抗议教堂对待幼童惨无人道的行为。上午，法国领事丰大业到天主堂，经过对王三的审讯，他下结论说教堂残害婴儿之事纯属乌有。下午，他和书记官西门要找三口通商大臣崇厚。崇厚躲着不见，丰大业开枪示威，西门则以刀毁通商衙门泄愤。后来丰大业又在教堂向正在处理示威人群的天津知县刘杰开枪，虽没打中，但刘杰的仆人却中弹。愤怒的民众乱拳将丰大业和书记官西门打死，接着，焚烧了天主堂和育婴堂等多处教堂房屋，两名神父、十名修女和另外四名法国男女遭戮，有些其他国教堂也被群众当成了法国教堂遭袭击，三名俄国人和数十名中国教民被杀。法国领事馆也没能幸免。骚乱持续了三个多小时，史称天津教案。

局势一时紧张起来，英、比、俄、美、法、西、普各国纷纷向中国提出抗议，派军舰在大沽口外聚集。曾国藩奉命处理教案。

七月初四日，李鸿章接到朝廷命令，要他率兵前往直隶以防备法国以教案为借口入侵。这正合李鸿章意，他对人说："在陕本为赘疣，借此销差，泯然无迹，一意驱车渡河。"他于次日上奏《遵旨带军赴直折》，准备在初七日带兵从西安出发，经由山西到达直隶。

这时，新任两江总督马新贻在督府被刺杀。这是一件很严重的事件，引起了很大的震动。李鸿章分析原因，是太平天国虽灭，但是江浙一带还隐藏着许多贼寇之故。他给曾国藩写信说："若七年秋不妄更动，或谷山僻在海滨，竟免斯厄。江介伏莽最多，非积威重，不足销无形之隐慝也。"认为马新贻如果不来南京，就不会死于非命。看来，需要有威望的人来坐镇南京。

八月初三日，曾国藩又复调两江总督，李鸿章接替了他直隶的职位，李瀚章继任湖广总督。

李鸿章八月初四日到井陉，次日收到任命。他兴奋异常，深知直隶总督的地位意味着什么。在给曾国藩信中表现了他难以抑制的喜悦之情，他说："鸿章知无退步，不得不纯任自然，非能真任艰巨者。"

二十三日，曾国藩上奏，拟定正法十五名，另判二十一人充军和徒刑，这是第一批人犯。

李鸿章于八月二十五日来到天津。九月初六日，他正式接任直隶总督。

李鸿章一上任后就迅速解决了天津教案，以消除此案在各国间不良的影响。

九月初八日，他和英国翻译玛妥雅就天津教案问题进行了争辩。他说，法国领事丰大业两次枪击中方官员，“衅自彼开，实有致死之由”，是法方理亏在前，加之又以外交官的身份开枪，是“为向来各国洋官绝无之事”，现在中国逮捕凶手，杀人偿命，已是仁至义尽了。

玛妥雅却说是有中国官员背后指使，陈国瑞又是帮凶，所以中国政府是这场乱事的制造者。天津知府张光藻和知县刘杰是玛妥雅所说的中国官员主使，而所谓帮凶陈国瑞是八旗神机营的将领。法国公使罗淑亚要李鸿章将几人正法。

李鸿章强调要重视证据，而根据供词没有发现几人指使的迹象，不能无故判罪。

玛妥雅又说法国陷于普法战争中的困境，中国拖延不办这一案件是乘人之危。这时候普法开战，法皇拿破仑三世于公历 9 月 2 日在色当战役中被俘，他以为中国利用的正是此事。

李鸿章指责这是子虚乌有的事，天津民众惹生事端，而政府已倾尽全力捉拿贼人。玛妥雅无话可说了，李鸿章请他以此转达英国公使威妥玛，还请他从旁劝解以息事宁人，避免中外交恶。

李鸿章对曾国藩的办案方针表示赞同和支持。

九月十一日，清廷指示将张光藻和刘杰发配充军，押赴黑龙江，批准了曾国藩所办的第一批人犯，其中 15 人被杀，21 人被发配。十三日，曾国藩把第二批人犯名单上奏。十五日朝廷批准了奏结，又正法 5 人，发配千人。九月二十四日，总理衙门给法国公使罗淑亚写信，通知清政府将偿付法国公私损失 21 万两；另付银 25 万两给法、英、意、比各国的死难者以抚恤；此外，派特使崇厚到法国道歉，并通知俄国使馆，中国给 3 位死难商人 3 万两抚恤银。教案风波终于平息。

# 第四章　疆吏之首

## 一、荣任直隶总督

李鸿章在同治九年（1870 年）九月初六日正式接直隶总督大任。直隶在各行省中最为重要，然而这里的问题却是不少，吏治、民政、防务等问题都很棘手，都等着新上任的直隶总督李鸿章来处理。

同治十年五六月间，直隶连降暴雨，是嘉庆六年（1801 年）以来最大的一次。永定河上游漫口八处，卢沟桥下石堤也被洪水冲毁。夏季到来时整个直隶一片泽国，仅有少数高地有点收成。李鸿章奏请朝廷后得以截用漕粮 10 万石赈灾；同时，又在江浙各买米 2 万石补充。然而七八月之交的一场持续了 36 昼夜的大雨，让高地也没有了收成。李鸿章只好先从直隶藩库拨银 30 万两，同时借出兵饷 30 万两，再预截京饷 5 万两救急。他几乎要精疲力尽了，在给过去的幕僚丁日昌的信中写到自己的身体情况已是："冬春患咳，入夏稍愈，精力大不如前，时赖药饵滋补"。从此以后，他开始注意保养自己的身子了。

九月二十一日，他给曾国藩写信说：

> 现届立冬，水退仅二三尺，平原尚有数尺，须来春解冻后可渐涸复。饥黎满目，生计毫无，殊深悚惧！惟督饬印委尽力筹办，总想做到"实惠及民"四字，以副荩怀。

他对民众疾苦表示了同情，同时也对小民生计十分关怀，极力想要实现“实惠及民”，这非常值得肯定。

十月，工部尚书毛昶熙上奏朝廷请求裁撤三口通商大臣。他提出海防和洋务本应由直隶总督负责处理，只是因为当时山东河南“匪纵未靖”，总督一直在保定驻扎，远离三口，这才设立了驻在天津的三口通商大臣，方便管理，这是权宜之计。如今天津的洋务和海防的重要性远胜保定的防务，应该让总督一人统一筹划。

十月二十日，清廷同意毛昶熙的主张，裁撤三口通商大臣一职，命李鸿章兼任北洋大臣，处理一切北洋洋务和海防事宜。同时任命李鸿章为钦差大臣，山东登莱青道所管的东海关、奉天奉锡道所管的牛庄关都归北洋大臣统辖。此外，朝廷还下令将原通商大臣衙门改为直隶总督行馆。规定要在每年春季海口开冻后移驻天津，入冬封河时再回省城保定，如遇紧急情况可以例外。朝廷把此重担交给了李鸿章，并叮嘱李鸿章认真筹划洋务和海防，“尤须统筹全局，选将练兵，大加整顿……”

李鸿章对这个任命非常满意。为更好完成朝廷交给的任务，他建议添设专管中外交涉事件和新、钞两关的税务的津海关道，还自己兼任直隶总督的海防行营翼长。提出了在运河北岸修筑天津新城计划。他还举荐有多年总署经验的陈钦为津海关道道员。

十月二十七日，李鸿章离开天津前往保定，顺路对治河和救灾的情况做了了解。到保定后，朝廷升直隶布政使钱鼎铭为河南巡抚的诏令也随后即到。钱鼎铭任李鸿章幕僚多年，工作非常得力，他的离开让李鸿章“如失左右手”。

同治十一年正月初五日，亲僚们在保定总督公署里设宴庆贺李鸿章的五十大寿。其中他的故交、学者俞樾写了一幅寿联：

以岁之正，以月之令，春酒一尊，为相公寿；
治内用文，治外用武，长城万里，殿天子邦。

翰林院编修黄彭年则在自己的《合肥相国五十寿序》中将李鸿章与历史上的杰出人物召公和韩琦并列，说：“相国之早达与召公、韩公同，其封爵官太保开府于燕，与召公同；其见重于外夷与韩公同。”“若当大难初平，国家所依赖，中外所翘首而企望”。虽然都是美言，但也还是有一定的正确性的，因为召公重要地位仅次于周公，曾国藩当时还是国家所依赖的第一中兴名臣。

二月初四日，曾国藩去世了。李鸿章刚接到消息时还半信半疑，以为只是昏迷不醒，但是得知朝廷也发出了唁文并追赠曾太傅后才相信。李鸿章是曾国藩门下最早的弟子之一，曾国藩对他的恩情也是最深最亲切的，一想到此他不禁悲痛万分。然而，他能够冷静下来，决心化悲痛为力量，继承曾国藩的遗志，支持国事，让恩师能在九泉之下瞑目。

李鸿章自视为曾国藩第一门生以及曾氏衣钵传人，准备在自强的运动中领导群雄了。

中国历史上最后一个封建王朝——清朝的皇权专制已是封建社会的顶峰，在其 260 多年的历史里有几百个大学士和军机大臣，然而都是空有宰相之名而无宰相之实。而且清朝是少数民族贵族统治，故而又采取以亲贵王公和满族大臣牵制这些人的举措，让这些人成了“灯映相公”、“招鹤宫保”，与皇帝的侍从近臣无异，不及六部尚书尚能够主管本部，做些实事并有所建树。

同治时代同样是内忧外患频繁，清廷仍然依赖重臣，一等肃毅伯、大学士——也就是通称为爵相的重臣李鸿章也因而成了清朝的真正宰相。特别是当曾国藩和左宗棠相继去世以后，李鸿章独撑大局，是“以一身负天下之重”的人物了。

要说李鸿章是真正宰相，除了他的重臣地位外，也与时势密不可分。军机处是政府中枢，由几位王公大臣组成，这几人同时又兼任总理衙门大臣，而这两个机构都由恭亲王主持。恭亲王原任“议政王”，权势很大，但是同治四年，慈禧太后打击了他并免去了他的议政王称号，缩小了他的权力；而且慈禧太后还加紧扶植他的反对派以牵制他，让他难以实施大力改革。这样他只好在提出决定之前要先与外臣商议并达成一致，让下面提议，而自己带领枢臣加以支持的方式达到目的。这样做减少了他在中枢内部的磨擦，日子也好过一些。

此外，中枢人物虽然负担决策研究，并草拟谕旨，但他们都只呆在京城里，对外情知之甚少，所以在做决策之前只能求助于封疆大吏，对封疆大吏中的首席——直隶总督自然是更为倚重。

还有，枢臣的气度和性格也有影响。恭亲王周围的人有文祥、宝鋆、桂良、沈桂芬和董恂等，他们思想先进、认真负责，面对外国的侵略威胁，他们准备着卧薪尝胆，以振兴中华，对于内政外交的重大问题，极少有独断独行、刚愎自用，采取的多为“博采周咨”、“谋定后断”，这样封疆大吏积极建言进策就有了良好的环境保障。此外，他们与曾国藩、左宗棠、李鸿章、沈葆桢等人相似，内外相维以推行洋务运动，是一个共同的洋务集团，相互关系十分融合，故而李鸿章的意见较为容易被采纳。光绪二年，文祥逝世后竟出现李鸿章不出主意，他们就不作决策的局面。在曾、左、沈相继去世后，李鸿章更成了他们的核心和精神领袖。

直隶总督位居各地封疆大吏之首。巡抚是其他各省的最高长官，两三个省之上置一总督；而直隶省一省就置一总督。此外直隶总督的首要任务就是保卫京师，这比各省重要。朝廷一般让重臣担任此职务并兼任内阁大学士，人称“宰相级总督”。李鸿章任直督之前就有了协办大学士的头衔。同治十一年，他晋升为武英殿大学士。同治十三年十二月，他再被晋升为内阁大学士之首——文华殿大学士，成为首席阁揆。该职位向来由满人充担，李鸿章是汉人中得到这一职衔的头一个。因此，他稳坐封疆大吏的头把交椅，是名副其实的疆吏领袖，一干就是 25 年。

## 二、京津防务建设

### 1. 建造新城

在镇压太平天国和捻军的过程中，清军正规部队八旗和绿营暴露出了极端腐朽和无力，已难以攘外安内，清廷只好让李鸿章的淮军负责首都的防务，同时下令让他继续编练陆军和筹建海军。他抱着富国强兵的梦想，开始了他轰轰烈烈的洋务事业。

同治九年十二月初一日，李鸿章将天津防务计划奏报朝廷。他一开始就深刻而且清晰概括指出了当前清朝军事上存在的隐患。

首先，中国在军费筹措的问题上存在的困难不小。国家财政大部用于陕甘战事，因而难以顾及到云贵等地区的问题。若要对海防和江防进行整顿，每年要耗费1000万两以上，筹措这么大一笔钱实是困难。第二，中国练兵的问题也很多。发给兵士们的钱饷少得可怜，他们在镇压农民起义中很难为朝廷拼死卖力，更不用指望用来抵抗洋兵的侵略了。第三，军事准备上，远逊于外国。虽然中国也有工厂可以制造军火，但仍不能与洋人新式武器相提并论。因此需要长时间的努力学习，才可能会有起色。现在就想能够抗衡外洋，那是不切实际的。更何况当前还存在一个严重的问题，就是不会或不能正确使用新式的武器，更难提抵御外侮。据此三个原因，李鸿章建议中国在国防上必须两方面兼顾，一要逐渐提高国防力量，二要维护和平的国际环境，不能挑起事端。

其次，对天津防务作了详尽的规划。他建议把淮军周盛传“盛军”12000人由山东济宁调入京畿，在沧州、静州一带驻防；同时，应构筑天津新城，增加炮台的数量。

办理洋务沉重繁琐，常使李鸿章有人手不足之感。十二月十七日，李鸿章致函曾国藩，请求派洋务好手凌焕前来天津协助自己，信内说：“前请筱岚（字凌焕）来助，因此间洋务幕吏一无解事者，函牍奏咨必须亲制，殊为窘苦。”同治十年三月，凌焕赴津，李鸿章非常感谢自己的恩师，在信中说：“筱岚辞官北游，意殊可感。日本事正须借助，惟南洋少一更事之人，徒抱歉耳。”因为当时他正需要通谙洋务人来办理对日的通商签约之事。与此同时，又调来周馥负责建筑天津新城。

四月十二日，李鸿章只带了几个侍从前往大沽和北塘一带海口查看形势，对炮台营垒和防务布置进行了检查。十七日他回到天津，向朝廷做了汇报。同时他根据检查出来的情况，密令大沽协副将罗荣光修筑营垒炮台，裁撤旧有土炮，以新置洋炮取代；令通永镇总兵周得胜率1000名遵化练军赴北塘，修整炮台。

同治十年至十一年，直隶发生了洪灾，李鸿章不得不抽出精力督办救灾，还要拿出部分军费来赈灾和补助河工，这大大影响了防务建设。

天津在两次鸦片战争中皆为洋兵所破，李鸿章刚当上北洋大臣就计划要从根本上解决天津这一北京门户的问题，要将天津营建成一个军事重镇。

同治十年七月十四日，李鸿章在给一个朋友的信中谈到自己构筑新城的计划和目的，他写到："此间为泰西冲突，京师门户，今昔情形迥异。旧城陴陋，尤不得控扼之势，故于五大河以北建筑新城，以资犄角。"

他说当前中国正处于三年来的最大变化之中，现在的形势是完全不同于过去，旧城难以满足海防御侮的需要了，小修小补已解决不了这个问题，修筑新城才是解决方法。他并不是光说不干，而是一个脚踏实地的实干家。但无奈经费不足，无法实施。到了同治十二年的二月，周盛传向李鸿章提出让淮军士兵参加筑城，把多年来的欠饷拿出来作为筑城费用。他先是命人进行实地勘查，将位于大沽后 30 里的明代防御倭寇的城池旧址作为新城城址，然后用蛤蜊灰、三合土以及水泥为料开始修筑城池。在周盛传的严厉督率下，1 万多盛军官兵夜以继日地施工，从三月开始到十三年九月，扣除中间冬休，才花了一年就筑成了天津新城。新城有内外两道城墙，多座大小炮台。整个工程耗费白银 52.7 万余两。新城处在由海口入海河的必经之路上，有一夫当关之势，这样巩固和加强了天津门户作用。

光绪元年（1875 年），又用银 2.6 万余两将城内大炮台顶上添做四处卷洞，加厚台脚。55.4 万余两的筑城总费用都从盛军欠饷中扣出。新城的建立与大沽、北塘的海口炮台构成了相互援应之势，京津防务更巩固了。

完成了新城修建任务，周盛传建议李鸿章用淮军屯田。光绪元年二月，盛军改到天津以南的搭洼地驻扎，进行疏浚减河和屯垦的工作。四月二十九日，李鸿章奏报屯田事宜，他说："开办屯田，筹备军食，无事时借兴称稻之利，有事时可限戎马之足，实为经久之良图。"屯田养兵古已有之，然从前皆在内陆，现在搬到了沿海地区，起到了开发水利、巩固海防的新作用。

此后的六个春秋里，南运减河自靳官屯至大沽海口止的 140 余里得到了开发，同时修建了 50 多座大小桥闸，能分开咸淡水，根据不同情况蓄水，有效地控制着河势。开垦出的良田有 6 万余亩，兵营周围田沟之间栽种了大量的柳树。天津以东沿海地区改变了从前的面貌，呈现出一片江南景色。

## 2. 创建新式陆军

淮军是中国首支新式陆军。刚一成立，李鸿章就表现出非同一般的战略眼光，尤其重视新式枪炮的使用。前往剿灭太平军时，淮军使用的主要武器已是洋枪洋炮了。

光绪初年，李鸿章购买了一批德国武器，装备了一支 19 个营的新式炮队。光绪十年（1884 年），当时外国军队已使用后膛枪炮，具有射击快、精度高、威力大的特点。李鸿章见到后很快就下令在天津的淮军全部改用新式后膛枪炮，完全按照西法操练，要求各部队在队列操练和射击准确两方面都要精益求精。此外，每营都配备了正教习一名、帮教习四名，教授士兵们正确地使用和保养先进武器，使其威力得以充分发挥出来。

光绪初年，李鸿章提及外国的军事科学教育时非常羡慕，说："泰西各国皆有武备学院，专习各项军器水陆兵法，与夫格致制造绘图测量诸书，无不精心研究。遇有军事，即由武备学院同考取优等者选序裨将，加以历练而为大将。所有行军用器悉准定法，无或参差。其造就人才洵称法良意美。"

他觉得中西用兵之道大同小异，但在选拔军官上大为迥异，"惟中国选将必多临敌而后得，西国选将必以学堂为根基；中国器械不求甚精，操法不求甚严；而西国则一以精严为主"。通过比较，他得出中国军队素质与外国军队差距甚远的原因：西方军官都经过军官学校专门教育培养出来的，所以得够文武兼备；而中国没有军官学校，军官几乎全是没有多大文化的武夫。

光绪十一年五月，李鸿章作筹设武备学堂折，进一步指出学堂是培养军官的最重要的途径，泰西水陆将弁都是由军事学院培养而成，故能素习韬略，视战阵攻取为身心性命之学。他将"师夷技以制夷"加以发挥，说"故居今日而言武备，当以其人之道还治其人之身。若仅凭血气之勇，蠢疏之才，以与强敌从事，终难操胜算"，还是有一定道理的。

中国也有练兵传统。但是那只适用于冷兵器时代，那时士兵从训练到上战场只需要很短的时间，故练兵不甚受重视。到湘军时，对练兵有所加强，然终究也只不过是在战前认真训练一二个月。李鸿章的淮军使用的是洋枪洋炮，自然不能采习旧法，于是学习英军制度，操练六个月方正式投入战场。后来，又改用德法，将操练时间延长到一年。

在中国正式聘请洋教习训练军队的第一人不是李鸿章，而是恭亲王奕䜣。当时奕䜣从北京等地的旗营中选派士兵，聘请英军教官在天津操练，成为中国第一批近代化陆军，然而却半途而废。李鸿章却在淮军中坚定不移地使用洋教官。初率淮军到上海时，他见到了英法两国的军队，觉得很是新鲜，非常羡慕，马上给部队装备洋枪洋炮，同时聘请英法军官担任教官。

当时的洋教官称为洋教习，多由常胜军或戈登的推荐担当，还有少数来自英法军队。其中，英国人哲贝（Jebb）、马格里（Macartney），法国人毕乃尔（Renell）、吕嘉（Rhod）较为有名。

后来，李鸿章出镇北洋，逐渐增多了对世界的认识，知道了德国新近统一，已是世界一流的强国，特别是德国陆军更是首屈一指的。于是，他对德国的装备和训练产生兴趣，要以德军的标准改造淮军。这样一来，他在部队中聘用了大批德国人，用德式方法训练。

正是因为李鸿章有一个“第一”的建军思想，所以他改向德国学习。

他对德国陆军极为推崇。他说，德国之所以能够迅速崛起称雄，完全得益于军政修明、船坚炮利，这也使其能与英法等传统强国相抗衡。

又说，德国尤以陆军见强，善于枪炮操练之法，现在海军也开始增添强大船只，可以与英法一争高下。

李鸿章对德国在华人员有很好的印象，他们的劝告多为李鸿章纳用。受雇于天津海关税务司的德璀琳和法国驻华公使巴兰德都告诉李鸿章，中德两国相隔万里之遥，既无边界纠纷，又无传教贩毒的争端，不同于英、俄，能够永远友好。李鸿章表示认同，后来在他的奏折书信中也有表露。

当时，部队教官最容易聘请德国人，也最好使用，他们服从中国指挥，不像英法人难以约束。最初北洋所聘用的德教习都非常令李鸿章满意。例如天津各营教习克鹿卜，威海鱼雷教习哈孙，旅顺口修建炮台的汉纳根后膛钢炮教习李劢协等，都很好地完成了工作，也能听从中国指挥。

## 三、洋务基业

### 1. 江南制造局的发展

李鸿章认为，中国要想自强，一定要学习西方的新式武器，而要做到这一点，就要把新式武器的制造学到手。因此，他创办了中国第一个使用大机器生产的近代兵工厂——江南制造总局。

同治四年春，李鸿章准备在上海当地购买机器。五月，买下了外商在虹口所设的一座工厂，就是美商旗记铁厂。他奏报购买情况时指出自己的目的不仅仅是为了购买一座兵工厂，而是为了购买到能够生产各种机器的能力，也就是“制器之器”。

革员唐国华等捐出 4 万两，丁日昌从海关拨借 2 万两银买下了铁厂。八月将原洋炮三局中的两个合并进来，委派丁日昌、冯俊光、韩殿甲、沈保靖、王德均负责管理。

李鸿章当时署理两江总督。为了便于自己直接控制，同时减少外国干扰，他认为重工业应于较安全的内陆建设，于是建议稍缓，应当筹款另建厂房，将工厂迁到金陵沿江偏僻的地方，以利于战备。然而，这个建议没有得到落实。

不久，李鸿章奉命剿捻，曾国藩和马新贻相继担任两江总督，督办江南制造总局。曾国藩把容闳从美国买回来的一批机器安装，扩大了生产。马新贻奏请朝廷，得到了江海关下二成洋税拨作沪局常年经费。从此它的生产有了有力保证，成为全国最大的兵工厂，能够制造枪、弹药、炮、军舰，后来还能炼钢。

后来日本侵略台湾，李鸿章又建议把工厂迁到安全地带。他认为现在“闽、沪、津机器局逼近海口，原因取材外洋起见，设有警变，先须重兵守护，实非稳著”，提出今后应于内陆地区添设工厂，远离威胁，能正常生产。

同治六年，沪局开始造前膛枪和林明敦式后膛枪。光绪九年又开始造黎意枪。光绪十六年不再生产林明敦式枪，加造自己研制的快利新枪。十八年停造黎意枪。二十三年后生产的大部分已是 7.9 口径的毛瑟枪。光绪三十年间共造成各式后膛枪 6.53 万枝，还不包括所造前膛洋枪。同治八年设炮厂，仿造英国阿姆期庄厂大炮、快炮。到光绪三十年共生产出 742 尊炮，此外还造了相当数量的劈山炮，成为全国最大的造炮工厂。所造最大的要塞炮重达 52 吨，使用 800 磅重炮弹，能在 1000 米内将 19 寸铁甲击穿。从开办到光绪三十年间，生产了炮弹 160 万磅，火药 667 万磅，枪弹壳 2.1 亿粒，枪弹 860 万颗，地雷水雷 1500 具。光绪十六年，建造了西门士马丁式炼钢炉和三吨炼钢炉各一座。光绪十七年至三十年，共炼出熟钢1762.1448万磅，和0.6485万磅上等纯钢，此外还能轧制钢板、枪坯、钢轴、炮坯等。

江南制造局的产品不是商品，而是调拨各军使用，而且薪水和事务费花去大量费用，生产成本因此居高不下。这样一来枪炮产量受到很大的限制，只有弹药生产能满足各军需要。

江南制造局同时也进行轮船军舰的生产，成为当时沿海国产军舰的重要来源之一。历年一共制造了炮舰16艘、5艘小铁壳舰和30艘舢板船，仅次于福州造船厂。

## 2. 创办金陵机器局

同治四年，李鸿章署理两江总督，把炸弹三局中的苏州洋炮局迁到了南京。该局原为洋人马格里和中国人刘佐禹主持。现在把新厂设在城南门外雨花台（扫帚巷）。同治五年七月建成开工，这便是金陵机器局，简称宁局。

开始时宁局没有充足的经费，只能生产小型轻便炮和弹药。到同治八年，它已能生产各种大炮、炮车和枪炮弹药，同时还进行其他军用品的生产。每年从淮军的军费中调拨5万两白银作为经费。一开始时，工厂的产品只供给李鸿章的淮军，后逐渐开始向江防和南洋各军提供武器弹药。

李鸿章任命刘佐禹负责管理的主要任务。但洋人马格里野心勃勃，经常和刘佐禹制造分歧，后来越发猖狂，私设了30人的卫队，飞扬跋扈。李鸿章要将卫队解散，马格里不肯，被降为工头，他又提出辞职威胁。

由马格里监造的大炮质量极其低劣，炸裂是常有的事。李鸿章不得不撤去马格里在局中的职务。同时，不再用外国人主持局务，改由中国人监督，一直持续到后来。

金陵机器局后来有四次扩充。

每年的经费约10万两，其中江海关拨5万两，扬州淮军收支局拨2万两，江南筹防局拨3万两，此后又增加到每年约11万两。

赶走了马格里，金陵局也停止了大炮的制造，转而生产小型山炮和前膛炸炮，数量不少；同时还接着造旧式抬枪。该局也仿造克虏伯炮、格林炮和那登飞快炮，但数量不多。此外，该局制造了大量的弹药。中法战争期间，广东、广西、台湾、湖北、云南、江西等省急需军火，使得工厂不得不连夜赶制军火以供应前线。

李鸿章对生产进行了计划，在金陵局与江南局之间进行了分工。光绪十六年他上奏说："两局所制军火，其中各有不同，有为江南制造局所制而该局所无者，有为该局所制而江南制造局所无者。"金陵局的管理也有进步，根据员工们的技术水平高低来发放工资，而加班也付给加班费。这具有雇佣劳动的性质，是生产关系的进步。

该局同时制造了两艘小轮船，往来沪宁两地。

### 3. 接办天津机器局

朝廷让李鸿章前往剿捻的同时，又让他派人到天津去筹办兵工厂，还四次发布命令让丁日昌前往天津。同治四年冬，三口通商大臣崇厚想买些机器到天津设厂，来找李鸿章帮忙。李鸿章俨然一个新式大机器工业的领头人，大家都找他帮忙。

然而，江南制造总局正在紧锣密鼓地建设，得力的人一走开，建设必然停顿，所以李鸿章拖着人不放。

同治五年，恭亲王奕䜣上奏要在天津筹办机器局。满洲贵族要与汉族官僚们进行抗衡，也要建新式工厂。朝廷批准让崇厚负责此事。同治六年，崇厚奏请拿出东海关和津海关两个关四成洋税，充当津局的常年经费。津局设东、西二局两个分厂，一开始就由不善经营的英国人密妥士总办局务，进行具体经营。

同治九年，李鸿章到天津处理教案，接任直隶总督的同时把天津机器局控制在自己的手中。十月二十六日，李鸿章奏请扩充天津机器局，强调练兵与大机器生产皆不可偏废。他指出，官员们只有像研究身家性命之学一样去研究机器大生产，才能达到强国强兵的目的。

李鸿章以不善经营之由辞退了上任不足一年的密妥士，以幕僚沈葆靖取而代之，从此津局一直由中国人主持。沈葆靖在沪局任职作风很好，对西方的机器有很深的了解，在他的主持之下，津局的生产迅速步入正轨。

沈葆靖主持津局后，原有的一些北方旗人和汉人遭到了裁撤；同时，大量南方人得到任用。光绪元年外报有评论说："李鸿章的这种政策如果继续半年，机器局里将不存在一个北方工人或学徒，忠于李鸿章的南方人将完全控制机器局。这样一来，中央政府将不得不在军火和军器的制造与修理上形成对李鸿章的完全的依赖。”虽然后来北方人没有完全被解雇，但天津机器局确实为李鸿章完全控制了。满洲贵族利用津局与汉人地主集团抗衡的计划破产了。

光绪五年（1879年），天津机器局经过扩建，明显提高了生产力，产量是过去的三四倍之多。津局生产的大部分是火药、水雷以及各种枪炮弹等。从李鸿章接办津局开始到光绪八年共生产药610万磅，大小水雷地雷约3000具，子弹1607万余颗，炮弹40余万枚，铜帽2.9746亿颗。淮军和北洋水师的大部分弹药供应都能满足。后来吉林、热河、察哈尔、奉天和江南等地区也使用该局所产的弹药。

天津机器局还设立了艺厂和朝鲜馆以培养北京神机营官兵和朝鲜留学生。此外，还有水雷、电机、水师学堂等，起到了培养新式人才的作用。

天津机器局还制造了轮船，都是小型船只没有大型的军舰。光绪六年造了两艘布雷船，是该局所造吨位最大的船只。其次是御用的钢铁游艇和拖带御船的几艘小汽艇，供内廷在北京的昆明湖上使用。李鸿章的座船也是该厂所建。

此外，淮军中设立了“天津行营机器局”这种随军的小工厂，提供部队所需各种新式枪炮弹。

### 4. 控制沪、宁、闽三局

沪宁二局皆为李鸿章亲手创办，他后来被调往直隶任总督，对两局仍是放心不下，在同治九年给曾国藩信中他表示：“沪宁两局，敬求倍加提振，鸿章虽远，亦不敢忽视。”自己创办的新式兵工厂就像亲生儿子一样，难以割舍，连交给恩师都不能放心，更何况是别人呢？朝廷也体会到他的心情，规定虽沪宁二局在江浙一带，按道理应由两江总督主持，但涉及到报销、督察等事还需要跟北洋大臣商议，让李鸿章能明正言顺地遥控旧部和亲信，继续插手局务。

第二年，曾国藩去世，李鸿章便竭力与此后的历任两江总督交好，通过荐人才、筹经费、出点子等手段笼络人心。然而，到左宗棠任两江总督时，这种做法碰了钉子。光绪八年至十年左宗棠担任两江总督。他派亲信潘露主持沪、宁二局，又命陈鸣志帮办沪局，兼顾宁局事务，想要摆脱两局中李鸿章的影响和控制。

左宗棠创办的福州船政局，是湘系集团的产业。但不久左宗棠调任陕甘总督，他向朝廷推荐沈葆桢为总理船政大臣，派旧部周开锡和胡光镛等担任船政提调，极力要遥控这个工厂。

李鸿章虽说建立了淮系一派的力量，但他出身本是曾国藩的高级幕僚，应属湘系一支。因此，他与湘系各将领都有较好的关系，只与左宗棠有隙。沈葆桢任船政大臣期间，李鸿章积极与他合作，在造船生产、培养人才等各方面给予支持，影响着闽局事务。沈葆桢调任两江总督后，李鸿章向他推荐了亲信丁日昌督办船政。丁日昌对洋务很感兴趣，而且精于此道，他也提倡办出现代化的中国企业，是难得的洋务人才。次年，丁日昌升任福建巡抚，李鸿章与其反复商议后推荐了淮系成员吴赞诚和黎兆棠，两人先后出任船政大臣。

光绪八年，左宗棠重任两江总督，船政局又回到他手中。他任命湘系的张梦元接替黎兆棠出任船政大臣。后来左宗棠病逝，李鸿章便又得以插手闽局。当闽局提调出缺时，船政大臣裴荫森主动给李鸿章发电报，征求意见。李鸿章于是便推荐了在天津水师学堂办理练船事务的吴仲翔接任。

李鸿章致力于创办中国的现代化企业。当时，绝大多数封建士大夫都视洋务为“洋奴”，而他却坚定不移地在企业中使用洋人，购买外国机器，运用外国先进的生产技术；同时，也不忘加强中国人控制主权的原则，在当时这是很有远见的。

金陵机器局洋主管马格里不善经营，他监督造出来的大炮质量很差。一次，清军在大沽试射，由他督造的两门射击 68 磅炮弹的大炮炮管炸裂，5 名士兵死亡，13 人受伤。李鸿章怒气冲天，马上让他到天津来接受训斥。马格里居然拖拖拉拉直到五个月后才姗姗来迟，还推脱自己的责任，提出重新试炮。没想到数日之后，他亲自在大沽炮台检查演示时，又发生了同样的事故。事实摆在面前，他只好承认使用了含有裂缝的不良钢材铸造大炮，但还是极力编造理由，拒绝承认自己的失职。李鸿章铁了心把他辞退，从此不再任命洋人主持宁局事务，改由中国人自行监督管理。也不再雇佣外国技师，代之以每年请沪局的外国技师前来指导数次。李鸿章在一封信中曾说：

宁局“未用洋匠，全赖龚仰遽（照瑗）有三分内行，指挥调度”，颇以此为豪。

李鸿章掌管了天津机器局后也辞退了洋员密妥士，但这并不表示他不再与外国技术人员合作，而是要任用那些真正有本事的洋人。许多洋人技师被留下委以重任，如曾任津局工程师监督多年的伊尔瑞斯，曾任津局总工程师的司图诺等。他们得以在津局中长年服务，是因为他们既有真正的技术，又不存野心，不干涉津局的局务，正符合了李鸿章由中国人自操主权的要求。

津、沪、宁三局，甚至包括闽局在内的近代兵工厂，都花重金购买西方先进机器设备，然后在外国人的指导下逐渐学会使用，进行生产。由于中国员工的素质不高，先进设备的优势往往发挥不出来。英国人贝斯福对此表示了嘲讽：

> 厂中机器设备以英国产居多，其次也有德国和瑞士的都很先进，然而却看不到外国技师或工头。中国总办和官吏们似乎对他们在制造什么，为什么制造都不甚清楚。他们用先进的现代设备来制造过时的无用的军需品。……他们高兴而努力地在制造一些浪费钱而又无用的军需物品的情形让人看了不免感到凄怆。

其实，李鸿章也不希望这种亦步亦趋缓慢学习的情况继续下去。光绪二年，他上奏朝廷，表示一定要处理好这种问题，说：“中国仿照皆其初时旧式，良由师资不广，见闻不多，官厂艺徒虽已放手自制，止能循规蹈矩，不能继长增高。即使访询新式，孜孜效法，数年而后，西人别出新奇，中国又成故步，所谓随人作计，终后人也。”为此，他提出派遣留学生出国直接学习工艺制造，从根本上学习现代科学技术。

中国引进现代化生产设备时间还很短，而西方资本主义国家已有一二百年的历史，中国落后于他们是很正常的。但是，用这些设备生产出来的武器装备与中国从前所用风帆、弓箭相比，已有了质的进步，这正是生产力由人力转向蒸汽动力的划时代进步。

洋人丁韪良发现了这个转变产生的巨大的意义。他说：“由此观之，不数年间，中国陆路之兵，将舍孤矢之戏，而专恃洋枪之威，水师之船，将舍风篷之笨，而独取火轮之速矣。”

有这样一种观点，说李鸿章操纵各大兵工厂的生产以专供自己的淮军，其实并非如此。三局中宁、沪两局的产品“东输辽沈，北达畿疆，西抵雍凉，南浮湘桂”；津局的大部分产品用于供应淮军，但各省驻军也得到其不同程度支持：“每岁所出军火，除供支本省淮练各军、轮炮各船外，加吉林、奉天、察哈尔、热河及江南分防水陆淮军，皆按时拨济；河南等省需用火药、铜帽，亦向津取给。”

李鸿章致力于发展新式的兵器工业，这使得中国军队武器装备的近代化程度有了很大的提高。在甲午战争前，一有中外关系紧张情况出现，李鸿章的责任感和自豪感就油然而生。中俄伊犁交涉紧张时，中国陆海防都处于紧张的状态，李鸿章将津局情况上奏时，说：“屹处海滨，谣传不一，仍不动声色，星夜趱造，外以给各军月操之用，内以备有事时攻剿之需，各路军营恃以无恐，洵于大局有裨。”中法战争时，李鸿章又上奏说“法兵构衅，屡次声言北犯，北洋海口林立，逐处戒严，拨用军火繁巨，其各省咨拨者，亦较往年多至数倍，不得不倍数赶造”，“俾资接济”及至“马尾开仗，催造调拨益形严紧，各厂皆添作夜工”。显然，这些军火企业为满足全国的需要而进行着生产，而不是只为满足淮军的需要。

### 5. 推动各省机器制造业的发展

早期的机器局指的是那些最早使用大机器进行生产的工厂。在命名者看来机器局有西洋机器，是能生产各种机器的新式工厂。然而实际上这类工厂主要生产的基本上是军需用品，而其他各项工业又有了各自的名称，机器局就专门指代兵工厂。但人们观念中仍保留了机器局应制造机器的观念，因此机器局还兼造机器零件，也从事机器修理的工作。各局实际上就是官方的机器修配厂。这构成了中国当时的全部大机器制造业。

李鸿章对中国的机器制造业的引进、创办和推动起到了至关重要的作用。他清楚在如今大机器时代，中国凭几处大机器厂根本不能适应形势的需要，必须让大机器生产在全国范围内普及起来。同治十三年十一月初二日他向朝廷建议在各省添设机器局，生产军火。

同治四年，云南巡抚林鸿年镇压本省民族起义，邀请江苏省炮队前来训练云南的队伍。过了三年，云贵总督刘岳昭和巡抚岑毓英利用派来的工匠建立了机器局，开始生产大炮。

中法战争时，潘鼎新任广西巡抚，此人本为李鸿章旧部，他试图在广西省设局建厂，为此从上海订购了机器。后来洋工匠和机器到达广州，新任广西巡抚李秉衡却借口广西缺乏办理机器局的资金，拒绝接收机器。于是，这批机器就留在广东，为粤督张之洞所用。他把广东购买的机器与这批机器合并在一起，利用李秉衡拒收的工匠，于光绪十二年在大北门外石井墟设厂。为了区别同治十二年所设立原厂，就把新旧两厂分称为西厂、东厂。

粤局开设于同治十二三年，后来又增建了一个洋火药局，由原沪局的局员潘露主持。原为沪局恬吉号轮船上管带的薛培榕则担任粤局枪炮厂的总办。该局产品种类很多，不但生产枪弹，因另有黄埔船坞又进行轮船的建造。在李鸿章大将张树声任两广总督时，造出两艘轮船。

山东巡抚丁宝桢创办机器局时，也曾向李鸿章求助。李鸿章推荐了熟悉洋务、经验丰富的徐建寅去做总办。机器局于光绪元年十月正式开办。产品有各种枪弹、炸弹、洋火药和地雷，所造英式亨利马梯尼式枪给各省内各军使用。该厂始终没有雇用任何洋技师，这是其奇特之处。

光绪元年五月，李鸿章委派自己最早用以创办机器局的韩殿甲帮助王文韶建局。

吴大澂在吉林松花江北岸设局办厂。原在津局任提调的宋春鳌总理局务。宋春鳌特到江浙招募技术工人。津局总办王德均在津一手经理，克服转运困难，将机器运到吉林安装，终于建成投产。以生产枪弹和火药为主，也生产些抬枪和新式来复枪。宋春鳌在该局工作了十多年，做出了不小的贡献。

荣禄于光绪三年，接掌了北方神机营。他准备筹建机器局，找李鸿章帮助。李鸿章把著名科学家华蘅芳推荐给他，然而不久此事便告吹了。不久，李鸿章将帮助神机营购买的机器划拨吉林，以应付吃紧的边事。光绪七年，李鸿章再次建议醇亲王在神机营筹办机器局，开创京师建厂的风气。光绪九年，李鸿章从国外花了大价钱买回的新型机器运到北京，于是在京西50里浑河边的三家店设立工厂，调津局会办潘骏德总理局务，按津局蓝本制定了章程。

杭州的军火制造已有一定时日。到了光绪九年，刘秉璋就任浙江巡抚。他也是李鸿章的老部下，一上任就在杭州设立机器局，从上海购买机器，用德国人孔恩主持局务，在报国寺后面购地寻址。光绪十年建成，十一年正式奏明设立。该厂生产的主要是各式子弹。

中法战争后，刘铭传任台湾巡抚，他也是李鸿章的老部下。上任后他在台北城北门外设厂，请德国人步特勒（Butler）主持局务，监督军火生产。

徐建寅被派往汉阳协助枪炮厂的创建，担任监工，后来在督造无烟火药时发生爆炸事故，不幸身亡。同是沪局出身的徐家宝也担任了该厂的会办。

从各省的机器局的比较中，不难看出这些兵工厂基本上以李鸿章创办的江南制造局和天津机器局为蓝本，或多或少地得到李鸿章在资金、人才、设备等方面的大力支持。中国最早的机器局——江南制造总局，利用自己经费、人才方面的优势，为全国机器局提供技术指导，是洋务工业的中心。

# 四、创办军事学堂

### 1. 天津水师学堂

光绪六年三月二十日，李鸿章在给黎兆棠的信中提出了一个计划，就是要创办天津水师学堂。信中还阐述了此计划的重要意义："北洋海军如今规模逐渐扩大，但管轮和驾驶的初级军官的来源只有福州船政局，一方面难以满足人才需求；另一方面，水手也是南方人，就会造成人地两生的情况；出使大臣李凤苞在给我的信中屡屡提及严复是教官的好料，深得福建人重视，不如你让他为我办事，'允饬赴津，感盼之至'"。他之所以对严复大感兴趣，是因为严复原为福州船政学堂的高才生，后又留学英国，在格林尼次海军大学学习期间成绩优异。郭嵩焘早就向李鸿章夸奖此人了，而李鸿章又极重人才，只等严复一回国，就迫不及待地将他揽至手下。

严复也很愿为李鸿章服务，因为这时李鸿章正是位高权重，而且思想最为开通，于是严复觉得任职于手下是大展才华的好机会。

光绪六年夏，严复来到天津，受到了李鸿章的信任。筹办初期，有前船政大臣吴赞诚来筹办水师学堂并进行管理，是严复的上级，但实际办事的却是严复。

七月十四日，李鸿章正式奏请筹办天津水师学堂。十七日，朝廷批准。二十一日，李鸿章写信给黎兆棠，对他拨给人才之举深表感激，并告诉他已由吴赞诚督办筹办工作，严复也已开始办事，准备从十月份起发给薪金。后来，严复担任了学校的主管。

吴赞诚将校址定在天津机器局河东，派人绘画、估料、建筑，此外，学堂规条也制定好了，开始招考学生。入冬后吴赞诚回南方医病，顺便赴沪选拔学生。然而病情的加重迫使吴赞诚提出辞职，李鸿章让道员吴仲翔接替。

吴仲翔曾长期担任船政局的提调，精于船舶制造和驾驶等事，李鸿章让他主持水师学堂和练船事宜是明智之举。

光绪七年七月，学堂开学。因当时风气未开，所招学生都只是粗通中文，至于外语更是闻所未闻，可见教学困难。在校员工都非常认真负责，督促他们学习，还设置了十分周密完善的课程。英语文法和语言翻译是为了使其晓用西书；教授代数、几何、平弧、八线、三角使其掌握数学知识；教授重学、级数使其掌握轮机炮火原理；为了能进行远洋舰行，教授天文、地舆、推步、测量。同时，注意避免学员过于文弱，进行射击和队列的训练，升降巨桅；为不让他们失于浮华，教授儒家经典和传统伦理。

次年，在原来的学堂外另设管轮学堂，专门培养轮机管理人员，而原来的学堂改为驾驶学堂。

三年后，李鸿章欣慰地向朝廷报告说："盖自开堂以来，一日之间，中学、西学、文事、武事，量晷分时，兼程并课，数更寒燠，未尝或辍。"当年进行了春秋两次考试，俄、英海军军官到校会考。之后，外国教官们都认为：欧洲海军学校要到学员上练习舰才能教授的学科，这里都先学到了。实际上，该学堂教授了许多以前福州船政学堂没有的高难学科。三年期满，学员伍光鉴等 30 人学成毕业上练习舰；同时，从美国撤回的幼童留学生王凤喈等 9 人补习完毕，分别被派在学堂助教或是到各舰工作。李鸿章为教学人员们请求奖励，以激励他们更好地教学。

该学堂为北洋海军提供了许许多多人才。

**2. 天津武备学堂**

光绪十一年五月，李鸿章向朝廷提出建立天津武备学堂的申请，他希望借此更好地学习外国先进的军事技术，培养中国自己的新式军事人才。

这个计划他酝酿已久。光绪元年九月，美国提督额伯敦就建议他创办一个新式陆军学校。他也觉得这主意不错，后来，因为“事体重大，需费浩繁，未敢遽请仿办”。光绪六年，他的老朋友英国人戈登来华，归国时也建议他重整军队，增强战斗力。鉴于中法战争中惨败的教训，清廷下决心整顿军队。李鸿章负责北洋事务，要守住京津门户。为更好完成任务，他再次提出成立陆军学校，更好地培养训练军官。

在中法战争期间，驻德公使李凤苞募聘了一批德国军官，称“俾斯麦团”，帮助中国训练军队。现在战争已经结束，这批军官失去了用武之地。他们都是军事专家，“或熟精枪炮阵式，或谙习炮台营垒作法，皆由该国武备书院读书出身，技艺优良，堪充学堂教习之选”。聘用这批人作教官是极为可行的。

李鸿章的部将周盛传和周盛波兄弟十分热心此事，首先提出建议，马上获得了李鸿章的赞同。

其实早在正月，李鸿章就已让得力干将周馥负责此事。周馥做事稳健干练，一接到任务就开始忙碌地工作起来，购地、建房、制订考课奖惩章程，聘请洋员，很快就完成了，开始在各营挑选学员。

光绪十年底，筹备工作完成。次年正月，学员们相继到达天津，又通过严格考试筛选了一次，按照“精健聪颖”、“略通文义”的标准，从曹克忠部、李长乐部、唐仁廉部、宋庆曾部、叶志超部、刘盛休部、徐首奎部、吴育仁部、史宏祖部中挑选出100余名弁兵作为正式学员，开始学习。

学员们学的是西方的近代军事学，“左图右书，口讲指画”，十分认真刻苦，教官也很负责。每隔几天，学员们就要在教官的带领之下到兵营中演试枪炮阵式和构造营垒方法。每两个月考核一次，由李鸿章派官员主持，并依此进行奖惩。学制一年，到时基本上“通晓”新式后膛枪炮、行军布阵土木营垒、分合攻守各种学科。之后，将其分配至各营，按能力授予一定的职务，同时再挑第二批 100 余人到校学习。

这就是中国近代的第一所陆军军校。

军校刚成立时校舍还没有完全建好，于是暂借天津水师公所上课。光绪十二年，位于紫竹林租界对面的校舍完工，全部人员迁入新址。这里有 529 间房屋，四周是围墙和濠沟，通入五道砖木桥，远看就像是中世纪的城堡。有办公室、宿舍、饭厅、教室、讲堂、操场、图书馆、实验室、印刷室、绘图室、模型室、标本室、氢气球陈列室馆等。规模宏伟，设备新颖，中外人士都给了很高的评价。有洋人参观后说："该校若与法、德各国的来栖安、俄国的士官团、英国的沙哈斯、美国的西点军校相比，固不免远为逊色，然而在中国，却毫无疑问地已为此类学校开创一个最佳的先例。"

后来，周馥回忆说，当初淮军老将都不重视军校的创建，不能领会李鸿章创办军校的目的，直到毕业生分配到各军营，确实提高了各营军官素质，将近代化军事知识普及时，他们才不得不服，有些普通人家也送子弟也来入学了。

最初聘请的德国教官是崔发禄、李宝、哲宁等，其中德国总教习黎熙德等人任职较长。中国官员长期担任教职的有杨宗濂、荫昌、联芳和姚锡光等。后来叱咤风云的段祺瑞、王世珍、冯国璋等都是从这里走出去的。

李鸿章开办军事教育，具有重要的国防意义，更为中国教育革命开了先河。

李鸿章开办工厂在引进科学和技术的同时，也注意引进新式教育。在他的天津机器局内，设有水雷学堂、电报学堂、俄文学堂，为电线敷设、电报业和水雷营培养了许多人才。

### 3. 派遣留学生

李鸿章对洋务有着浓厚的兴趣，他积极地向西方模仿和学习，而且这种学习是多方面多层次的。在引进洋人充当教授的同时，他还致力于向国外派遣留学生，直接学习西方的先进技术。

光绪三年二月十七日，根据李鸿章的积极派遣留学生的倡导，中国派遣了到欧洲的第一批留学生。其中有专习驾驶留学生 12 人，造船留学生 14 人和艺徒学生 4 人。此外，一同前往的还有马建忠、罗逢禄、陈委同 3 名随员。他们乘坐中国自制的“济安”号轮船，由福州出发。到香港换乘欧轮，前往欧陆。冬天，又增派了艺徒学生5名。三年后，他们陆续学成回到中国。

就在留学生即将完成学业准备回国的时候，李鸿章和沈葆桢再次提出派遣留学生的建议，却遭到了反对。有人以财政困难为由，提出停派留学生，由归国的留学生担任培养人才任务。李鸿章和沈葆桢对此不以为然，坚持自己的主张，提出西方的先进技术是日新月异不断发展进步的，如果中断派人前往学习，必然会使学习的事业半途而废因小失大，抱成学到的一点点东西止步不前，还是改变不了落后的形势。两人在光绪五年九月二十日上奏《闽省出洋生徒请予蝉联折》，争取到了朝廷的赞同。光绪八年初，第二批留学生船政局的10名学生赴欧。这批海军留学生与上批留学生不同的是不再局限到英法两国，也有被遣至德国学习；留学生中学习工程制造的大多数是学习武器制造，仅有造船留学生一两名。

然而，国内的封建守旧势力却大肆攻击这些学成归国的学生，其中御史朱一新就提出要禁止派遣留学生，防止这些学生们受到西方生活方式的影响。其实留学生“沾染洋习”是很自然的，然而却被负责督察的御史揪住了辫子，这可非同小可，首批赴美的留学生就因此被勒令中途撤回。李鸿章因而针对朱一新上奏为留学活动申辩，说：“日本蕞尔小邦，岁遣聪颖子弟数百人分赴西国学艺，近年水师整练，颇与西人抗行。中国欲求自强而自封其途，此陋儒一孔之见也。”

正是由于他的不懈努力，光绪十二年三月，第三批海军留学生踏上了求学之途。这一次是李鸿章与新任船政大臣裴荫森联合奏请的，共遣33名学生，其中有北洋系统的学生9人，南洋系统24人。当中学习海军驾驶和制造等科技专业的有24人，其余学习法律外交和语言文字等专业。

# 第五章　大展宏图

## 一、首倡变法

早期洋务运动以“自强”作为口号。咸丰末年，恭亲王和桂良、文祥等人就开始勾划了一幅洋务运动的宏伟蓝图。他们上奏《通筹洋务全局折》说，要对西方列强们采取“以和好为权宜，以战守为实事”的策略和“外敦信睦”“隐示羁縻”的外交方针。半个月后，正式提出了“自强”的计划：“探源之策，在于自强。自强之术，必先练兵。现在国威未振，亟宜力图振兴，使该夷顺则可以相安，逆则可以有备，以期经久无患。况发捻等尤宜迅图剿办，内患除则外侮自泯。”

这样一来，基本上确定了这场洋务运动的中心目标，就是要实现中国的“自强”，达到“御侮”和“振兴”。基本步骤是先攘内，后安外，而“练兵”以实现军事近代化是重中之重。

同治十年五月初五日，李鸿章给王凯泰写信说：“中土不能自强，处处皆我敌国，又何东西之分？”

同治十一年五月十五日，针对内阁学士宋晋要求停止造船的奏折，李鸿章上奏进行了有力的辩驳，展现了他雄辩的一面。

宋晋说办洋务就是要跟西方“争奇斗智”；李鸿章反驳说当今世界正是弱肉强食，不搞近代化以自强，不与外国竞争根本无法生存，说“彼方日出其技与我争雄较胜”，“则我岂能一日无之哉？”他又举例说，日本就是中国的竞争对手，这些年大力发展对外贸易，炼钢造船，加强军事工业，就不单想着去对付西洋各国，他们最先要达到的是“自保”，接下来就是要“逼视我中国”。

李鸿章对时代环境有较为清醒的认识，因而提出了合理的对策。他看到今后世界竞争的趋势会愈演愈烈，而中国不能回避应当积极参与。中国只有拥有强大的国力，才能立于不败之地，而造就强大国力并非一朝一夕之功，故而要争取和平的国际环境，而这个环境要用强大的国防作后盾。所以他又说：“国家诸费皆可省，惟养兵设防、练习枪炮、制造兵轮船之费万不可省”。

同治十三年十一月初二日，李鸿章在《筹办铁甲兼请派使片》中指出了中国正面临着日本的威胁，必须加强军备国防。他说：

> 该国近年改变旧制……如改习西洋兵法，仿造铁路火车，添置电报煤铁矿，自铸洋钱，于国计民生不无利益。并多派学生赴西国学习器艺多借洋俩，与英人暗结党援，其势日张，其志不小。故敢称雄东土，藐视中国，有窥犯台湾之举。泰西虽强，尚在七万里以外，日本则近在户闼，伺我虚实，诚为中国永远大患。今虽勉强就范，而其深心积虑，觊觎我物产人民之丰盛，其悻我兵船利器之未齐，将来稍予间隙，恐仍狡焉思逞。是钢甲船、水炮台等项，诚不可不赶紧筹备。

他首先指出中国已面临“三千余年一大变”的形势，一场世界性的工业革命已席卷欧洲，印度和南洋也受到了影响，而中国也面临着这样一场革命。在新的时代里，中国原来所用的弓箭、土炮、帆蓬、刀矛、小枪等落后武备根本无法与外国的枪炮军舰抗衡。而凭借中国旧有的刀枪剑戟等落后武器实行驱赶洋人出境的“攘夷”和闭关锁国政策是根本行不通的，只有采取和平的外交才能营造出对中国有利的和平国际环境。

他清醒地认识到，必须以积极主动的姿态代替消极的方式争取和平，无所作为只能是坐以待毙。只有依靠中国自身的强大，才能求得和平，加强备战和加强国防，才能真正争取到和平。他还指出，要建设国防就不能害怕外国“猜嫌”，否则将会失去和平。

同治十三年，李鸿章针对海防的诸多弊病，提出彻底整顿和巩固海防的看法，他认为必然要重视用人，要进行变法。他所言之变法，就是要改变海防的原有的不合理之处。他之所以在奏折中正式提出这种主张，正是他对当时世界审时度势作出的判断。

光绪四年，他给环游世界的李圭的游记作序时，写道："夫自通商以来，泰西诸国，日出其聪明才力，以相角逐，凡可为富强者，若铁路、电线、车船、炮舰之属，转相仿效，务极新奇；而于商务，尤所措意。舍是则无以自其国，匪特习尚所在，盖亦时势所然也。"强调变法是世界大趋势。

李鸿章一直主张只有进行改革教育才能培养出适合当今时代要求的人才。他觉得科举制度积弊已深，难以培养和挑选人才。在写给朋友们的信中，这种不满时有流露，他说，中国崇尚八股文和小楷，所以难以培养出有用的人才，已是积重难返。如果不从这根本上解决问题，那么就算全国都来研究西方先进技术也是白废力气，收不到什么效果。而一切改革都必须以改革教育为先。

同治十三年，对海防问题进行了讨论，他谈到了产业革命和新式人才的培养问题，而培养人才尤为重要。他说："今日而欲整顿海防，舍变法与用人，别无下手之方。……不必拘执常例，而尤以人才为极要，使天下有志之士，无不明于洋务。"在用人条中说：

> 用人最是要务，储才尤为远图，洋人入中国已达三十年，驻京已十余年，以兵胁我殆无虚岁，而求练达兵略，精通洋法者，恒不数观，由于不学之过，下不学由于上不教也，军务肃清以后，文武两途仍舍章句弓马末由进身，而章句弓马施于洋务，隔膜太甚，是以沈葆桢前有请设算学之奏，丁日昌有武试枪炮之奏，皆格于部议不行。而所用非所学，人才何由而出。
>
> 近时拘谨之儒，多以交涉洋务为浼人之具，取巧之士，又以引避洋务为自便之图，若非由朝廷力开风气，破句挚之故习，求制胜之实，济天下危局，终不可支，日后乏才，且有甚于今日者。以中国之大，而无自强自立之时，非惟可忧，亦且可耻。

字里行间，无不透露出对改革之事的迫切感觉。他提出，原有的用人方法应最先改革，中国缺乏人才是因为学非所用。中国正是需要洋务人才的时候，而科举制度和旧的用人标准却与洋务毫无联系，使得人才需求与培养之间出现了矛盾。

他指出了当时难以培养新式人才的根本原因，但他也明白长达千年的科举制度和传统的人才标准不是一朝一夕能彻底根除的。所以他建议应先从治标入手进行改革，说："科目不能遽废，而小楷试帖太蹈虚饰，甚非作养人才之道，似应于考试、功令稍加变通，另开洋务进取一格"。他觉得考试制度的改革是教育改革的重中之重，而改革须循序渐进，在保留原有的考试制度的同时，加设以洋务洋学作为选拔人才的新标准。沿海各省根据他的指示，纷纷设立"洋学局"，由对洋学洋务有一定了解的主要官员负责，教授格致、测算、炮法、地理、火轮、机器、兵法、电学、化学各种学科。因为这些是与国计民生和军事生产息息相关的科学，是"自强"的根本，西方列强就是按这样的方式来培养人才，所以他们能"心思日出而不穷"。李鸿章相信中国人是有能力学好西方科学的，他觉得中国人的智力并不逊于洋人，然而为什么还不得法，没有入门呢？就是因为鼓励得不够。他提出要挑选喜好西学又肯钻研者，哪怕只是对其中一、二种学科略通招其入局，然后聘请外国老师对他们进行指导，提高他们的水平。再让他们将所学的知识运用到实践中去，或者分派到船厂、炮局和军营里担任办事官员。其中取得较好成果的，按照文武两条途径，分别保举他们进级晋职，让他们充当沿海沿江的实职官员，给予他们正途出身的人同等待遇。学生中若有懒惰怠懈者，一律开除。还有北京同文馆、上海广方言馆的学生以及回国留学生都可以来"洋学局"学习，并酌量派往各军舰、各机器局担任一定的职务。他采取了多方培养，奖惩分明的方法，即使成才率较低，但学员基数多，成才的人数就不少了。若干年后，他们将会对制造机器、驾驶轮船等发挥巨大作用。

李鸿章主张改革科举，比维新派早了二十多年。虽然他不主张废除科举，然而他却看到了阻碍中国学习西方科学的根本原因。他采取了中西学并存的策略，希望给新学毕业生和"正途"一样的待遇，按成绩保举章程升阶，担任官职，以此吸引更多的人来研究效法西学。

然而保守派在朝廷占了上风，他的建议被否决了。李鸿章没有放弃，而是转向军事教育，以此引进新式教育。光绪五年，他在给沈葆桢的信中表达了自己这种迫切的愿望，说："日本兵船之将，闻俱赴美、法学成，且由公使在西国水师部内选请好手来日教练，其武学院与练船一仿西法，大有日进益上之机。中国办法未臻美善。"主张派遣留学，引进西方的现代教育，并聘请洋专家前来协助教学。

同治三年九月十一日，李鸿章给陈廷经（筱舫）写信说：

> 外国利器强兵百倍中国，内则狎处辇毂之下，外则布满江海之间，实能持我短长，无以扼其气焰。盱衡当时兵将，靖内患或有余，御外侮则不足。若不及早自强，变易兵制，讲求军实，仍循数百年绿营相沿旧规，厝火积薪，可危实甚。……兵制关立国之根基，驭夷之枢纽，今昔情势不同，岂可狃于祖宗之成法。必须尽裁疲弱，厚给粮饷，废弁弓箭，专精火器，革去分汛，化散为整，选用能将，勤操苦练，然后绿营可恃。海口各项艇船师船概行屏逐，仿立外国船厂，购求西人机器，先制夹板火轮，次及巨炮兵船，然后水路可恃。

他极力主张改革陆军和水军。陆军，要将绿营的分泛制取消变为整军；淘汰旧式冷兵器，装备新式洋枪洋炮。水军，以使用蒸汽驱动的夹舨轮和大炮军舰代替旧式舰船。这只是他改革军事的最初构想，还没有成熟，因而只在写给总理衙门的信中偶尔提及，只是私下的倡议，还不算正式奏请。

他主张中国要富强，现代化是必由之路。他说，中国军队如果进行小小的改革，"兵力虽单，饷力虽薄，才力虽甚竭蹶，自忖尚可制胜，如遇各国凭陵，激励孤军，支持门户，胜负即不可知。"他意在指明中国要是不实现现代化，必然要在对外战争中吃败仗。后来中国在平定国内和朝鲜内乱中取得一定成效。可是中日一战，中国惨败，证明了他的先见之明。

李鸿章所提倡的改革是"持久的改革"，因循守旧是肯定行不通的，而改改停停亦不可取。他说道：

> 窃以古无变久而不弊之法，惟在事之人同心协力，后先相继，日益求精，不独保境自民，兼可推悟新意，裕财足用。如泰亚各

国，皆起于弹丸之地，创造各种利器，未及百年而成就如此之精。规划如此之远，拓地如此之广，岂非其举国上下，积虑殚精，人思自奋之效乎！中国在五大洲中，自古最称强大，今乃为小邦所轻，练兵、制器、购船诸事，师彼之长，去我之短，及今为之而已迟矣！若再因循不办，或旋作旋辍，后患殆不忍言；若不稍变成法，于洋务开用人之途，使人人皆能通晓，将来即有防海万全之策，数十年后，主持乏人，亦必名存实亡，渐归颓废。

这是多么精彩的论述呀！治国方法用的时间长了，就会与实际情况不相适应，产生种种弊端，必须根据形势的变化进行变革。当今世界已经是一个相互影响的整体，西方各列强都瞧不起历史悠久然而现在落后的中国。如果再不变法，不学习西方的先进科学技术，强大中国，培养人才，不久中国就会海防松弛，难以逃离灭国的厄运。忧国、爱国、改革、开放的远见统统表现出来了。

光绪六年，李鸿章在给一位倾动全国的名士湘绮先生的一封信中高度总结了他的洋务方针：

处今时势，外须和戎，内须变法。若守旧不变，日以削弱，和一国又增一敌矣。今各国一变再变，而蒸蒸日上，独中土以守法为兢兢，即败亡国绝而不悔。天耶人耶，恶得而知其故耶？因公江湖廊庙之忧，不远千里谆谆开示，用敢一发狂言，以相质证。

“外须和戎，内须变法”是对洋务运动多年来的实践进行了高度凝炼的总结，成为极具影响力的口号。

经过十几个年头，这些中兴名臣们镇压了农民起义，一定程度上解决了“内患”，但中国面临的外国侵略却是日益严重。恭亲王原来的纲领虽有合理之处，然而存在着不足，已经不适用于当前的形势了。李鸿章一直在考虑，面对现在的国际形势，中国怎样才能有所发展，立于不败之地呢？

后来李鸿章根据以前“外敦信睦，隐示羁縻”，发挥出了“外须和戎”的主张。当前西方各国都对中国怀有野心虎视眈眈，而中国太弱，难以与之抗衡。所以要采取对外和好的态度不生事端，保持和平的发展环境。和平外交有利于中国休养生息，但避免被侵略的根本是强大的国力，因此“内须变法”。原来的近代化练兵当然也是变法，而且非常重要，但还是不够全面，应该进行军事、民政、文化教育和经济体制方方面面的变法。一句话，“内须变法”指明了国内变法的道路。

然而李鸿章没有将这个口号向朝廷正式提出，只是在友人的信中偶有提及。幸而他在大量奏疏函牍和施政举措中有意识地可以贯彻。他是一个实干家，也许此举是为了减少朝中顽固派的极力阻挠吧。

## 二、经营北洋水师

### 1. 海防建设

同治九年十月二十日，清廷下旨：“三口通商大臣一缺即行裁撤，所有洋务、海防各事著归直隶总督经营，照南洋通商大臣之例颁给钦差大臣关防，以昭信守。山东登莱青道所管之东海关，奉天奉锦道所管之牛庄关，均归该大臣统辖。”

李鸿章的权力因此大大加强了。三口通商大臣的职位被北洋通商大臣取代，由李鸿章兼任。实际上，北洋通商大臣具有办理通商和所有洋务、海防各事的大权。中国已陷入半殖民地的境地，军事、外贸、财政、文化交流、外交，没有一处不与洋务有关，加上李鸿章还是当朝大学士、直隶总督，掌握着军事、财政及一切洋务的处理大权，充分体现了清廷对他已是信任之至了。

六天后，李鸿章就上奏朝廷，建议加强津沽防务：

> 大沽海口南北炮台最为扼要，而守兵过单，守具亦未精备。杨村、河西务、王庆坨等处均系由津进京要路，将来应否拨营修筑炮台，以壮声热，均当次第妥善办理。

他指出了大沽炮台在兵力和武器方面的不足，难以用于对付外敌。同时，他一直在千方百计地要加强陆岸炮。

十二月初一日，李鸿章指出日本可能成为中国最大的威胁，应加强海防加以防范，但同时也要与日本签订条约。当年的秋天，日本政府派柳原前光来中国商议通商事宜，李鸿章全面负责与之谈判。通过与日本人的接触，他深感日本通过明治维新，短短几年便国力大增，对中国已颇具威胁。这次提出通商的要求虽无可厚非，但来势却是咄咄逼人，想要取得与西方列强同等的权利。李鸿章没有与日本来使签订条约，原因是清政府没有批准，不过鉴于日方的强烈要求，还是答应第二年再进行谈判，意在指出中日两国虽然有2000年的交往但没有条约关系的时代已经过去，应该正式订交；同时应提高对日本的警惕。

光绪初年，帝国主义加强了对华侵略。一时间，中国大地上是危机四伏，出现了边疆危机，面临着被列强瓜分的危险。

两次鸦片战争中，中国遭到了沉重的失败，近年来邻国日本又积极图强，对中国一直是虎视眈眈，李鸿章对此提出了大力发展海军的主张。当时，新疆有阿古柏正在闹分裂，占领大片土地；俄国又占据了伊犁，因此陕甘总督、负责西北内陆事务的左宗棠极力主张收复新疆。这些主张都有利于国家的统一和强大，无奈清政府财政是捉襟见肘，难以同时两面顾及。因此，在19世纪70年代，引起了一场关于海防塞防的大争论。李鸿章代表的是海防一派，他在1874年12月10日《筹议海防折》中，主张“暂弃”新疆：

> 新疆各城，自乾隆年间始归版图，无论开辟之难，即无事时，岁需兵费尚三百余万。徒收数千里之旷地，而增千百年之漏卮，已为不值；且其地北邻俄罗斯，西界土耳其、天方、波斯各回国，南近英属之印度，外日强大、内日侵削，今昔异势，即勉图恢复，将来断不能久守。屡阅外国新闻纸及西路探报，喀什噶尔回酋新受土耳其回部之封，并与俄、英两国立约通商，是已与各大邦勾结一气，不独伊犁久踞己也。揆度情形，俄先蚕食，英必行其利，皆不愿中国得志于西方。而论中国目前力量，实不及专顾西域，师老财痡，尤虑别生他变。曾国藩前有暂弃关外专清关内之议，殆老成谋国之

见。今虽命将出师，兵力饷力万不能逮。可否密谕西路各统帅，但严守现有边界，且屯且耕，不必急图进取。一面招抚伊犁、乌鲁木齐、喀什噶尔等回首，准其自为部落，如云、贵、粤、蜀之苗瑶土司，越南、朝鲜之略奉正朔可矣。两存之则两利。俄、英既免各怀兼并，中国亦不至屡烦兵力，似为经久之道。况新疆不复，于肢体之元气无伤；海疆不防，则腹心之大患愈棘；孰重孰轻，必有能辨之者。此议果定，则已经出塞及尚未出塞各军，似须略加核减，可撤则撤，可停则停。其停撤之饷，即匀作海防之饷。否则只此财力，既备东南万里之海疆，又备西北万里之饷运，有不困穷颠蹶者哉！

而左宗棠一派则力主以塞防为先，坚决要求先收复新疆。1875 年 4 月 12 日，左宗棠在《复陈海防塞防及关外剿抚粮运情形折》中称：

现在用兵乏饷，指沿海各省协饷为大宗，甘肃尤甚。若沿海各省因筹办海防急于自顾，纷请停缓协济，则西北有必用之兵，东南无可指之饷，大局何以能支？

……

今若画地自守，不规复乌垣，则无总要可扼，即乌垣速复，驻守有地，而乌垣南至巴里坤、哈密，北之塔尔巴哈台各路，均应增置重兵，以张犄角；精选良将，兴办兵屯，民屯，招徕客、土，以实边塞，然后兵渐停撤，而饷可议节矣。……若此时即拟停兵节饷，于海防未必有益，于边塞则大有所妨，利害攸分，亟宜熟思审处者也！

听取了海防塞防两派的意见之后，清政府的最高层认为：海防虽然极其重要，但是现在还没有出现直接的严重危胁，而塞防的危急已是迫在眉睫，领土有遭分割的危险。因此，清政府决定先办塞防。

两派各持对立的观点，都力图证明各自的主张更为正确。其实两派都有正确的一面，都有一定的合理性。在国际思想上，主张塞防是符合传统，而李鸿章提出的则是一种新的海洋立国思想。

清廷一面认同了左宗棠“若此时即拟停兵节饷，于海防未必有益，于边塞大有所妨，所见甚是”，决定将重点放在收复新疆的行动上；一面也对李鸿章的主张表示赞同，决定每年拨款400万两，平均分给南、北洋海防充作经费，同时委派李鸿章和沈葆桢负责筹办海防。

李鸿章积极关注各国动态，对国际局势有较为清醒的认识，提出的见解也有依据。他在《筹方海防折》里引“布国（普鲁士国）海防新论”说：“凡与滨海各国战争者，若将本国兵船，径往守住敌国各海口，不容其船出入。则为防守本国海岸之上策；其次莫如自守，如沿海数千里，敌船处处可到，若处处设防，以全力散布于甚大之地面，兵分力单，一处受创，全局失势，故必聚精锐，只保护紧要数处，即可固守。”他主张对敌国的海口发动进攻是最好的方法，但中国海军舰只不多，武器装备难与西方列强抗衡，实力连保卫海防都很困难，要藉此进攻别国海口更是不可能。单就国防来说，从奉天到广东，海岸绵延万里，港口又多，敌人可任选一处进行攻击，如果处处设防，必然导致兵力不足，粮饷消耗也大，海防大局会因此全面崩溃。因此，他主张先区分重要的和次要的地区，分别加以防守。他认为，直隶、山海关、北塘地区是京师的门户，最为重要；江苏吴淞至江阴一带为长江门户，为次要地区。中国海防只要守住这两处，稍加兼顾其他各省边境地区，就算有点损失也不会影响大局。他分析两次鸦片战争中国之所以战败，是没有以重兵把守紧要地区，总兵力虽有优势，但是却处处设防，分散了兵力，军队调动频繁，疲于奔命，在具体战场上形成了敌众我寡的形势，难以取胜。

在防口的策略上，他建议：

> 今议防海，则必鉴前辙、惴敌情，其防之法，大要分为两端：一为守定不动之法，如口内炮台，壁垒格外坚固，须能抵御敌船大炮之弹，所用炮位，须能击中铁甲船，又必有守口巨炮铁船，设法阻挡水路，并藏伏水雷等器；一为挪移泛应之法，如兵船与陆军多而且精，随时游击，可以防敌兵沿海登岸，是为外海水师铁甲船，与守口大炮铁船，皆断不可少之物。

岸防和海防以前者为重点，是在海战不占优势的情况下必需的手段。

他刚当上直隶总督的时候，中国还没有建成新式的海军，他针对实际的情况，主张岸防应重于海防。例如，他为应筑天津新城寻找理由时说：

> 津郡形势以水为险，当九河之下游，今直境五大河俱汇于城外海河，而东入于海，郡城独在五大河及少海河之南，系前明卫城，旧基狭陋尤甚，前明以控扼蓟、辽为要，其城在河南，亦为失险，此古今建置事势之不同，必宜量为变通也。盖洋船不能深入内河，如城在河北，我可凭河设险，添置炮台炮船，护卫城池，较为得势。臣前于议覆津海关事宜折内声明，将来宜就运河北岸筑新城，另建官署，为经久防害之计。

然而这并没有减少他致力于海防的热情，他积极地请教外国海军专家，密切注意海防的新方法，根据中国当时的实际情况，制定了一套可行性很强的海防策略，即修台筑垒，水陆相依，先顾口隘，后及海面的方针。他加以详细的解释说：

> 先顾本省口隘，于烟台、登州、威海择地次第筑台，尤以烟台为最重要。其口内形势亦复散漫，似宜扼要建筑数处，以为犄角，临事或可婴守。

具体的步骤就是，以原有陆地设施为基础将范围逐渐扩大，在从津沽到烟台、威海和登州等重要隘口仿洋式筑造炮台；同时购买大炮艇 8 只守口，这样水陆兼顾，互为依靠，以壮声势。

### 2. 创建海军舰队

一个完整的海防体系应包括岸防设施和水面舰队。同治十一年（1872 年）五月十五日，李鸿章针对宋晋停止造船的奏报，提出了反对的意见。说日本这几年来与西洋各国通商，大力发展钢铁造船事业，军事实力日益强大目的就是“逼视我中国”。所以，“国家诸费皆可省，以惟养兵设防练习枪炮制造轮船之费不可省，求省费则必屏除一切，国无以立，终不得强矣!”因此，应大力发展船舶事业，不能停止造轮船。此外，他还主张应加大小铁甲船的建造以与沿海口岸炮台构成互依之势，以增强防御时的攻击力量；沿海各省今后也应逐步装备轮船军舰。这时，李鸿章构筑强大中国海军舰队的思想初见雏形。

李鸿章提出要注意防备日本的扩军备战，大力加强海军建设的意见是有一定依据的。据说当时日本已有14艘军舰，运输船3艘，总排水量达到13832吨。所以中国有必要建立一支强大的海军才能与之抗衡。而且，中国许多年来生产和购买了军舰30余艘，15艘为闽局所建，沪局造6艘，其中有“马力五百匹，配炮二十六尊，与外国大兵船相等”的大舰2艘，其余10多艘从国外购买。这使得中国有了建立海军的基础，中国虽然舰只比日本要多，然而力量分散，没有组成舰队训练。李鸿章清醒地认识到了这个问题，他觉得日本海军数量虽逊于中国，然而中国海军缺乏现代化的训练和编制，加上精神上的不足，所以又逊于日本。

九月二十三日，他请示朝廷，准备建立北洋巡洋水师。此奏折子称：“伏查北洋三口，洋面辽阔，向未专设巡洋水师，亦无捕盗轮船，而天津实为京师门户，西方列强每每用军舰封我海面。”因此“我亦须有轮船可供调遣，稍壮声势”。清廷批准了他的请求，调拨福建造船厂新造的80匹马力的“镇海”舰到北洋。同治十二年八月初四日驶达天津，成为北洋水师的第一艘木质军舰。

同治十三年（1874年），日本侵略台湾，海防问题又严重起来。十一月初二日，李鸿章上奏要求迅速增购铁甲舰，说：

> 今日所急，惟在力破成见，以求实际而已。何以言之？历代备边多在西北，其强弱之势客主之形，皆敌相埒，且犹有中外界限，今则东南海疆万余里，各国通商传教往来自如，麇集京师及各省腹地，阳托和好之名，阴怀吞噬之计，一国生事，诸国构煽，实为数千年来未有之变局。
>
> 日本则近在户闼，伺我虚实，诚为中国永远大患。今虽勉强就范，而其深心积虑觊觎我物产人民之丰盛，冀幸我兵船之未齐，将来稍予闲隙，恐仍狡焉思逞，是铁甲船、枪炮等项诚不可不赶紧筹备。

奏折中，他明确地表达了建立北洋舰队的迫切愿望。然而，他自知权力很大，担心此举给别人以口实，说他拥兵自重。

这样一来，前任江苏巡抚丁日昌受朝廷之命作《海洋水师章程》六条，建议购造大型舰船，在沿海险要之地筑炮台，练水师，挑选有能力之人进入海军；同时在沿海建北洋、东洋、南洋三支海军。北洋水师防卫山东、直隶一带沿海，北洋水师拱卫天津；东洋水师以吴淞为基地负责江浙沿海防务；设南洋水师提督于南澳，负责防御闽粤沼海。每支水师有大舰六艘，小舰十艘；三洋提督每半年进行一次会哨。三水师成军后，北至直隶湾，南达广东的漫长海岸线就能够将防御“联为一气”。总理衙门非常重视这一提议，无奈经费不足，难于同时建立三支海军，只好决定先建北洋一师，“俟力渐充，由一化三”。

李鸿章知道丁日昌所奏正是对自己在同治六年条陈加以充实而已，所以对此表示了赞同，只是建议稍作修改。他说：

> 窃谓北东南三洋须各有铁甲大船二号，北洋宜分驻烟台、旅顺口一带，东洋宜分驻长江外口，南洋宜分驻厦门、虎门，皆水深数丈可以停泊。

李鸿章心里早就有了建立北洋舰队的计划，但没有直接提出，而是采取了这样一个策略：先暗示需要设立一个巡洋水师；然后又表示自己是赞同丁日昌的提议；最后将京畿门户和长江门户二者重要性作比较，“天子门户”的防卫自然是重中之重，于是自然而然地引出先建立北洋舰队。

海军没有军舰，就不能称之为真正意义上的海军。同治十一年，宋晋那封奏折引起了一场关于海军的大争论，李鸿章极力反对裁撤闽局的意见，强调中国不但不应停造舰船，还应加强发展。可是争论过后，他的江南制造总局却停止了造舰，这是因为李鸿章注重务实。他反对轮船停造，是认为造船业是中国现代化工业的领头羊，一定要采取重视和保护的措施。他也知道中国落后的造船业造出的船只并不可靠，外国军舰才是他理想的对象，他的海军舰只大部分都是进口的。

他不是心口不一，而是更了解国际情况，他对外国军舰的考察尤为深入，对中外差距的危机感也更加强烈。

当年他率淮军初入上海，就亲眼目睹了洋枪洋炮的巨大威力；到了天津之后，他对铁甲舰优越之处又有了更深的了解。他通过书籍、游记、报纸、亲见、晤谈等方式，迫切渴望更多地了解国际形势。

有一回，他认为自己高官的身份不便亲往外舰考察，先后派遣了上海道员冯俊光等前往参观外国铁甲舰。从这些人的报告中，李鸿章对铁甲舰的具体情况有所了解。他记录道：水线以上铁甲厚 10 寸，内衬木板厚 18 寸，船帮夹层，中间可以藏人，一旦外层被轰破而里铁未穿，还是能够阻止海水进入船舱；舰内机器锅炉及两层巨炮都有厚铁甲保护；只有船首尾的铁甲稍薄，水线以下铁皮也仅五六分；船内各炮皆为电线燃放，可同时发射；使用汽机轮转起碇，速度大大超过了人力起碇。这也许是中国人关于铁甲船的首次技术情报记录。从铁甲厚度、机器掩蔽、船帮层次、电气燃放和汽机起碇等方面来说，铁甲舰具有的优越性是很明显的。李鸿章对此十分欣赏，说“此等制作，实堪奇诧”。

对各国的海军实力，李鸿章也有了大致上的了解。他在奏折中提到：

> 臣查兵法须知己知彼，乃得制胜之要。访闻英国兵船三百六十余只，在诸国为最多，内有铁甲船四十余只。法国先有兵船三百余只，现减至二百四十余只，内铁甲船六十余只。美国兵船二百余只，内铁甲船五十余只。俄国兵船三百余只，内铁甲船二十余只。布国（德）兵船仅百十余只，内铁甲船六只。

当时，飞机尚未诞生，各国基本上都用海军，尤其是以巨舰作为衡量实力的标准。西方列强往往以武力作后盾，开辟海外殖民地，作为原料产地和商品倾销市场，于是各国的造船业得到了迅猛的发展。像英、荷、葡等老牌殖民国家都是凭借着巨大的帆船侵入东方的。1827 年，军舰开始采用蒸汽作动力。1842 年英国海军首先在军舰上安装了螺旋推进器，700 余吨的拉得拉号装备了 200 马力的机器，是世界上第一艘帆汽两用军舰。1860 年法国最先淘汰了旧式战列舰，开始建造新式铁甲舰“拉古罗安”号，拉开了各国建造铁甲舰的序幕。西方各国开始了一场造船业的巨大竞争，都想要取得海上霸主的地位。中国没有争当海上霸主的欲望，然而要对付列强们的海上侵略，必须建立强大海军。

中国的造船工业还很落后，仍处在初级阶段，当时国内基本上只能造一些木肋木壳的小轮船，炮位少，马力也不大，更不用提制造铁甲舰。上海江南造船厂造的第五艘船名为“海安”，被英国报纸认为是中国最大的舰只。李鸿章非常清楚中外舰只的优劣，说：“盖根驳（小艇）不若大兵船之坚猛，兵船不若铁甲船之坚猛。以铁甲船御兵船，当之辄糜，况根驳乎？”而中国自造的大部分都是小军舰，难与西方大舰相匹敌。这使得他后来不得不大批购进外国军舰来装备中国海军。

同治十三年十月初二日，他奏上《筹议海防折》，提出进口军舰的必要性和应取方针：

> （自造轮船）物料匠工多自外洋购致，是以中国造船之银倍于外洋购船之价。今急欲成军，须在外国定造为省便。但不可转托洋商误买旧船，徒糜巨款。

当时的国际形势已经很危急了，根本等不到中国造船工业发展到能造大炮巨舰的时候再建立海军，必须尽快地建立一支强大舰队。从成本上算，买船比造船能省下一半的钱，当然应该用买船的办法武装舰队。这是遵循经济规律办事的明智之举。

光绪五年（1879 年），日本占据了琉球。李鸿章和沈葆桢重新被朝廷任命去筹划海防。李鸿章借此良机准备采购大批军舰。十月二十八日，他对朝廷说，日本为什么这么胆大妄为来吞并我琉球？就是因为拥有新购的铁甲大舰。他强烈地提出：

> 中国即不为穷兵海外之计，但期战守可恃，藩篱可固，亦必有铁甲船数只，游弋大洋，始足以遮护南北各口，而建国家不拔之基。乃议之五六年而迄无成者，一由经费太绌，一由议论不齐，一由将才太少。然欲求自强，仍非破除成见，定购铁甲不可。

徐建寅是当时第一流的军工专家。他是著名科学家徐寿之子，17 岁就参与了中国第一艘自造轮船的设计。他一生写下了《化学分原》、《声学》、《电学》、《兵学》、《器象显真》、《器象显真图》、《摄铁器说》、《艺器记珠》、《造硫强水法》、《石板印法》、《造铁金法》、《汽机新制》、《汽机必以》、《海军章程》、《运规约指》、《水师操练》、《轮船布阵》、《营城揭要》、《操格林炮法》、《测地捷法》、《绘图船线》、《造船全书》、《兵法新书》等二十余种著作，在理论方面很有造诣，还有丰富的实践经验。徐建寅于光绪五年九月十一日受李鸿章派遣，作为驻德使馆二等参赞，乘坐法轮"扬子号"离开上海前往柏林，十月二十八日到达。

光绪五年冬，沈葆桢死在两江总督任上。这样一来，李鸿章便一个人担起了筹建海防的重担。他设立天津水师营务处，更好地领导营建北洋水师的工作，任命留学生马建忠担任管营，这是和今天参谋长性质差不多的职务，主要负责日常事务。

光绪六年，中俄之间出现了纠纷。俄国海军开到了中国海口，以武力威胁中国。由于海防经费不足，六月初三日，李鸿章向清廷申请动用轮船招商局按年拨还的款项，着手购买军舰。他说，俄国已经很强大了，拥有大量先进的后膛枪、铁甲舰，然而今年春天还向英国银行借款 1500 万金镑，合银 5200 余万两，同时分别向德奥两国借款，不惜血本扩军备战；而朝廷每天实际拨到北洋海防的只有三四十万两的经费，还要求防卫 1000 多里的漫长海岸线，实在是困难，"虽才力百倍于臣者亦必无可为也"。

七月，李鸿章设天津水师学堂，在大沽下令按西方式样仿筑炮台。

光绪八年，旅顺军港建成，旅顺和威海卫构筑了工事，疏通航道，修造码头船坞，还组成了鱼雷部队；旅顺建有鱼雷、水雷营，大沽口设立水雷学堂和水雷营。光绪七年十月十一日，丁汝昌就任北洋海军提督，成为北洋舰队的最高指挥官。英国人琅威理被聘用担任总教习，同时负责编练和建军之事务。琅威理忠于职守，工作兢兢业业，官兵对他很是敬重，名声很好。自琅威理担任总教习之后，军容军纪有了根本的改观，改变了过去不懂得与外舰礼貌交往的历史，开始讲究起礼节来。

北洋海军经过这些年的经营，已经初具规模，李鸿章在光绪七年上奏，建议将所有舰只"合为一大支水师，随时会操，轮替出巡，以护北洋要隘"。

李鸿章的良苦用心终没有白费，以舰队为核心，陆岸设施、通讯设备、供应系统配套齐全的北洋海军在光绪十年初宣告建成。

光绪十年五月二十七日，李鸿章向朝廷申请在月底时巡视检阅北洋海军，获得了批准。

五月二十九日，李鸿章和朝廷派遣的有关官员吴大澂、张佩纶、张之洞一行，从大沽口乘船出发，向北航行。途经旅顺港、烟台湾最后到达威海卫，行程一千多里。一路上全面巡视了沿海所有的舰队、炮台、港澳、水雷以及水师、陆师。受阅舰只有两艘巡洋舰超勇、扬威；钢质的6艘炮艇蚊船镇东、西、南、北、中、边；两木壳练习舰；海镜运输船威远、康济；此外还有快马、利顺两艘小轮船和鱼雷艇等。巡阅大员们还观看了鱼贯雁行等各种阵列表演和帆缆灯旗等各类信号的传接，亲眼目睹了各种武器的使用。

一同参与巡阅的吴大澂、张佩纶和张之洞等人原为清议派，都是对近代化洋务运动表示反对的。经过此次巡阅，改变了自己的看法，开始转化成为洋务派了。

结束了巡阅之行，李鸿章向朝廷作了汇报，说：

> 窃惟渤海大势，京师以天津为门户；天津以旅顺、烟台为锁钥。臣历年经营海防，先治大沽北塘炮台，以固澳区；复筑新城，以为后拒。……上年旅顺口炮台，若募用洋匠，仿造新式，工作既成，观者均目为坚实。电线、鱼雷侵侵及山东之威海矣。……北洋略有基绪可寻。

这时，越南被法国侵略，中法之间的矛盾迅速激化，随时有开战的可能。巡阅海军正是增强了中国抵御外侮的信心，李鸿章就说北洋海军“略有基绪”，虽然谈不上与法国海军一争高下，但是还是有一定力量的，法军要像第二次鸦片战争那般轻易打败中国也是不可能的了，但也只是能做到这步。筹办海军从同治十三年到如今已有十个年头，然而也只建成了这样一支以炮舰为主力的消极防御型海军，回首这当中的艰难困苦，李鸿章感慨万千。

光绪十一年，徐建寅没有辜负李鸿章的希望，出色地完成了任务。出国时，李鸿章交给他三个任务：一、考察各个外国船厂；二、办理铁甲舰购买事宜；三、准备好运送舰只回国的事宜。他在英、德的活动日程安排中，考察的时间占据了绝大部分。他废寝忘食，一心一意认真工作，尽可能在有限的时间里了解各个船厂的情况，比较他们的设备材料和技术，和他们洽谈购船的事情，最后决定和德国伏耳铿厂订造两艘铁甲舰，安排造船留学生陈兆翱和郑清濂两人留在厂内进行监督生产。俩人认真负责，当发现德方偷工减料，马上提出要求德方重新返工。两舰完工后，新任驻德公使许景澄与原任公使李凤苞和使馆人员一起到厂里按照合同逐项查验，验收合格后便将两舰接管。然后，由海军留学生刘生蟾配合所雇洋员将船开赴中国。途经波罗的海、大西洋、地中海、红海、印度洋，十月回到中国。

李鸿章派丁汝昌和道员周馥，带着外文凭单和原订合同到海口检查接收。验收合格后，凭单由管驾“定远”的洋员福士管和驾“镇远”的洋员密拉带回德国。

两舰分别于光绪十一年（1885 年）十月二十八日、二十九日改换中国龙旗，进行过仪式之后正式成为了北洋海军的一员。在此前的十月底，另一艘“济远”号铁甲舰也到达了中国海口。

李鸿章非常以此为荣。为了能够使中国海军装备先进的军舰，要经过谋划、实施、订约、监造，以及最后验收和驶回，这其中有经费见绌、洋人作祟、朝臣阻挠和缺乏人才等等难以想象的困难，然而李鸿章以过人的勇气和谋略克服了种种困难，终于让中国海军装备上了外国铁甲大舰。

至此，北洋水师已具一定规模了。

李鸿章经过一番务实求新，冲破重重阻挠，不怕毁誉受辱，历经艰难困苦，为缔造近代化的陆军和海军作出了一定的贡献，中国的国防能力得到了提高。

## 三、洋务隐痛

光绪十一年，福建水师在马尾被法军全歼，李鸿章更迫切地要强大海军。五月，左宗棠和李鸿章都向朝廷上了奏折。清廷鉴于福建水师的惨痛教训，发布了上谕：

> 自海上有事以来，法国恃其船坚炮利，横行无忌。我之筹画备御，亦尝开立船厂创立水师，而造船不坚，制器不备，选将不精，筹费不广。上年法人寻衅，迭次开仗，陆路各军屡获大胜，尚能张我军威。如果水师得力，互相援应，何至处处牵制？当此事定之时，惩前毖后，自以大治水师为主，船厂应如何增拓，炮台应如何安设，枪炮应如何精造？均须破除常格，实力讲求。至于遴选将才，筹画经费，尤应谋之于豫。庶临事确有把握。著李鸿章、左宗棠、彭玉麟、穆图善、曾国荃、张之洞、杨昌浚各抒己见，确切筹议，迅速具奏。

左宗棠提出“海防以船炮为先，船炮以自制为便”。

李鸿章认同了其中“海防以船炮为先”，但对后面一句却产生了异议。他认为现在形势危急，正应扩充海军，再次指出“救时急务”是采购先进的铁甲舰；他还向朝廷奏明筹建四支水师、建炮台、筑坞和选拔将才等“治水师根基”；甚至明确提出中国应建立类似于西方和日本的海军管理机构“海部”或“海防衙门”，各支海军受之统一指挥。他以西方各国设立海军部为例说：“查欧西各国外部、海军并设衙门于都城。海部体制与他部相埒，一切兵权、饷权与用人之权，悉以畀之，不使他部得掣其肘。其海部大臣无不兼赞枢密者，令自中出，事不旁挠。未可以学在四夷而厚非之。”他提出，不要因为是洋人的制度就妄自菲薄，而应该以谦逊的态度取其得法之处，才能真正振兴海军，这样才能实现国家的“振兴”。他要实现中国海军由消极防御向积极防御的转变。

具体的实施方案：将直隶、奉天、山东合为北洋海军，江浙建南洋海军，将福建和台湾合为闽台海军，将广东单独成立为粤洋海军。每支舰队配备铁甲船 2 艘，捷报船 2 艘，快船 4 艘，鱼雷艇 20 只，运兵船 2 只。总共四支强大的海军形成这样一个规模后还要“徐图充拓”。

其实在上年二月，李鸿章已经向总理衙门提过一次这样的建议。那时，马尾海战尚未打响，如果及时成立海军的总理机构统一调动全国海军，也许又是另一种结果。因此，现在这个意见得到朝廷的高度重视了。

七月初，李鸿章接到了朝廷让他进京觐见的命令。李鸿章的筹议海防事宜的上奏引起了清廷的极大重视，但是朝廷觉得事关重大，一定要李鸿章进京与大臣们进一步商议好具体规划后再下决定，这样效果才有保证。

李鸿章此行引起多方面人士关注，因为这将关系到清政府重大政策的决定。七月二十一、二日李鸿章进京，住在贤良寺。二十二日，法国公使就要求约时间与他见面商谈。李鸿章回信说："顷接来函，知以本大臣到京，订期会晤，良深快慰。惟征尘甫息，忙纷如。今日下午五点钟或八点钟，当可得暇，容再专人奏约。"态度十分客气，其实根本并不急着会见。一时间各国使节接二连三地提出约期会晤的请求，李鸿章成了个大忙人。

李鸿章在京师待了 20 日之久，太后五次召见了他，各位王公大臣就海军、铁路、京旗加饷、创办银行等重大问题进行了商议。

在北京他看到的情况比他预计的要差得多，不免有些失望。离开京城后他给曾国荃写信，表达了自己的看法。他说，慈禧太后和醇亲王仍是要求改革求新的自强，然而大臣们却还是因循守旧，这样子怎么实现振兴？因此李鸿章也就很少提及改革的事情了。太后和醇邸对裁撤各省绿营局饷非常感兴趣，因这样可以省下许多粮饷贴补北京的八旗兵丁，以此加强巩固皇族统治的根本。李鸿章提出短期内这是一个困难，而太后和醇邸根本不了解实际情形，一定要让旗兵们受到朝廷恩惠。最后只在海军一事达成了共识，决定设海军部，名义上由两位王爷负责，但却也是不拨给人员和经费。信最后写道："茫茫大海，望洋悚惧"，足见李鸿章的无奈至极。

他的心情不好可以理解，自己尚未多提改革，言行却早已被保守大臣们指责得体无完肤。名士李慈铭的日记中就记载道：李合肥进京，今日军机和总理衙门一起开会讨论："一、设海部尚书。一、开铁路。一、设大银行、皆西洋各国法也。以写小楷、制墨盒之俗，而忽学建民主、奉教王之政，谓师此三术，便可自强，吾不信也。"他认为李鸿章提出的改革根本不适合中国国情。

不管怎么样，李鸿章的主张中大部分为朝廷采纳。九月初五日上谕宣布海军衙门成立，总理大臣由醇亲王奕譞担任，而庆郡王奕劻、大学士直隶总督李鸿章则成了会办大臣，正红旗汉军善庆、兵部右侍郎曾纪泽任帮办。海军衙门具有调动全部海军的权力，李鸿章负责筹建北洋海军“专司其事”，掌握了北洋海军的实际操纵权。

十二日，李鸿章向皇帝和太后告别，准备返回天津。太后让他回去后妥善处理好蚕池口教堂迁移之事。

事实上李鸿章此行还是颇有成效的：首先，争取到了海军单独设部的地位，非常有利于今后海军的建设和发展；其次，他对慈禧和奕譞有了新的认识，觉得他们没有守旧派这般顽固，自己还能加以影响，今后自己要将改革顺利进行下去，这两个人是不可不靠的，特别是太后，更要博其欢心。这年，李鸿章一边下令修造山东威海卫炮台，一面以镇远、济远、定远三只铁甲舰作为舰队核心进行训练，增强了北洋海军的战斗力。

光绪十二年（1886年），总理海军大臣醇亲王奕譞和海军衙门会办大臣李鸿章、善庆接到慈禧太后的旨意，赴北洋检阅海军。

四月十三日奕譞到了天津，第二天便和李鸿章一同前往大沽。十五日经海路到达奉天旅顺口，检查了炮台的修筑情况，同时观看了南北洋水陆军的排兵布阵。十八、十九日，检阅威海卫与烟台；二十日，回大沽；二十二日，回到天津。此行将北洋海军的陆防设施、舰只军事学堂及机器局厂都做了全面检查，了解了军队的训练情况。其中北洋的镇远、定远、济远、扬威、超勇5舰和南洋的南琛、开济、南瑞3舰受到了检阅。在关于此次检阅的奏报中说到：“前项八船调集旅顺洋面会操，并令随行威海、烟台一带，布阵整齐，旗语、灯号，如响斯应。”

慈禧准备结束垂帘听政。醇亲王博其欢心，将海军经费挪用至三海工程和颐和园工程。光绪十二年五月二十四日，李鸿章给醇亲王写信，告诉他海军即将向国外交付购舰的款项，“倘此次借提三十万”，“贻误匪轻”。信中明显地透露了对挪用海军经费之举的不满情绪。

但李鸿章并不是一个刻板而不知变通的人。光绪十三年（1887年），他在经营大连炮台巩固旅顺后路的同时，也为即将完工的颐和园拨款添置小火轮，演放汽球，安装电灯。他本想以此举博得慈禧对现代化的好感，以便得到更大的支持，但是却引起了反对者的非议和攻击。

# 四、大兴洋务四政

## 1. 洋务大辩论

同治十年（1871年）十二月十四日，内阁学士宋晋上奏朝廷，请求停止建造舰船。他提出了三条理由：首先，自造舰船需要的经费过多；其次，中国已经与外国签订了合约，采取和平对外方针，这样兴建舰船难免会让外国不满；最后，造出来的船只性能远不及外国进口，难以发挥作用。

宋晋为官已久，朝廷自然不能轻视他的建议，于是让总署奏请由各地的官员们讨论。福建的王凯泰和文煜赞同宋晋的意见；两江总督曾国藩则表示了强烈的反对。军机处于是在第二年让直隶总督李鸿章、闽浙总督文煜、陕甘总督左宗棠、闽抚王凯泰和船政大臣沈葆桢再进行讨论。这时，曾国藩已经去世。左、沈两人都与船政有着密切联系，他们的复奏都提出应为“自强”作为根本目的，坚决不同意停造，但也难以提出能够解决造船经费的途径。

五月十五日，李鸿章也提出了反对停止造舰的意见。他在奏折中首先分析了当前的形势，提出中国正面临着“三千年一大变局”，工业革命已经席卷世界，中国亦不免受到冲击，要是还是抱着过去的态度不知变通，只能为时代所淘汰。只有顺应工业革命的潮流，效法西方先进科学技术，开展工业革命，才能改造中国的落后面貌，才不致于亡国灭种，说：“彼方日出其技与我争雄竞胜”“则我岂可一日无之哉？”

同时，他批评宋晋是一介书生，根本看不到世界的变化：“士大夫囿于章句之学而昧于数千年来一大变局，狃于目前苟安而遂忘二三十年前之何以创巨而痛深，后千百年之何以安内而制外，此停止轮船之议所由起也。”所以，他坚决地说：“国家诸费皆可省，惟养兵设防、练习枪炮、制造兵轮之费万不可省。”

李鸿章的认识是清醒的，在殖民主义横行的时代，不增加国防投入的国家将会遭到侵略，不增强国防观念，根本提不上什么爱国、保国。沈、左也在奏折里表达了这种观点，却远不如李的深刻透彻。

这时李鸿章的思想还是非常敏锐灵活的，他看出了宋晋反对造船其实是想从根本上否定大机器生产。李鸿章于是就此发表意见：非但不可停止使用大机器生产，而且还要在中国开展以使用洋法代替土法，用机器代替人力，用现代化代替传统化的工业革命。

李鸿章用心良苦，是想要让世人明白：要保卫国家、抵御外侮，必须实现中国的独立自主的现代化。他说："船炮机器之用，非铁不成，非煤不济，英国所以雄强于西土者，惟借此二端耳。"中国闽、沪各厂基本上是依赖进口煤铁进行生产，如果与外国的关系闹僵而引起禁运的制裁，生产就无法继续，同时轮船也会没有燃料而无法动弹。

其实，单就抵制经济侵略的方面来说，发展现代化也是不可逆转的潮流。因为，列强们一直对中国丰富煤铁矿产图谋已久，千方百计地要攫取中国的煤铁开采权。中国一旦实现工业化，可以自己开采"此等日用必需之物，采炼得法，销路必畅，利源自开，榷其余利，且可养船练兵，于富国强兵计，殊有关系"，但如果不及时改革，"徒墨守旧章，后患将何所底止耶!"。

发展扩大大机器生产需要大量的经费，李鸿章心中早做好了打算：首先用新式军舰更替沿海沿江各省的旧式师船，这样可以把修造艇船的费用用来制造兵轮；其次，让沪、宁二局兼造供华商雇用之商船，增加经费收入。华商应成立公司，自建行栈，自筹保险与外商竞争。

他对实现独立自主的现代化很有信心，提出"设法官督商办，但用洋器洋法而不准洋人代办"。然而此后的事实却证明，"官督商办"也不是万全之策，但"用洋器洋法而不准洋人代办"确实具有十分重要的意义。

总理衙门于一个半月后总结了这次大辩论，倾向于曾左李沈等人继续发展大机器生产的看法。此次辩论使得朝廷中具有了这样的新观点：赞成工业化才算爱国，反之则是不爱国；同时形成了这样的指导思想：发展工业化要向外国引进机器设备，聘用洋人，但不能让洋人主持，主权要控制在中国人手中；最后，还对工业化的途径进行了规划：一、拓宽生产领域，兴办民用工业以养军工，以富国来强兵；二、经营方式除了官办之外，可增加"官督商办"，甚至可以由"华商雇领"进行"商办"。

李鸿章的主张对政府决策的影响可见是极为关键的。

**2. 船政**

早在朝廷里还在为是否应实行工业化而争论不休的时候，李鸿章就已经开始准备筹划设立轮船局了。他通过多年来对各国发展的考察研究，认识到要发展一国经济，必须了解信息，重视流通的作用。

第二次鸦片战争之后，沿海沿江的航运逐渐为各个列强控制，原有的沙船运输已难占一席之地，中国的航运利权遭到了掠夺。为了制止这种权利流失的形势，同治六七年，国内就提出要自办轮船公司与外商竞争。这次宋晋关于停止造船的主张中，经费不足是一个重要理由，李鸿章因此开始琢磨解决经费问题的法子。现在，他觉得让船政局制造商船，成立运输公司与洋人竞争，肯定有利可图，可以为造军舰提供资金。同治十一年春，他让盛宣怀草拟了《轮船章程》。章程的出发点就是由国家租轮船给商人经营。盛宣怀主张商办企业，说中国“转弱为强，在此一举”，要实现自强，就应该体恤商情。章程中说：

> 中国官商久不联络，在官莫顾商情，在商莫筹国计。夫筹国计必先顾商情。倘不能自立，一蹶不可复振。试办之初，必先为商人设身处地，知其实有把握，不致废弛半途；办通之后，则兵艘商船并造，采商之租，偿兵之费。息息相通，生生不已。务使利不外散，兵可自强。

七月，李鸿章趁着验收海运的空闲时间，与朱其诏和朱其昂等人商议应如何轮船招商。朱其昂拟定《招商节略》，提出官商合办的方式，同时应注意重视照顾商情。序言解释了之所以要成立轮船招商局，就是要让机器局所造船只起到运兵利商，补充造船经费。整个章程共有 20 条，方方面面对招商事宜进行了规划，这得到了李鸿章的赞许，于是将其咨报总署。与此同时派朱其昂等人回上海进行筹备协商，争取尽快成立招商局。九月，朱其昂回津，将已取得沪局和江海关一致意见的好消息告诉了李鸿章，同时还汇报了办局的困难：闽、沪两局没有可领商船，朱建议招徕依附于洋商名下的华商轮船资本，实行官督商办。李鸿章的代表天津海关道陈钦和天津河间兵备道丁寿昌觉得这个做法不错，于是让他制定了28条有关条规。李鸿章准许朱其昂向直隶借贷20万贯，年息七厘，除息实领18.8万贯，作为办局的费用。这就是轮船招商局创办的最初的资本。九月间，上海总局设立，朱其昂担任总办，又在各口设了分局，开始招商。然而，朱其昂在上海忙碌了一阵时日后，只募到沙船商人郁熙绳的一万两现银，此外，上海商人认股十余万两，却不拿出现银。原来是上海官方在作祟，他们不但不热心支持，有时还暗中阻挠。李鸿章得知后立即写了一封亲笔信给署理南洋大臣何璟，请他从中帮忙斡旋，使之“和衷妥筹，勿胶成见，致此美举又复中止，百年后永无振兴之机矣”。十月下旬，何璟丁忧离职，张树声接替了他的职务。李鸿章又给张树声这位昔日的手下干将写信，商议招商之事，请他坚定信念，还用历史责任感来给他鼓励。这是一封十分客气的信：

> 与阁下从事近二十年，几见鄙人毅然必行之事，毫地把握？又几见毅然必行之事，阻于浮议者乎？……兹欲倡办华商轮船，为目前海运尚小，为中国数千百年国体、商情、财源、兵势开拓地步，我辈若不破群议而为之，并世而生、后我而起者，岂复有此识力？

十一月中旬，李鸿章收到了张树生的回信，马上开始正式举办。十月购买了英国轮船“伊顿”号，十二月十六日拥有4条轮船的轮船招商公局正式成立。李鸿章在给总署的信中将办局招商的目的说得很清楚：一、逐步收回华商附搭洋行的船只资本；二、收回江海航运利权，更有利于人员和物质的运输。

朱其昂原本为沙船航运商人，在商股的招募和新式轮运经营上很不得法，仅经营了半年就让轮船招商局亏损白银4.2万两，他被迫辞去总办职务。盛宣怀受李鸿章之命重新制定合理的章程。新章程强调总办必须由“精明殷实可靠”的道府官员担任，防止官场不良风气；要学习采用外国的股份制，招集商股5000股，每股百两，以股票作为凭证，具有资本主义公司的性质；在经营上规定“官场往来搭客搭货，亦照例收取水脚”，不得以官势损害公司利益，明显是资本主义的原则。针对招商局刚刚成立，盛宣怀建议先采取扶持的策略：一、暂时降低租轮船的费用；二、国家将每年 40 万石漕粮的运输任务交给招商局，以增强其竞争力。盛宣怀又将上海怡和洋行买办唐廷枢和宝顺洋行买办徐润来揽至招商局旗下。李鸿章原本想任命盛宣怀为总办，“总其成”，然而招集商股可不是闹着玩的，轮局能否成功全凭此举。于是改派唐廷枢主持，因为唐在华商中颇有影响，拥有雄厚资金，让他主持募股定能成功。

同治十二年六月，李鸿章对轮船局进行了改造。首先，名称改为“轮船招商局”；其次，正式任命唐廷枢为总办，盛宣怀、朱其昂、徐润、朱其诏为会办，以商办之名行官商合办之实；同时决定将总募资本额提至 100 万两，先收 1000 股，共 50 万两，每股 500 两。每 100 股举商董一名，再由商董们推举出一位商总。总局设在上海，天津、牛庄（营口）、福州、烟台、广州、厦门、汕头、香港、宁波、镇江、汉口、九江及海外长崎、神户、横滨、槟榔屿、新加坡、安南、吕宋等 19 处设立了分局。商总负责总局，而各分局由商董主持，如不称职则将之撤换，但必须先向李鸿章申报。由此可见其官督商办的实质。该局的另一个特点是将所有股票及取息手折都编了号码，持有者的姓名籍贯都进行登记并造册，“以杜洋人借名”。股东若要将股票转让，必须进行注册登记，而且规定“不准让与洋人”，就是为了确保招商局始终掌握在中国人自己手中。所以直到目前还尚未发现有关洋人持购轮船招商局股票的记录。可见轮船招商局民族企业的特征还是相当明显的。

由于有了唐、徐二人的积极有效的努力，招股活动进展得十分顺利。次年，实收股金已达 47.6 万两，再加上朱其昂认股而未缴的 3 万两，已经超过了 50 万两的原定计划。股东会决定扩大筹股，每股 100 两，目标是再募 50 万两。然而才过一年，就发生了“马嘉理事件”，中英关系紧张，局势不稳起来，又加上外国轮船公司的竞争，再次让轮船招商局陷入了危机之中。外国人攻击它不用洋人经理，“断难自立”；国内封建势力也主张在商局中建立起福州船政局那样的管理，甚至提出“存商局之名，由南北洋通商大臣统辖”。

光绪二年，美国旗昌轮船公司经营不善，濒于破产，难以支撑，准备出售。唐廷枢和徐润等得知大喜，要趁此良机将其收至局下。徐润亲自赴鄂去找正在武穴勘矿的盛宣怀商议。盛提出了自己的顾虑：收购旗昌后，船增加了，而货物不增怎么办？而且还有外商的强力竞争，会使商局经营陷入困境。唐、徐的有理有据的解释顿时使他的顾虑烟消云散。他立即前往南京将此事告知两江总督沈葆桢，希望得到他的支持。沈预计："归并洋行，为千百年来创见之事，必有起而议其后者。"

虽然这样说，但是他还是调拨了大量资金准备购厂，主要原因就是认为这样做最起码少了一个竞争对手，同时他坚信由弱变强也不是不可能。十一月双方达成协议，中方用 222 万两将旗昌轮船资产全部买下。这一举动为轮船招商局增添了商轮 18 艘，与英国怡和、太古轮船公司比起来是后来居上。

然而购并活动结束后，发生了一系列正如沈葆桢所顾虑的问题。清议派王先谦、董浚翰，两江总督刘坤一等借此机会大肆攻击李鸿章。在督抚大员中，丁日昌是最早提出收购旗昌公司的，而且当盛、唐、徐三人到烟台请示李鸿章时，李就因"难筹巨款"而"踌躇未许"。后来盛宣怀请示沈葆桢，沈答应自行筹措钱款，这才作出决定。当决议定下来之后，李鸿章就再也没有动摇过了。他上奏说："沈葆桢之识力宏毅，当机立断，非臣所及，亦非中无定见而自作聪明者所及也。"同时写信给唐、徐二人，鼓励他们说："旗昌轮船已定议归并，从此经理得宜……利权可渐收回，大局转移，在此一举。"

光绪三年，招商局遭到了外界大量非议。于是李鸿章在十一月二十五日作《整顿招商局事宜折》，说：一、招商局创立已有 5 年，自己购买了 12 艘轮船，后来又通过收购旗昌公司得到 18 艘轮船，现在由于跌价竞争而导致了资金收支的困难，所以准备将原属旗昌的轮船中破旧的进行拆除，或将其零件贮藏以备后用，或者出售，以补不足；二、从当年开始停止支付拨存至该局的直隶、浙江、江苏、湖北、江西、东海关等 198.8 万两白银的利息，在三年后开始分五年还清本金，"以抒商力"；三、从光绪三年七月起，将盈利暂时充作公股，不再分派。附片还提议由招商局承担沿江沿海各省的水运任务，苏浙海运漕米中百分之四十至五十归招商局承运，剩余则由沙船负责运输。

当然，李鸿章也明白自己的招商局是存在问题的，要不然也不至于给别人抓住把柄，所以让盛宣怀等人整顿招商局。盛宣怀根据李鸿章的意见于十二月提出了《整顿轮船招商局八条》，主要是"船旧应将保险利息摊折""商股应广招徕”“员董应轮流驻局经理”“息项应尽数均摊”“员董应酌量提给薪水”“总帐应由驻局各员综核盖戳”等。

李鸿章毕竟只能在改革招商局上做文章，要给招商局创造良好的环境，他的权力便明显不足了。因此，他根据盛宣怀和唐廷枢等人的意见，致函总理衙门，请求效法于日本，说：“近年日本创建三菱公司，亦仿西例，他国轮船公司只准在通商口岸三处往来，惟三菱轮船任意于沿海揽载，计十有三处。即使三处洋商挤跌，尚有十处自家口岸弥补，法至善也。”同时，他还提出应只允许招商局船到非对外通商口岸活动，举出这是“中国自主之权”，不用害怕“洋商援例渎请”。然而朝廷不敢实行，这样又失去了一个发展本国运输业的有利途径。李鸿章很是无奈。

光绪四年，赫德向总理衙门提交了《整顿招商局条陈》，建议成立新的股份有限公司取代招商局，由新公司以三折的低价购下原局全部资产。这样一来，招商局就要成为洋商控制的买办性的新公司了。盛宣怀受李鸿章的指示，针对赫德的说法上奏了《对赫德〈整顿招商局条陈〉之意见》。盛宣怀表示坚决反对，说：“该总税务司所称将现在局中各产折实估价，转与新局一法，却于新局大有裨益。盖成本既轻，获利自易。不知新局成本之轻，即旧局亏本之大。”他极力试图保住旧局，提出了“次第挽回之法”。首先变卖耗燃料过多的旧轮，购造新式轮船，以解决旧船利薄之弊，说：“即以三十余号之旧船，换成十余号之新船，亦尚合算。”这确实是减少成本，提高效益的好办法。在是否应任用洋人管事上，他分析到：招商局初设时就拒绝洋人参与，只是收买旗昌时才将其原有洋工一并高薪雇佣委以重任，所以“急宜及早斥退，以符定章而免后悔”。为解决当时任人唯亲的问题，他提议不管局员的亲属、本家有否能力，“均宜引嫌辞去”，不得以“某人得力为词”；被辞退的一旦与局内亲属勾结，“即惟某局员是问”。他发现局中领导者大都喜功畏过，遇事常推卸责任，于是让五个总办和会办按年份轮流在上海总局坐办，另外四人担任副手协助，“庶利弊可互相兴除，勤惰可互相规劝，盈亏亦可互相比较”。

在招商局面临危机的时候，李鸿章坚定不移地实行“商为承办，官为维持”，尽全力支持招商局。终于，招商局在70年代后期摆脱了困境，开始有盈余了。光绪七年，100万两的股金完全募足了，而且商人们购买股票的欲望也增大了。股票价格由每股面值100两涨到了每股200两，招商局决定再增募100万两，没多久就完成了。

光绪十一年，法国因与中国开战，派军舰封锁长江检查商轮，还威胁说要攻打江南制造局。一时间局势十分动荡，轮船招商局也受到了严重的影响。为了保住招商局的资产，中方决定通过马建忠暂时把轮船招商局卖给旗昌公司。中法战争结束后，中方又花钱把资产赎回，重新开办。

光绪十一年，招商局制订了新的章程，性质也变成了官督商办。督办一职由盛宣怀担任，谢家福和马建忠为会办。当时经费短缺的问题一直困扰着招商局，为了维持局务，李鸿章想了几条途径：轮船漕运回空时免纳北洋三口出口税的二成；装运湖北帽合茶到天津，每百斤仅纳出口正税六钱，并免交复进口半税；漕运水脚不再扣减。

李鸿章在招商局创办和经营的整个过程中，付出了极大的心血。他像对待自己的孩子一样长年呵护着招商局。

### 3. 矿政

李鸿章在关于工业化的大辩论中，极力提倡在煤铁开采中使用外国方法，是有着一定的根据的。

同治六年十二月初六日，总署让湖广总督李鸿章对修约一事进行复议。他的报告中对大部分事物都还持着较为保守的态度，唯独强烈要求采用洋法发展矿冶事业，洋人用机器采煤开矿，效率“倍于”土法；在洋人选址挖矿前各地地方官应先考虑“有无违碍”，对其产品的出售也要“照章抽捐”；也可自行开采，请外国人协助购买机器和产品销售，同时由督抚照章妥善办理。这些做法应在各矿区广泛推行。如果外商坚持要开采矿藏，可以适当地聘请一些熟练的外国技术人员，由官府督令试办，这样既起到了满足军需的效果，还能保护中国的权利。

李鸿章后来调任直隶总督，开始积极地要试办新矿，采取的主要是官督商办的方式。同治十三年，他差遣天津道丁寿昌、天津机器局总办吴毓兰、上海江南制造局总办冯俊光等到磁州筹办煤铁矿，总预算约白银30万两，准备先让沪、津两局各垫10万两，另外10余万两则以招商集股的方式解决。当年秋天，冯俊光让英商安特生筹办机器。

“筹饷”在因日本侵台引起的海防大讨论中，成为矛盾交集的重中之重。许多有识大臣们都认识到开矿挖煤是解决问题的重要途径。李鸿章就是他们当中最坚决，也是最有策略的代表。他认为中国面临财政困难，却总抱着丰富矿藏不将其开采。“何异家有宝藏，封锢不启，而坐愁饥寒?”若采洋法自行办矿，就能让各新式机器局厂不用再购买外国煤铁，既防止利源落入外国人手中，又使中国富了国强了兵，是“军国之大利”。光绪元年四月二十六日，清政府的上谕肯定了这种做法，并给予了支持：“开采煤铁事宜，著照李鸿章、沈葆桢所请，先在磁州、台湾试办，派员妥为经理；即有需用外国人之处，亦当权自我操，勿任彼族搀越。”

光绪元年（1875年）四月，他向朝廷正式申请在河北磁州试用洋法开挖煤矿。但在重新勘察矿地时，发现这是一个贫矿，而且远离河道不方便运输，只好作罢。同年，他又和两江总督沈葆桢、兼署湖广总督的湖北巡抚翁同爵试办兴国州铁矿广济县阳城山煤矿。他举荐由盛宣怀负责，李、翁二人共拨30万串制钱。光绪二年正月初七日朝廷准奏。初九日，李鸿章给翁同爵写信的同时也给盛宣怀去信，表示勉励：

> 开挖煤铁之举，既经廷旨允行，一切自无阻挠。惟系开创利便，易招谤忌，务望实心实力，廉正为本，精核为用，先处立于不败之地，始终不移，庶几可大可久。执事为中土开此风气，志愿宏斯，勋名愈远矣。

当时盛宣怀在此先用土法开采了半年，才挖煤20吨，清议派强烈地谴责他，李鸿章却给予他鼓励。后来，该矿由于太过贫瘠，加上资金不足，不得不半途而废了。

光绪三年十二月二十日，李鸿章给沈葆桢写信商讨在江西乐平和湖北武穴开办煤矿的事宜。

光绪三年七月，李鸿章就向朝廷递交了在张家口外科尔沁开办铅矿的申请。

李鸿章早在光绪二年秋就听说河北滦州开平镇贮藏有丰富的煤铁矿，于是让候选道唐廷枢进行实地考察。于是唐廷枢就和英国矿师马立师来到开平开始勘测。考察完毕后给李鸿章提交了《勘察开平煤铁矿务并条陈情形节略》，报告考察到的具体情况。还把收采到的煤铁矿石块样品分别寄往英国和北京同文馆进行化验，得出了适合开矿的结论。于是唐廷枢又在八月初三日据此结果向李鸿章提交了《开采开平煤铁并兴办铁路》条陈。九日，该计划得到了李鸿章批准。前天津海关道黎兆棠和天津道丁寿昌被派往与唐廷枢一起筹办开矿事宜，首先就是与唐廷枢共同拟定设局招商的章程，确保该局的官督商办性质。十二天后，12 条章程制定出来了，决定以开平矿务局作为新招商局的新名，招商集资八千股，每股 100 两，还做了在经营起色后再募 20 万两股金的计划，明确规定了官督商办的性质，但强调保护投资者利益，遵守商业规律。它虽规定要将入股者把姓名、籍贯进行登记，却忽略了对外国人入股进行禁止，后来洋人操纵了开平股票就是利用了这个漏洞。

经过六七天的考虑。二十七日，李鸿章大致同意了该章程说“大致尚妥协”，同时对章程进行了一些修改和补充：“机器制造局所用煤铁，系属因公，准免厘税。唯月需若干，亦应有定数。招商局载运煤铁出口，不得与机器制造局比例，仍应照纳厘税，以示公允。”机器局有优先购买开平煤矿所产煤铁的权利，同时不用交纳税厘。但是轮船招商局不具有这种特权，因为它不是军工企业。

光绪四年（1878 年）六月二十日，唐廷枢经李鸿章同意，带着英国矿师柏爱特等人从上海出发到达了开平。二十七日开平矿务局正式成立，这是中国首家大型矿务局。担任总办的是唐廷枢，他在进行招商集股的同时到各厂里巡察。八月中旬，钻探设备从英国运到，很快就进行钻探，勘察结果发现有 6 层高烟煤，有可供开采 60 年的贮量。光绪五年，采煤设备也运至唐山，开始采用外国的方法进行煤炭开采。光绪六年九月，唐廷枢为了方便煤炭运输，主张在芦台镇东到胥各庄之间开挖长达 70 里的运煤河道，还从河头筑 15 里马路用以连接矿区。

李鸿章批准了唐的请求，李在相关的奏折中所称的“马路”，是唐所称的“快车路”就是以畜力拉煤车行于铁路之上。这是我国最早的一条铁路。之所以使用畜力，是针对守旧派“机车震动山陵”的无理指责而采取的权宜之计。但英国工程师金达已经用开矿机的旧锅炉制成了“中国火箭”号机车在该路上行驶了。很快，矿务局从英国进口了一辆机车。

光绪七年（1881 年），开平矿务局正式投产。洋报《北华捷报》估计，几个月后开平煤矿的煤炭就可以满足招商局的全部需要，甚至还有剩余。四月二十五日，李鸿章向朝廷得意地报告说："从此中国兵商轮船及机器制造各局用煤，不致远购于外洋，一旦有事，庶不为敌人所把持，亦可免利源之外泄，富强之基，此为嚆矢"；更推而广之，说"开煤既旺，则炼铁可以渐图；开平局务振兴，则他省人才亦必闻风兴起，似于大局关系非浅"。他看问题总具有全局性的眼光，在创办开平矿务局的同时，也不忘从整个国家现代化的角度考虑问题。

刚开办的时候，开平矿务局不仅开采煤矿的铁矿，也进行钢铁的冶炼。然而，由于技术上的不足和资金的缺乏，不得不停止炼铁，只进行煤的开采。唐廷枢在这个时候提出了效仿台湾和湖北降低煤炭的出口税。鸦片战争后的一段时间，中国受到列强愚弄，出口税重进口税轻，实际上对外商有利，对中国的出口不利。每吨进口洋煤才收五分钱的税；而土煤出口纳税六钱七分二厘，还需要复进口半税，一吨总共要交纳一两以上的重税。这比起洋煤要高上二十倍之多。而当时台湾和湖北因为已经使用洋法采煤，所以产品与洋煤受同等待遇，每吨只需交一钱的税。李鸿章也认为理应如此，于是向朝廷申请，说：出口税和进口税不一致，于土产的煤销售不利，所以应降低开平矿产品的税额，这样做才能够"恤华商而敌洋煤"。朝廷准奏。

开平矿的产量越来越大。光绪七年为 1600 余吨，八年为 38000 余吨，九年为 75000 余吨，十年为 126000 吨，十一年为 187000 余吨，十二年为 187000 余吨，十三年为 224000 余吨，十五年为 247000 余吨，十六年至二十一年间平均每年达 252000 吨余。

开平煤矿的长足发展，有效地抵制了洋煤进口，部分地收回了国内市场。当时的进口洋煤主要是日本煤。在天津市场，光绪七年进口洋煤 17000 余吨，八年减至 5400 吨，九年减至 3700 余吨，十年减至 1200 余吨，十一年减至 560 余吨，十二年减至 301 吨。

光绪八年初，开平矿已成为拥有 100 万两股本的大矿了，股票也是一路高涨。光绪十五年，开平又增募了 50 万两股本，使总资本达到了 150 万两。

李鸿章创办开平矿务局所取得的巨大成功，在全国掀起了首次投资办矿的浪潮。光绪六年开始，许多官僚、地主、商人纷纷在各地大兴金属矿和煤矿。这些人大多以官督商办作为招牌以获得洋务派的支持。李鸿章对他们的举动是十分赞赏的，往往在他们的工矿困难时予以帮助，有时还把难以维持的企业接管，继续开办。

当时，安徽池州，山东峄县，湖北荆门，广西贺县，江苏徐州、利国驿，直隶临城和奉天的金州骆马山等地都存在着私人开办的煤矿。其中安徽池州煤矿就在李鸿章的扶持下筹到了大笔资金，还通过唐廷枢和徐润的力量帮助煤矿扭亏为盈。

还有山东峄县煤矿，它的开办就得到了李鸿章的帮助，从天津机器局买到了汲水机器，还雇请了沪、粤两地的技师和工人协助办矿。

江苏利国驿煤铁矿为胡碧澄主持，后因经营不善出现困难，胡只好亲赴天津请李鸿章“收全矿归公，由海军衙门大办”。李鸿章先是询问了上海轮船招商局总办马建忠是不是可以让矿师到徐州勘查，而后由盛宣怀派经元善到徐州估价。经元善到徐州考察之后，做了一份《上盛杏荪观察利国矿条陈》，提出了详细的建议。

据统计，中国在从光绪六年到甲午战前，先后出现了 24 家金属矿。其中有 8 家铜矿、4 家铅矿、6 家金矿、4 家银矿、2 家铁矿。这些矿基本上都是以“官督商办”形式存在，与李鸿章的北洋有着一定的联系，得到不同程度的扶持。像山东平度金矿是在光绪九年创立的，当时上海金融风潮才平息，根本筹不到足够的资本，只是借用了官款才得以开办，据说李鸿章就从北洋调拨了 18 万两官银助其开办。后来招远金矿的开办也得到了淮军银钱中拨来 6 万两的贷款。

在这些金属矿中办得最好的当数黑龙江的漠河金矿，该矿也得到了李鸿章的大力支持。光绪十二年，中国驻英俄公使刘瑞芬得到情报，说是俄国正在秘密筹股，企图过江偷开漠河金矿。黑龙江将军恭镗向朝廷提议开采漠河金矿，不让俄国阴谋得逞。朝廷批准，让李鸿章“选派熟悉干员，迅往黑龙江随同恭镗认真勘办”。光绪十二年，李鸿章遣吉林候补知府李金镛前往负责开矿一事。他在奏折中称：“李金镛血性忠勇，不避艰险，向本随臣办事，经前吉林将军铭安奏请办珲春垦务，兼理中俄交涉事件，先后将及 10 年，边情最为熟悉。”李金镛办矿经验丰富，对当地情况也很熟悉，特别是与俄国人有过接触，是最适合的人选。

李金镛不辞劳苦，亲赴实地考察。采回的矿石样品化验后，发现含金量与美国旧金山金矿不相上下，开发的价值很高。他很快就拟出了《筹议黑龙江金厂公司章程十六条》，准备募集 20 万余两股金，采用洋法经营，性质为官督商办，他接着又在上海、烟台、天津、黑龙江各地筹措资本，购置机器。然而仅仅弄到了 3 万两股金。于是，李鸿章出面作担保，又向天津商人借到了 10 万两。后来黑龙江将军恭镗又借官款 3 万两，才算解决问题。光绪十三年十二月初五日，官督商办的漠河矿务局正式开办。光绪十四年冬正式开采，长期保持着两三千矿工的规模，同时还经营牧业，收效很大。到十六年冬，开采了约 4 万两黄金。光绪十六年九月初四日，李金镛终于积劳成疾，在岗位上永远倒下了。李鸿章派袁大化接替了他的职务。此后，产量稳中有升，十七年产 20000 两，光绪十八年产 15000 两，光绪十九年 10000 两，光绪二十年产 28000 两，到光绪二十一年，达到了 50000 两金的产量。此矿给国家大量的贡献，到光绪二十一年总共上缴黄金竟达 8500000 两。“兴利”的作用起到了，同时也又起到了巩固边疆的功效。要是李鸿章不给予大力支持和关心，漠河金矿也就根本不存在，更不用提什么发展了。

此外，李鸿章主持的重要矿业还有开办于光绪六年的山东峄县煤矿，开办于十三年四的道沟铜矿，位于热河。

**4. 邮政及电讯**

依靠驿站传递政府公文的形式在中国是古已有之。民间也出现了一些规模不大的信局从事邮政服务。有统计表明到鸦片战争前，全国各种规模的信局已达数千家，然而都还不够完善。鸦片战争后，大批洋人在中国长期居住，专供外国人使用的信局产生了。

光绪二年闰五月，总税务司赫德在涉理中英马嘉理案的时候就提出在中国设立送信官局的建议，还主张由总税务司负责管理。总理衙门让李鸿章与赫德进行磋商，李鸿章接受了赫德的主张。

光绪四年春，赫德派天津海关税务司德璀琳在北京、天津、上海、牛庄、烟台五地试办信局，成效比较显著。同年八月二十五日，李鸿章将此情况高兴地向朝廷汇报：“迨德税司天津信局开后，察看民间各局似照常开设，固无妨碍，于驿站更不相干，似觉无甚流弊。其所用信票，刻有邮政局字样，系仿西国通行例式。”

这一年我国的近代邮政宣告诞生，于七月发行了最早的邮票“神龙戏珠图”，一套分三枚，面值分别为伍分银、叁分银、壹分银。命名为“海关一次大龙邮票”，俗称“大龙邮票”。

光绪五年正月三十日，清政府正式开办邮政，在邮件上加盖标志性的八卦邮戳。光绪十一年又发行了俗称“小龙邮票”的海关二次云龙邮票。

外国在中国自办邮政，是对中国主权的侵犯。为争回这方面的主权，各税关也在光绪十六年开办邮政，然而清廷却没有同意。光绪十八年，赫德正式提出了设立邮政官局的建议。

光绪十九年，李鸿章与刘坤一收到了江海关道聂缉规要求建立官邮的请示，于是转请户部审批。当时各口税关所办邮局还没有为朝廷正式批准，这成为了上海英、美等工部局增设各口信局的借口。一旦洋人得逞，今后再想自行推广邮政困难就大了。光绪二十一年，赫德上交了一个办局章程共 4 项 44 款。二十二年二月初七日，户部正式提出设立邮政局，朝廷终于批准了。总理衙门让赫德担任总邮政司总理邮政事务。“大清邮政”正式开办，从此邮政从海关中独立出来了。总邮政司署在北京成立，全国被划分成邮界和副邮界，分别在前后两者设立邮政总局和副邮政总局。此外，在塘沽、大沽、南京、吴淞等地设邮政分局。十一月发行了蟠龙邮票一套，共 12 枚，3 种图案，分别是蟠龙图、飞雁图、鲤鱼图，同时，改用银元计算邮资。

光绪二十四年，大清邮政分局在内地和各重要城镇遍地开花了。二十五年，统一领导全国邮政的邮政总局正式在北京设立，李鸿章的长子李经方担任第一任局长。

李鸿章对当时的先进通讯方式——电报很感兴趣。当时中国的通讯还停留在非常原始、落后的方式上，依赖的基本是驿站快马，远远落后于电报的速度。因此，李鸿章在光绪六年建议朝廷创办电报业，详细地论述了其必要性，并制定了大致的计划。

朝廷批准了李鸿章的请求，李鸿章马上让郑藻如和盛宣怀等议订章程，同时与丹麦大北电报公司建立了合作关系，由该公司负责勘测线路购料雇工。

光绪七年五月，盛宣怀拟定的《电报局招商章程》发布，指出之所以兴建电报业，就是要“中国兴造电线，固以传递军报为第一要务，而其本则尤在厚利商民，力图久计”；同时，电报建设工程开始，采用官商合办的形式，官方预先支付20万两白银，等到商股10万两集齐时再归还其中的一半，使官商两方的资本相等；还规定了在十年内把全部利息归还商民，声称“此等有益富强之举，创始不易，持久尤难。倘非官为维持，无以创始，若非商为经营，无以持久”。这在当时是正确的策略，既减少了顽固派的阻挠，又起到了政府保护新事物的作用，一定程度上解决了沿线普通居民的不满，章程还说明这样做是以利国防，由地方官负责保护保障。

十月底工程竣工，总费用为17.87万两白银。在天津设立总局，在大沽口、紫竹林、济宁、镇江、清江、上海、苏州7处分别设立了分局。由盛宣怀担任全国电报局总办一职。

光绪八年三月，电报局改成了官督商办的形式。盛宣怀向李鸿章提议：英、法、美、德四国准备在上海成立万国电报公司，计划要铺设海底电缆以接通上海与香港之间的电报通信，如果任其发展，洋人便会得寸进尺将电报线路直接架在陆地上。李鸿章便奏请实行招商，连接上海与闽、浙、粤各省沿海的电报线，以挫列强的企图，“保中国自主之权”。李鸿章不仅重视电报在国防事业及收回权利方面的作用，还看到了它的巨大商业价值，说“而商民之转输贸易者，亦借电报速达，利益更广”。

很快，李鸿章就下令盛宣怀与电报局商董郑观应、经元善、王荣和谢家福等负责建立沪粤之间的电报通讯，并制定了《章程》10条。李鸿章看过之后非常满意，光绪十年夏全线接通，后来中法战争爆发，这条线路发挥了重大的效益。

当时国内外贸易的中心已移至上海，因此电报总局也从天津搬来了。同时，山海关至天津的电报通讯也接通了，各防营之间还建立了支线，这样军事调动的速度得到了很大的提高。了解到中国人已逐渐接受了电报这一新事物，于是李鸿章在出使大臣曾纪泽的支持下，取得了总理衙门的同意，又向朝廷建议在北京设立电报通讯。朝廷准奏，决定开通津通电线，于次年建成了180里的电报线路，连接了北京和天津。

光绪八年，郑观应向李鸿章建议接通上海至汉口间的电报，同时也向当时控制着汉口的左宗棠提出了同样的建议，然而左宗棠不同意。郑观应又让左的亲信进行劝说，还是不行。直到一年后外商提出了铺设水线的时候，左不得已才批准由中国商人自己建设长江电报线，同时又限制使用官款，让商人们自己想法子筹集资金。长达 1300 里的长江电报线历经曲折终于建成，由电报总局进行管理。两广总督张树声出身淮军，也感到了电报的优越之处，加上这时法国又在印支地区蠢蠢欲动，他准备将电报通到广西龙州。云贵总督岑毓英也奏请用电报连接龙州和云南。清政府让李鸿章转令电报总局负责。盛宣怀受命前往勘察，发现龙州至云南之间地势险峻，造价必定很高，不如从汉口到四川泸州，再到蒙自，官商分段承建。李鸿章和总理衙门都觉得可行，于是批准了。后来，李鸿章要主持了天津芦台、山海关、烟台、济宁、营口、奉天，张顺之间的电报网的铺设，一定程度上加强了北洋的防务。

光绪十一年，奉天省城、凤凰城边门和朝鲜仁川之间的电报线拉通。战争和军事，促使了中国电报事业迅猛发展。八月十五日，李鸿章在对电报在近几年的发展进行总结的时候，就认为电报是千百年来不曾有过的进步：

> 五年以来，设沿江沿海各省电线，绵亘一万数千里，国家所费无多，巨款悉由商集。适值法人起衅，沿海戒严将帅入告军谋，朝廷发纵指示，皆得相机立应，无少隔阂。朝鲜两次内乱，遣兵保护，克日奏功。中国自古用兵，未有如此之神速者。其京外一切要政，及与出使大臣往来问答，莫不朝发夕至，海外直若庭门。

所以，他为在电报发展的事业中作出了贡献的人请求嘉奖计功。电报给通讯事业带来了自古所无的神速，从根本上说，就是一场新信息技术的革命这一点被他说明了。

光绪十八年，英俄两国都对新疆有不轨企图。保障内地与新疆的通讯联络便成了当务之急，必须与新疆保持信息往来。正月二十六日李鸿章通过电报与陕甘总督杨昌浚进行了商讨，决定让盛宣怀负责组织从肃州到乌鲁木齐的电报线路的勘察，进行工程造价的估算。十一月初，李鸿章和总署进行了商讨，正式向朝廷提议在乌鲁木齐和喀什噶尔之间加设电线，以备国防需要。

光绪十九年六月，乌鲁木齐电线工程完成，估计到冬天时喀什噶尔电线也将告竣。九月初十日，李鸿章以现在运料较为便利之故，建议朝廷将电报线路续接至伊犁。

在李鸿章的努力之下，到甲午战争时，内地边疆都有了电报事业。全国的大部分省份和重要商业城市之间初步形成了一个电报网。

**5. 铁路**

李鸿章在洋务运动中十分有力地倡导了铁路的建设。

光绪六年，刘铭传准备进京。李鸿章让这位老部下请清流派的陈宝琛代拟《筹造铁路以图自强折》，奏请在北京和清江浦之间构筑沟通南北的铁路。刘铭传回津后又与李鸿章详细讨论了筑路的问题，准备再次上奏。八月十九日，李鸿章写信给张佩纶，说："省三回津，日趣复奏铁路事。此乃鄙意所欲言而久未敢言，幸于吾党发其端。闻都人士近日讲求洋务者，多亦不甚以为纰缪，殆国运中兴之几耶！惟事体重大，非独棉力不能胜，即省三慨然自任，亦恐穷年毕世，不易卒业，时政若文法拘束甚矣！庙堂内外，议论人心皆难划一，无真以主持之权，即断无通力合作之日。是以徘徊审顾，未即属草，少迟姑就事理，略一敷陈耳。"十二月初一日，他作《妥议铁路事宜折》，向朝廷提出了修筑铁路的九大利益，并举荐刘铭传督办铁路。

有了李鸿章的支持，开平矿务局总办唐廷枢修筑了从唐山煤井到胥各庄长 15 里的铁路，以便于煤炭的运输。这是使用畜力驱动，故称为"马路"。后来英国工程师造出了蒸汽小机车，但仍以畜力牵引为主，机车只是作为试验使用，准备当"如果中国人不加反对"的时候再投入使用。

为了达到自己开办铁路的目的，李鸿章决定在醇亲王奕譞身上下功夫。醇亲王是光绪的生父，本属保守派，非常顽固，然而却相当重视国防。因此，他便致函醇亲王奕譞强调铁路对国防的重大意义，投其所好，并将九大利益进行了详细列举，"盖皆得诸亲历外洋者之议论，而参合中土之情势，欲使世人略知此中底蕴，庶迂拘之意见渐融，或将来之创办较易耳"。极力要证明铁路"于国家远大之图，驭外固本之术，煞有关系"，想以此获得醇亲王强有力的支持。

光绪七年四月二十三日，李鸿章的准备做得差不多了，便将计划正式提交。五月十三日，在斯蒂芬孙百岁诞辰这个日子里，总工程师伯奈特的夫人主持典礼，将小机车命名为“中国火箭”开始试行。这是中国自建铁路并首次行驶蒸汽机车。然而很快就有人上奏朝廷，说火车运行时巨大的震动惊扰了皇陵中皇祖的安宁，同时还喷出污染环境的黑烟，农作物难以生长。朝廷震怒，禁止了火车。只是后来李鸿章再次上奏力陈利弊，火车才得以重新行驶。

光绪九年，法国企图发动侵华战争。李鸿章向总理衙门申请，说：“火车铁路利益甚大，东西洋均已盛行。中国阻于浮议，至今未能试只，将来欲求富强制敌之策，舍此莫由。”建议由总理衙门“主持大计”，然而没有被采纳。

光绪十二年，李鸿章与奕譞采用了一个策略：从胥各庄起建造铁路，用运煤之由以塞梗议者之口。后来，李鸿章让开平煤矿接造了从胥各庄到阎庄的 65 里的铁路线，开平铁路公司宣告成立。年底，李鸿章与醇亲王经过反复磋商，决定由海军衙门公开奏明申请修筑阎庄至大沽和天津之间的铁路。

光绪十三年二月二十二日，海军衙门根据李鸿章的提议由醇亲王奕譞带头，加上李鸿章等有关大臣联名向朝廷建议在大沽和天津之间修造铁路。奏折中分析了理由，拟定了具体的计划：光绪七年造开平矿务局 20 里（实际 15 里）铁路，后来为方便舰只运煤，又接造到南部的蓟州运河边阎庄这段 65 里。如果向北接至山海关，南接至大沽北岸，那么提督周盛波部万余人，就可以在这一带迅速机动，可抵数万之师。要是工程过大难以集资，那么可先建阎庄至大沽北岸 80 里，等到资金充足时再修大沽至天津一段。待津沽铁路竣工，便可进行山海关到开平之间的铁路修造了。具体事务则由开平矿务局全面负责，同时让沈葆靖、周馥督任督办。

朝廷很快就同意了。开平铁路公司宣布改名为中国铁路公司，总办伍廷芳、会办吴炽昌公布了招股章程，开始募集资金。

但是，商人们投资的热情却并不高。负责招商的人员使出浑身解数，也难让商人们掏钱购股。最后只募到 108500 两，根本不够，不得已李鸿章只好从天津海防支应局拨借 160000 两，不足的部分只好靠借贷外债补充。

光绪十四年九月初，津沽铁路竣工。李鸿章于当月初五日到唐山验收。看着完成的铁路，他不禁兴奋异常。九月初九日，他在给醇亲王的信中提出了将铁路延修至北京通州的计划，于是醇亲王向朝廷建议修筑津通铁路，获得了批准。

这时候余联沅、洪良品、屠仁守、游百川、翁同龢、孙家鼐、徐桐等清议派又对此表示反对，对铁路百般挑刺，还提出了铁路只适合在边地修筑而腹地不可的荒谬说法。

李鸿章毫无畏惧，写信给醇亲王，对这些无理指责逐一批驳，有力地论述了铁路的兴建是有百利而无一害的。

李鸿章再次得到了军机处海军衙门的支持，两处在光绪十五年正月十五日，再次上奏批驳了清议派的无理言论，指出清议派强加给铁路的资敌、夺民生计、扰民的罪名根本不成立，反而会对军事调动物资运输以极大的便利，还说："创兴铁路，本意不在效外洋之到处皆设，而专主利于用兵。"尽管只提及军务，朝廷仍难以定夺，于是征求各省将军督抚的意见。结果赞同修筑津通路的只有两江总督刘坤一、署理江苏巡抚黄彭年、台湾巡抚刘铭传，剩下大多数官员不是不明确表态，就是强烈反对。

三月初五日，张之洞提出了修筑芦汉路的计划，起点为卢沟桥，经过河南到达汉口。准备分四段修造，工期8年。同时还主张暂缓津通路的建设。

这个计划马上得到了西太后的支持。醇亲王只好让李鸿章奏请缓办津通路。张之洞与李鸿章对着干的做法，让李鸿章大为恼火。十月初八日他终于忍不住给张之洞去信，指责其计划空而不实，根本不可能实行："津通本可急办，试行有利，再筹推广，此各国铁路通例，乃因群臣中止。鄂豫直长路，实自公发端。尊论四宜，只可如此，筹划开矿，炼成钢铁，器款甚巨，岂能各省同开？"

然而朝廷竟于四月批准了张之洞的计划。对于铁路终获批准，李鸿章是很高兴的，但朝廷采纳的计划却是如此疏阔，这很令他担忧。他知道朝廷这样做是为了扶持张之洞，抑制他所控制的北洋势力过分强大："鸿章老矣，报国之日短矣！即使事事顺手，亦复何补涓埃！所愿当路诸大君子务引君父以洞悉天下中外真情，勿使务虚名而忘实际，狃常见而忽远图，天下幸甚！大局幸甚！"

郭嵩焘也觉得张之洞的计划漏洞太多，然而朝廷竟然予以批准，真太不可思议。于是写信给李鸿章，说：

> 香帅大言炎炎，读者心折，嵩焘观其文，无一语可为据依。……京师士大夫于津通铁路訾议甚力，而于香帅一疏，折而服之，无敢议及者。……嵩焘所虑者，独谓国家之力未足以堪之，将谋为富强之计，所费过巨，收效尤难，非经国之义也。

郭、李两人的担心成了事实，芦汉铁路果然出现了资金短缺的问题，难以动工。

俄国为了侵略东北和朝鲜，加紧了东方铁路的修建，北方出现了国防危机。李鸿章心里很着急，在光绪十六年向朝廷提出修筑关东铁路，加强对沙俄野心的防备。闰二月二十八日，李鸿章给醇亲王发了电报，请求醇亲王拨些资金，以便让吴炽昌带熟炼工程技术人员前往关东勘测地形，为筑路做好物质上的准备。十一月二十一日，醇亲王去世，庆亲王和李鸿章挑起了继续兴办洋务，筹办海军的重担。

光绪十七年二月十三日，朝廷批准了庆亲王的请求，让李鸿章负责关东铁路的修筑。五月二十四日，李鸿章任命了直隶候补道李树棠和记名提督周兰亭，让他们担任筑路总办，以直隶林西镇到山海关一段为首期工程，每年预算为 200 万两，其中 120 万两由户部支出，其余的由直隶、台湾、河南等十六省各出 5 万两补足。但当时户部根本拿不出钱来，李鸿章又不敢向朝廷索要，只好奏说："部库根本重地，不妨稍缓支取，须将外省岁拨八十万先行催解。"光绪十九年，到山海关一段告成。到二十年，由于要替慈禧太后筹办六十大寿庆典，海军军费和铁路经费都被大量挪用，以致工程难以正常进行，没能按原计划将山海关和关外连接起来。

到甲午年为止，由李鸿章督办建成的铁路里程已达 600 多里，在全国铁路总数中占的比例不算很大，然而这却是他多年心血的结晶，为铸成这些铁路，他不知遇到了多少的艰难险阻，这些成就足以让他欣慰了。他兴致勃勃地乘火车将防区中的军事部署作了一番巡察之后，上了一个奏折汇报说："臣鸿章于山海关校阅毕后，乘坐火车由新造铁路回津，六百余里，半日而达，极为便捷。沿途阅视所有桥轨工程，均极坚稳，每里工价较之西国犹为节省……"

中国人靠自己的力量，建成了造价低于资本主义国家的铁路，这是多么引以自豪的事情啊！然而，铁路在中国能够安家落户，李鸿章付出了不知多少艰辛的努力。多年来的风风雨雨酸甜苦辣，他心中一定有无限感慨。

# 五、争取利权

### 1. 创办机器织布局

李鸿章举办矿、船、路、电的事业时，都有制止中国利权流失的目的，而且很大一部分是为了巩固加强国防。

当时李鸿章手下人才济济，有组织系统，所以许多与军事没有太大关联的商务也归他主办。光绪初年开始，中国进口的洋布数量剧增，这对中国经济的危害仅次于鸦片走私。光绪十八年，进口洋纱值比中国丝茶出口值的总和还要多得多，达到了5000多万两。中国只有大力发展纺织业，才能与洋布洋纱竞争抗衡夺回利权。李鸿章很久之前已经发现了这一个问题，然而却找不到肯出面承办的商人。最后，他自个儿创办上海机器织布局，从此中国有了自己的新式纺织业，开始了与洋货竞争，挽回利权的努力。

光绪四年，御史曹秉哲向朝廷提交了《奏请仿用西法开采以利器用》，提出资本主义各国之所以实现了富强，是因为大量使用机器进行制军械、造船、织布的原因。同年，候补道员彭汝琮向北洋大臣李鸿章和南洋大臣沈葆桢提出让他在上海开办机器织布局，还亲赴保定将具体办厂计划报告李鸿章。李鸿章表示赞同，让他回沪立即筹办各项事宜。但他的名声太差，募不到足够的资金，作风又不切实际，故办厂之事中途流产。

光绪五年，李鸿章准备在上海杨树浦建立机器织布局，派龚寿图、经元善、郑观应等办理。郑观应草拟了《上海机器织布局同人》交给李鸿章，提出了招商集股40万两的计划，还提议仿照轮船招商局的先例，先借贷官银5万两作为资本，做出政府支持的姿态，好让人们增加对此举的信心，能

“闻风愈思兴起”。

光绪四年秋，上海机器织布局正式成立，由郑观应主持局务。他在上海《申报》上发表了亲自撰写的《招商集股章程》，一下子就轰动了整个上海，很快就募集了原定的40万股金，而且还多收了10万两。然而还不能满足人们的购股欲望，于是就“退还不收”了，原拟拨借的官款也不再需要。这些出乎意料的收获得到了李鸿章极大的褒奖。

郑观应又委托驻美副使容闳从美国选聘一位经验丰富、名声较好的纺织工程师来上海为织布局服务。丹科于是来到上海，实地考察之后带着中国棉花到英美各厂去试验。同时，织布局到美国选购设备，还在美进行了实际的操作，防止外国人的愚弄。

八年三月初六日，李鸿章向朝廷汇报了织布局筹办情况。他认为“古今国势，必先富而后能强，必富民生，而国本乃可益固，亟应仿造洋布以分洋人之利。”他说：

> 查进口洋货以洋布为大宗，近年各口销数至二千三百万余两。洋布为日用所必需，其价又较土布为廉，民间争相购用，而中国银钱转入外洋者，实已不少。……当经批准在上海设局试办。……查泰西通例，凡新韧一厂，为国中未有者，例得畀以若干年限，该局用机器织布，事属韧举，自应酌定十年以内，只准华商附股搭办，不准另行设局。

然而上海织布局设厂自开办以来，就面临着种种的问题，管理不善加上资金匮乏使得工厂已经几近破产，郑观应和经元善也相继离开了织布局。

光绪十四年夏，织布局发布了新的章程，说原有资本已经使用完毕，提出要重募新股，引起了不小的震动。马建忠、杨宗濂和杨宗瀚兄弟先后被李鸿章派往上海主持局务。

光绪十六年，第一批产品出厂了；光绪十八年，已经达到布六百疋的日产量，布匹还很畅销。当年共雇工4000人，共产棉布400码和棉纱100万磅；第二年已经开始分红，股息很高，为二分五厘，大小股东都喜获丰利。于是，李鸿章决定大规模提高棉纱的生产能力，让驻英公使薛福成协助购置

100 部新纱机。起初要的是每昼夜出纱 50 包的，后来又改要每昼夜出纱 90 包的，“愈多愈妙”；此外，轧花、梳花、清花和摇纱打包的全套设备也要配齐。李鸿章的喜悦之情溢于言表。

光绪十九年九月初十日，织布局发生了严重的火灾，厂房和存货一夜间化为灰烬。火灾发生的时候织布局曾求助于英、美、法租界请求派来消防队，却不予理睬。次日，洋报《北华捷报》一针见血地指出“织布局是属于李鸿章和他的朋友们的”。洋人对中国自办的民族工业，怀有强烈的敌意。这是因为，中国人的产品成为了洋产品的强有力的竞争对手，他们巴不得出更多的事，哪会去救自己的敌人！

李鸿章自然十分心痛，但他很快就又投入了重建工厂的事业中。他派盛宣怀由津赴沪，协同聂缉规等处理善后事宜。十月二十六日，他奏报了整个重办计划：

> 惟查洋货进口，以洋布、洋纱为大宗，光绪十八年洋布进口，值银三千一百余万两，洋棉纱进口，值银二千一百余万两；中国出口丝茶，价值不能相抵。……是以因势利导，不得不用机器仿造。……应以在上海另行设机器纺织总局，筹集款项，官督商办；以为提倡。……臣查津海关道盛宣怀，历办轮船招商局及各省电报局，著有成效，于商务洋务尚肯苦心讲研求。……拟派令暂行赴沪，会同江海关道道员聂缉规商明前办绅商，将局妥为结束，截清界限，分筹资本，一面规复原局，一面设法扩充。

经过了两三个月的努力，在上海机器织布局原址建起了华盛纺织总厂，还筹到了 100 万两的股本。同时，上海、镇江、宁波各地也建起了裕源、大纯、华新等 10 个分厂。一个英国人在自己写的《中国进步之标记》对盛宣怀仅仅 12 个月就完成了从前十二年间的全部建厂工作的能力表示赞赏。

这是一个庞大的计划：总厂要办纱机 7 万锭子，布机 1500 张；各分厂办纱机 20000～40000 锭子，分厂中有兼营布匹制造的办布机 200 张至 500 张不等。总规模有纱机 32 万锭子，布机 4000 张。当时张之洞在湖北的官纱厂也有纱机 8 万锭子，布机 1000 张，这样一算中国的纺织能力就为纱机 40

万锭子，布机 5000 张，日产量为纱 1000 包，布 10000 疋，一年可得纱价银 1800 万两，布价银 750 万两，基本上满足了当时中国市场。所以，李鸿章奏请朝廷授之专利权，“十年内不准续添，以免壅滞”。

**2. 推行官督商办**

以李鸿章为核心的洋务派在一定程度上改变了传统的耻于言利的思想，公然表示言利是谋国之远图。认为对国计民生是有益的，能拓展国之财源的一切能富强国家的事业都应尽快优先发展。留学外国的马建忠是李鸿章的得力助手，在国外向他报告说“西人以利为先，首曰开财源，二曰厚民生，三曰裕国用，四曰端吏治，五曰广言路，六曰严考试，七曰讲军政，而终之以联邦交焉”。他提出了先求富后强国的主张，回到中国后，李鸿章更是重用他了。

李鸿章创立洋务企业的一个指导思想就是“略分洋商之利”，提出与外洋进行商战。洋货的大量进口，掠夺了中国的财富，破坏了中国的手工业，中国经济难以振兴。光绪二年，对外贸易的逆差引起许多有识之士的担忧，开始重视商务。李鸿章也是其中之一，他认为长此以往会引起国家财政的重大危机，主要原因就是中国的国际竞争力不强。如果不赶紧扭转局面，国家将日益贫穷，人民生计也成问题，危及统治。因此，中国要自强以改变外贸态势，保护中国利益，争回失去的各种利权，主要方式就是“商战”。抵制列强的经济侵略是不见硝烟的反侵略战争。因此，李鸿章积极创办新式工业，扶助茶叶等农产品的出口。他还积极兴办铁路、轮船、电报、煤铁开采事业，力图与洋商进行商战。可见，李鸿章是近代保护利权运动的先行者。

然而，李鸿章的商战思想很大程度上是保守的，缺乏进攻意识。他只要求稍改现状稍分洋商之利，并不主张根本解决。为了达到目的，首先收回关税主权；其次要对外国的商业特权予以抵制；然后，建立中国自己的商务力量，脚踏实地地前进。

李鸿章的商务思想讲究宽容。他希望民间工商迅猛发展，出现豪富。但是，他还承担着国防重任，只能把主要精力放在以商养兵的商务活动之上。这样的事业必须由官方领导和主持，而且有商业性质，它往往和军事财政上的需要有关。自强运动中的轮矿电路四大政，就是这样亦官亦商的活动。上海机器织布局的布匹，只有部分用于军服装备，此外就几乎与国防没有什么必然联系了，可见其性质主要是商务性质，是为了“以扩利源而杜洋产”。轮矿路电四大政都靠政府力量维持。但从严格意义上说都非政务，而是商务，本应由民间经营，然而民间此时还力量不足。针对这种情况，李鸿章采取了“官督商办”的制度，这是适应国情的适当措施。

当时外贸竞争异常激烈，不难理解李鸿章创立官督商办制度的目的。外商的资金雄厚，技术先进，管理经验丰富，既受到本国政府的保护，又在中国享有特权。这使得他们在中国的商务活动占上风。中国商人则显得实力不足，要想能立足，必须依附外国洋行，逃避中国政府的苛捐杂税，也少了洋商的欺压，然而中国也受到损失。因此中国商人无权少钱，难以与外商竞争，只有政府给予支持，他们才能进行正大光明的商业活动。与此同时，政府不便出面保护某项权益时，可以让商人出面。官办企业中不给商人权利和保障，商人也不愿出头，只有官方予以支持，维护其权益，商人才愿出来与洋商竞争。官督商办，解决了这两个方面的问题，协调了官商的合作关系。

早在招商局创立时官督商办制度就开始形成，逐渐成为洋务派所办民用企业的主要管理形式。具体作法是由官方垫出一部分资本，照传统的发商生息方式贷出，同时派官员监督企业的经营，完成政府的指示，并处理协调对外以及对政府的关系，使企业在政府的保护下健康发展。商人则负责企业的实际技术性工作，以民厂为名，在民间招募民股。

官督商办制度是商战的需要制出的。当时所办这些商务事业都是为了与洋人争利。可以说，官督商办企业就是商战单位。

在半殖半封的社会里，官督商办的企业能够得到政府的保护和支持，创办和发展都比较容易，一般规模也要比私人企业大，竞争力比较强，是中国早期工业的基础。要不是李鸿章颇具战略眼光，这样的成就就很难取得了。

李鸿章之所以提出“官督商办”，是他对资本主义国家经营方式研习的结果，是为了保护中国企业的发展。

李鸿章通过对洋报的广泛阅读，了解到“泰西各国商务，多由国家出费帮贴”，因之加以学习仿效，差不多每个洋务企业都得到了经他申请的国家扶持。

护商措施通常有两种方式：一是让企业拥有特权或专利；二是通过立法使之处于有利的竞争地位。

中国人还没有足够的能力在与洋人的公平竞争中取胜，授予他们特权就使之处于商战中的有利地位，起到保护尚未强大的新兴工商业的作用。这些特权往往有资金扶持以及优惠税率等等。在资金支持上企业初创时往往得到官方拨款补助，企业经营出现资金问题，官方也常常是鼎力帮助。当时的轮船招商局一直与外国轮船公司进行着激烈的竞争，美国旗昌轮船公司就因竞争落败被招商局收购。招商局每每出现资金见绌，这时李鸿章都会千方百计地弄些经费以助其渡过难关。这是他学习西方国家扶持本国经济的结果。

此外，清政府还进行相关立法，以限制进口商品倾销，确保本国商业不被挤垮。中国在鸦片战争后的很长一段时间里，一直坚持防止外人进入内地，害怕这样做会带来大量的治安和社会问题。后来不得不允许外国传教士进入内地，只好全力防止外商到内地经商，以保护中国商人在内地的商业利益。光绪十三年（1887 年），在中日修约谈判时，李鸿章就坚持反对允许日本人到内地举办商务。同时规定，外国商人不准涉及铜钱、米谷等经济生活的必需品的售卖。此外，还禁止洋人通过投资、合资，或借款等形式控制轮电路矿等重要企业。尽管李鸿章赞成借洋债筑铁路，但不允许洋人加股干涉路政。此外，招商局、矿权、电报等重要事业都十分注意防止洋人的插手，防备严密。为防止因洋商设厂使用机器损害中国利益，也不准洋人在中国举办加工业。

当防止外国商务活动难以奏效时，便由政府出面扶持本国的企业与之抗衡。轮船招商局与英国太古、怡和公司进行跌价竞争时的规定有力地证明了这一点。

李鸿章的商务思想是卓越的，但还是在一定程度上受到时代的局限。

洋务思想制约了他的商务思想。洋务运动的本质就是政治性的，因此政治的需要被置于经济效益之上。新事业的举办一定要与外交、军事或财政的需要拉上边才能获得批准。因此李鸿章在倡导一项新事业时，都不忘赋予它重要的政治意义。他精明的政治头脑限制了他的思想，那些与军事、外交、政治等联系不是很密切的商务自然难以令他垂青。因而，由他建立起来的近代工商业的基础涉及的行业面不是很广泛。他创办了各种学校，却唯独没有商务学校，所派留学生中也没有学习商务的。然而，他在举办商务时正是缺乏具有商业专业知识的人才。

# 第六章　饮誉海外

## 一、外交显胜

### 1. 中秘条约保护华工

从 16 世纪开始，中国沿海一带就有西方殖民者拐卖人口的事件，这就是猪仔贸易。秘鲁就是当时极力进行这种活动的主力。1854 年，由于秘鲁颁布了解放黑奴法令，造成了本国劳动力的极度缺乏，因此秘鲁开始实行“中国人法令”，采取鼓励掠夺中国劳动力的活动以补充劳动力的不足。这样一来秘鲁大大地加强了掠夺华工的力度，1864 年有 6000 多人，到 1875 年已达 11 万人。华工在异国他乡遭到了非人的残酷待遇，这引起了李鸿章的深切同情和高度关注。他说，在秘鲁华工“十人有九人死于非命”，要是还不制止这种非法的活动，那么“荼毒人民，将何以了期”。

1873 年 8 月，秘鲁与日本签订了友好条约，其全权大使葛尔西耶随后来华。他想在北京与中国签订条约，结果未能如愿。

10 月中旬，葛尔西耶到了天津，与李鸿章谈判长达八个月之久。李鸿章想借此机会“严定招工章程”。而葛尔西耶却想着使拐运华工合法化。两国的想法是截然对立。

10 月 24 日，在第一次谈判中葛尔西耶拒不承认秘鲁迫害华工，反倒狡辩说秘鲁有保护华工的法律。李鸿章又举出历年来的案例为据，其中包括 1869 年和 1871 年华工先后联名所写《诉苦公禀》，叙述了华工在秘的悲惨遭遇：他们不分昼夜地工作，有时甚至在工作时还戴着枷锁，他们吃不饱穿不暖，工作环境十分恶劣；雇主也不把华工当人看，任意刑杀，很多人无辜死去。这一切都“叠经控发有案”，中国人是不会视而不见的。只有秘鲁首先无条件送回被拐的10万华工，而且不再进行这种非法活动，中国才同意签约。李鸿章态度强硬得很。

葛尔西耶自恃有英法的支持，谈判时飞扬跋扈，以为这样能使李鸿章乖乖就范，然而却碰了一个硬钉子，吃了一惊。

10月26日又开始谈判。葛尔西耶继续为迫害华工进行辩解，同时还要到北京呈送国书，想借助各国公使的力量，迫使清政府就范。李鸿章拿出了华工《控苦公禀》原件，葛尔西耶不得不在事实面前低下头来。随后，李鸿章又说：“汝国凌虐华工，我大皇帝久有所闻，亦必不喜尔递国书。”有力地打击了葛尔西耶的企图。后来，他告诉李鸿章秘鲁与日本订约也不过七个月，所以也想与中国尽快签订条约。李鸿章反驳道，“汝来中国即耽搁三年，恐仍议约不成。”因为“拐去华人十万之多……交涉三年如何说得清楚”，这杀了葛尔西耶个措手不及，无言以对。

此后的数次谈判中，双方仍是争执不下。李鸿章告诉他中国的原则是先订立保护华工章程，由中国派员赴秘调查，然后再订约。但葛尔西耶对此积极的建议置之不理，拒绝送回被害华工。他扬言：对华工“保护不保护，全系立约不立约，欲得一言，以定行止”。他还以回国断交来威胁清政府同意鉴约，而李鸿章还是坚决不予让步。

葛尔西耶在天津呆了两个月，根本无法达到目的，他抱怨天津是“不好的地方”，前往北京。

但总理衙门仍让他回到天津与李鸿章继续谈判。葛尔西耶请来英国威妥玛、梅辉立，美国的施博和法国的林椿等各国公使和领事来调停。这些人表面上好像是中立的，实际上却是向着秘鲁一方的。

英国公使威妥玛让梅辉立来天津转告李鸿章：秘鲁不远万里遣使来与中国谈判定约，“若中国置之不理，必为各国所轻视”，催促他尽快签定条约，而且“无庸请用御宝，亦无庸定期互换”。李鸿章认为这是私定条约的事，坚决不答应，说：“此层实难遽允。”他对英国公使袒护秘鲁一方很是不满，对着梅辉立就把威妥玛批了一通，还让梅辉立转告威妥玛，“若必强中国以难行，万万不能从命”。

1874年5月，葛尔西耶又回到了天津，重新谈判。

李鸿章十分清楚这次谈判的重要意义，知道自己担负着华工今后的命运，只能竭尽全力为他们争取权利。他在重大问题上“逐层辩论”“再三驳改”，终于签订了查办章程草案，在华工的保护问题上取得了一定成果。

之后，葛尔西耶提出了条约的草稿，共五十一条，说要按国际习惯签定条约，态度很强硬。李鸿章也不示弱，也针对性地提出二十条，这回葛尔西耶还是反对，双方都坚决不让步，谈判毫无进展。后来李鸿章考虑到如果不尽快达成协议，“在彼华人十多万人不免更受毒害”，总理衙门也示意可做一些让步。最后，李鸿章依国际法与葛尔西耶就通商条约十九款和已经订立的查办专条进行磋商，在双方都做出让步的前提下，于1874年6月26日签订了保护华工的《中秘查办华工专条》和《中秘友好通商条约》十九款。

条约使得华工有了一定的法律保障。为了彻底解决贩卖华工和迫害华工的问题，李鸿章与葛尔西耶“反复争论，几乎舌敝唇焦至往复数十次”，终于有了令人较满意的结果，他一边向朝廷奏报，一边等着中秘建交，准备在第二年正式签约。

李鸿章接下来要解决秘鲁、古巴华工悲惨处境的问题了。年底，陈兰彬、容闳分别提交了古巴、秘鲁华工情况的调查报告。早在中秘谈判时，李鸿章已派遣容闳秘密赴秘鲁调查。这次调查取回了呈词、照片、口供以及证人，全部都显示华工的待遇比黑人更加悲惨，他们被卖开山、糖寮、种蔗和鸟粪岛等处，许多人还没有到合同年限就被打死或自尽，或是投入火炉、糖锅而死。血淋淋的事实证实秘鲁根本不执行条约。

光绪元年六月初八日，秘鲁换约大使艾勒莫尔来华，立即遭到了李鸿章的严厉指责，说秘鲁言而无信不履行条约，现在只有先落实查办和保护的办法，“或加订条款，或添用照会，再将前次议定和约一并互换”。李鸿章准备让秘鲁对保护华工作出书面保证，然而没有成功，于是他不再直接与秘使谈判，而是奏请清廷改派丁日昌代替自己，自己则在幕后指挥。

丁日昌根据李鸿章的方针展开了外交交涉。然而，双方难有共识，谈判几乎陷于破裂。

就在这时，英美提出担保，说秘鲁在换约之后肯定会交出照会。李鸿章还是强硬地坚持原先的意见，同时他致函总理衙门说：

> 从前尚未深熟该处凌虐华工情形如此真切，尚可含容将就，自陈、容二员节次分往详查，始熟该国虐待华工甚于犬马，受虐自尽者，每日不知凡几。凡有血气之伦，莫不切齿。今若不于照会内剀切议明，即含混与这换约，则是从前既往之华工不能使生，而随后复往之华工又将就死，而十数万日在水火，喁喁待援之人，更无来苏之望矣。

他提出，为保护华工的利益，必须慎重换约。朝廷同意了他的意见。他向秘鲁大使提出了最后通牒，宣布如再不让步，中方将采取行动：

> 一、暂缓批准条约；
> 二、将秘鲁违约及虐待华工情况公诸各国；
> 三、若依然拒绝于换约时添入照会，则不必去北京。

艾勒莫尔非常被动，他懊恼地说："看来莫若立即去日本好了。"

有了容闳的调查材料，李鸿章和丁日昌在谈判中更显强硬力了，对艾勒莫尔说："华工受苦之地方，受苦之时候，及欺凌人之姓名，皆确可凭。"

在事实面前，艾勒莫尔只好承认"容闳所言华工受虐情形算得凭据"。这样，他开出了相关的照会，李鸿章也在一些无关大局的问题上作了让步。

七月初七日，艾勒莫尔发表了一项声明要保护华工：秘鲁将给予"中国移民以最积极的保护，防止他们遭受最低限度的虐待"；保证他们"能安居乐业"以及"他们的人身安全与财产"；并保证对中国所派使者给予密切合作，与之切实商议华工事宜。中秘条约也在这一天于天津正式签订。

《中秘查办华工专条》在一定程度上改善了在秘鲁华工的待遇。这是中国近代史上具有标志性意义的护侨条约。从开始谈判到正式换约，经历了激烈的辩论，长达两年之久。事实证明，李鸿章是近代史上保护华工政策的首倡者，也是积极的推动者。

## 2. 烟台条约　洋人刮目

同治十三年，英国使馆翻译马嘉理带着总理衙门颁发的旅行护照，途经云南赴缅甸迎接英国探路队。当他和200名英军回到云南边境内的少数民族地区时，与当地居民发生冲突。光绪元年正月十六日，马嘉理和五名中国随从被打死，英兵探路队只好又返回缅甸，这就是“马嘉理事件”。英国公使威妥玛提出了抗议，同时提出六项要求，要中国政府进行赔偿并觐见清帝，还要改善税务等。

总署根据恭亲王的意思给了威妥玛答复，答应了赔款，然而不同意一并处理与此案无关的问题。接着李鸿章的哥哥李瀚章奉命赴滇处理，英国人也被允许共同陪审。直到五月，案件还是没有太大的进展，这下子威妥玛等不下去了，前往天津，告诉李鸿章总署办事效率太低，官员非撤换不可，说：

> 总署诸人如同小孩子，说来说去，总是空谈。一味说从容商办，定是一件不办……一向使臣到总署，必定吃饭，总署大臣陪座，一若饮食为交涉要务，使臣发言，大臣一个看一个，新大臣看老大臣，老大臣看恭亲王，恭王一发言，大臣便轰然响应。

他还提出惩办云贵总督岑毓英的要求，扬言英国舰队已经在烟台集结，要是中国再不做决断，中英开战将不可避免。李鸿章急忙向总署报告，提议接受威妥玛的全部要求，与英国谈判。

七月二十八日，朝廷批准李鸿章与威妥玛在天津进行谈判。

可是威妥玛根本没有诚意。他再次赴京，企图以开战要挟总理衙门。总署大臣文祥和他谈判，没有成议。于是他又扬言以离开北京威胁，正好李鸿章也到了北京，缓和了紧张的局面。

李鸿章是来参加同治帝的奠礼的，他利用这次机会，将自己对中外关系和中央与地方关系的调整问题上的看法与恭亲王进行了讨论。在中外关系上两人达成共识，觉得中国已经不能也不应以旧制处理涉外事务，应接受国际上通行的关系准则。在中央与地方关系方面，他们认为鸦片战争后能较为清醒地认识世界的唯有总署；与朝廷其他衙门相比，也只有总署能真正实行和平的外交方针。在地方上，不愿与外洋交往的情况更是比比皆是，他们根本不听中央号令，对已成条约进行抵制，列强往往以此作为侵略口实。九月十一日，恭亲王采纳了李鸿章的意见，下令各省督抚一定要按约对待持有护照的洋人，“随时呈验放行”，就算是犯了罪的外国人，也得“就近交领事官办理，沿途只可拘禁，不可凌虐”。

正在中英关系紧张的时候，日本乘机进攻清属国朝鲜的江华岛，中日冲突发生了。这实际上是英国政府早在50天前对日本进行扶持的结果。然而现任英国驻日公使正是当年英法联军侵华时的英国刽子手巴夏礼，他为英国开脱罪责，声称此举与英国无关。

李鸿章认为应先解决中日纠纷，两次建议由总署提出让礼部咨会朝鲜接待日使。朝、日签订了江华条约，宣告了中日交涉的结束。

光绪二年春，威妥玛由沪赴京。因为与日本的问题已经解决，所以奕䜣态度也强硬了起来。五月二十四日，威妥玛见没有什么成效，气呼呼地离开了北京，谈判又破裂了。这是他负责中英交涉后第三次离京了。奕䜣赶紧让李鸿章在天津挽留威妥玛，使谈判得以继续。威妥玛却提出惩处署理云贵总督岑毓英为条件后回上海去了。

清廷赶紧让总税务司赫德从中斡旋，同时也开始战争准备。

闰五月十九日，赫德来到天津与李鸿章就整顿商务问题商谈了一天，涉及到了赫德在京与总理衙门所议的土货出口、洋货进口、子口税划一办法，华洋各商领单纳税办法等内容。赫德也主张实行前英国公使卜鲁斯和美国公使蒲安臣所采取的较为温和的对华政策，而对威妥玛强硬态度不满。他对自己这次的上海之行能不能说服威妥玛也没有底儿，为免威妥玛误事，他让李鸿章建议朝廷速派人直接赴英国交涉。

六月初一日，天津海关税务司马福臣（A. Macpherson）带着赫德从上海发来的英文密信来见李鸿章，并当场译述。信中赫德告知李鸿章，威妥玛将于一周后前往烟台，要是中国派大员前往，他肯定接待，而中方应以李鸿章为全权大臣前往；谈判时，中国要“商办事件要大方，不要让一步又站进一步”。同时提醒中国不要利用最近的英土之争，因为“英国朝廷愿趁此机会叫别国看明白该国力量，既能在西洋作主又可在东方用兵，随意办事”。

李鸿章将信的内容记录看后转呈总理衙门，同时也陈述了自己的意见说：“时势艰难，度支告匮，若与西洋用兵，其祸更有不可测者。”提出不可开战，应当退让。

而当时以醇亲王奕谖为首的朝廷大员们都力主强硬待英。李鸿章指责“醇邸好大喜功”，同时陈述了不能开战的理由，说：“雪耻一战，则大黄芒硝，一剂立毙，弟手握疆符，心忧国计，所不敢出此也。”意思是要说明开战容易，要打赢可就难，而且中国太弱，经不起战争，我既然负责海防，就不能拿国防大计当儿戏。

李鸿章得到了恭亲王的支持，被任命为全权大臣，前往烟台谈判修约。

六月，就在李鸿章准备出发的时候，津、沪两地传出了各种谣言，使他难以立即动身。有的说中英开战在即，李鸿章去烟台会像20年前的两广总督叶名琛那样被英国人掳去，于是天津市民极力劝阻他不要离津。有的说英国人可能会拥李鸿章登基取代清帝；还有的说，一旦李鸿章离开天津，天津就将不得安宁。李鸿章把天津的情况写信告诉了奕䜣，说自己不能离津，不如邀请威妥玛来津进行订约，信中说：“深恐违众即行，不免谣说讹传，致生事故，先派道员许钤身等前赴烟台，邀其来津会议。”

奕䜣根本不同意，重开谈判是经历了极大的困难并在赫德的斡旋下才实现的，不能说不来就不来。他奏请两宫太后，于是朝廷下了圣谕，告知天津市民：李鸿章“系奉旨派往之员，必须前往会商”，这才解除了李鸿章的顾虑，同时也打消了天津市民的疑虑。李鸿章于是得以前往烟台。

七月二十四日，中英烟台条约议订。李鸿章除了惩办岑毓英等云南官吏之外，也同意了英国的其他要求。条约对三方面做了规定：一、滇案解决方案；二、“优待往来”办法；三、通商。

赫德一直担任李鸿章顾问。两人差不多日日面谈，即使是谈判非常繁忙的时候，也要于晚上10点在李鸿章的寓所里碰头，分析当日谈判的内容，以便为次日谈判提供对策。常常是通宵达旦，彻夜不眠。李鸿章对谈判的信心减弱时，往往得到赫德的鼓励：“不必担忧，只要你与我在一起工作，就会毫无困难。在我俩事先未取得一致意见以前，你不必言，不必行，不必允诺任何事情。”

赫德为什么那么给李鸿章卖力呢？这是由于他和威妥玛等人有矛盾，不能很好地合作。赫德常常对威妥玛有不满之辞，认为“威妥玛的态度预示着战争的凶兆，他的主要顾问梅辉立十分好战，在所有的方面都比巴夏礼更加巴夏礼”，所以他选择了为李鸿章服务，说：“在目下的危机中，我的处境不能再好了：它使我解脱了所有的焦虑，因为，不再在两堆火之间躲闪避让，我反倒可以坦然地站到一方，精力充沛地大胆工作了。”

赫德是英国人，所提的意见自然要有利于英国；然而他还担任着中国的海关总税务司一职，必须考虑是否能够保障海关税收。因此，签订的条约一公布，就引起了美、俄、德、法和西班牙五国公使的联合抗议。因为，列强们早就提出内地免厘的要求，然而烟台条约规定仅将租界内的厘金免去，这很大程度上遏制着各国对中国的经济侵略。虽然该约允许英国在云南通商，却是要等到五年之后才可以实行；条约也规定要开放长江口岸宜昌、芜湖，并且可派人到重庆驻扎，然而入川的水路异常难走，短期内也不能收到效果；此外，条约规定中国要遣使到英国致歉，这实际上有利于实现中国早已制定好的遣使计划；而“优待来往”一条，取消了清朝外交上封建的虚文褥节，中国外交礼节上也更接近国际通行的外交准则。

中国人一直把《烟台条约》当成是主权和利权的又一次受损，然而条约却在英国引起了争议。英国外相认为从“英帝国的观点看来”，该约是“很令人满意的”，然而英国商人们却很是不满。他们认为条约根本没有给他们带来任何现实的经济利益，说：“自从《烟台条约》公布以来，将近两年的经验已经证明了这个文件既不明智又无用处。用公正态度来审查，并以通常的理由来判断，它在事实上是毫无意义，不过是一大堆无意义的冗言赘语而已。”

中国在西方列强眼中是个弱国，而一个弱国杀害了外人后还能够订出一个基本满足外人的要求还在一定程度上有所抵制的条约，这不能不令外国人感到惊奇。当时就有外报进行评论，说：李鸿章一跃而成为世界外交能手，今后女人主政的中国将更多地依赖于他。

### 3. 与俄斡旋　身价倍增

左宗棠打败阿古柏，收复了新疆绝大部分领土，只剩下沙俄占据的伊犁了。清廷再三忖度，决定以外交手段解决，于是派崇厚赴俄对归还伊犁一事进行交涉。光绪五年八月十五日，中俄签订里瓦几亚条约，伊犁南境大片土地落入沙俄手中，中国还支付俄国500万卢布作为“守城费用”；此外，俄国还获得了许多商业特权，条约对中国主权和利益造成了巨大的损害。崇厚签订了条约，不等朝廷调令就私自返回了中国。

朝廷对这样的结果自然难以满意，下令让左宗棠、李鸿章、沈葆桢等挽回损失。十月初五日，李鸿章向朝廷提出建议，说条约的签订虽然给中国带来了巨大的损害，但是中国一旦违约“恐为各国所讪笑”，应予以批准。

这时，朝野上下都知道了崇厚对俄交涉的失败，故群起而攻之。崇厚被革职候审，后来又被定为斩监候。同时曾纪泽担负起赴俄再进行交涉的任务。

然而俄国根本不同意重订条约，摆出了一副武力威胁的架势。英国公使威妥玛告诉李鸿章：“俄已增兵，劝减崇厚之罪，则英国可调停俄国，使之接待特使曾纪泽。”

李鸿章回答道：“通常情况下，平常有5个弹劾的折子，就可以丢掉官，有15个到20个折弹劾就可以要命了，太后可以不罪崇厚，但现在已经有40个人要求斩崇厚以谢天下，崇厚命在旦夕。”

俄国为了使中国不毁约，以中国不友好为借口调兵遣将进行军事威胁。俄国海军增派舰队威胁大沽口；伊犁驻军也增加了10000人，海参崴边境上也驻扎了12000人的俄军，中俄战争几乎是一触即发。

这时，军机大臣沈桂芬因害怕自己推荐崇厚与俄谈判受牵连，竟一夜白头。

李鸿章还是没有放弃自己的主张，他为了避免恭亲王为主战派撑腰导致两国交兵，秘密致函于他，说：“军心不固，外强中干，设与俄议决裂，深为可虑。尚祈钧处主持大计，勿为浮言所摇惑，斯全局之幸也。”希望能从宽处理崇厚，以缓和双方情绪，为重开谈判创造条件。另一方面，他向恭亲王建议加紧备战，计划采购铁甲舰以巩固海防。

此时英国公使将法国希望中俄开战以收渔人之利的情况向国内汇报，提出英国应给予中国支持。

中国也知道，列强们都会利用中俄纠纷，趁火打劫。

面对危急形势，总理衙门开始积极备战，以李鸿章的名义邀请戈登来华，协助处理中国纠纷。

俄政府对“戈登到中国助战”向英国提出抗议，英国也不愿因此直接卷入争端，于是禁止戈登协助中国。

但是，戈登以来华“助和”而非助战为名，从英国出发了。

英国公使为了不得罪沙俄，让赫德转告戈登不要与李鸿章见面。

然而戈登还是在天津与李鸿章见了面。两人曾在镇压太平天国的时候并肩作战过，有很深的交情。李鸿章告诉他，自己是主张和平解决问题的。于是，戈登进京与醇亲王奕譞及总理衙门的官员们会见，力主和谈。他劝说清政府放弃，“俄国人可以在两个月内占领北京”。奕譞提出大沽炮台可以阻止俄军登陆，戈登则以“俄人可从陆路夺取”相对，戈登还指责醇亲王对地理知识是一无所知以至连翻译官都不敢翻译。最后戈登警告说：“和俄国打，将来赔款割地，损失更大于今日。”

戈登回国之前到天津跟李鸿章告别，提出了自己的意见，大致的意思是：中国应“速成立近代化陆军，勿与俄国开战。如要战，则迁都与俄人作持久的游击战，不要与之作正面战。中国军队吃空额的恶习必须革除”。后来，香港报纸登载了戈登的条陈。戈登的日记里说明，他此行完全是因与李的私交，是助朋友一臂之力：

> 我愿牺牲我的性命为鸿章服务。就为了李鸿章而占领北京（即推翻清廷），使鸿章为皇帝，则鸿章全无此心。我也不愿陷鸿章于不可能之地位。……鸿章乃中国今日的惟一救星，所以虽未被鸿章所召，此次到中国，却是为了鸿章。

又记道：“若中国以选举方法使鸿章在位，愿竭力以赴，但以武力夺取，亦有违我心。”

很明显，戈登希望李鸿章能取代清帝，更好地领导中国。

同治五年，李鸿章负责处理归还南京法国教产的事宜。由于他一直拖延，对法国的无理要求置之不理，法国公使伯洛内便借机向恭亲王进谗，说李鸿章有篡位之心，对他进行了攻击和诽谤：“且李鸿章之敢于误国，是自矜其有为有猷，懋官懋赏，口碑誉颂，骄气日盈，又见贵亲王事事优容，不加勉强，是以其有跋扈之势，欲于南方自雄焉。本大臣看上海及香港新闻纸，早有人说过，李鸿章有自由自主之意”，想利用这种卑劣的手段将他拉下台。

《景善日记》中记载了这样一桩事：光绪六年（1880 年），上海的《华报》根据对当时形势的分析，提出李鸿章有可能取代清帝，说：“中俄若开战，俄人将占领北京。只有鸿章可代中国与俄人谈和，鸿章必允俄人要求，俄人退出必立鸿章为帝。”李鸿章得知此事，气得不得了，马上查禁了该报。

当时的外国人大多认为李鸿章已具备了左右中国的实力，因而对他是否会做皇帝，做出了许多评论。

光绪八年（1882 年）十二月十五日，戈登返英，写了一封信给英国的远东问题专家，说：

> 欧人多愿李鸿章自立为帝。实则满清若倒，中国或将大乱，英国更不能通商。若鸿章果能自立为帝，则中国必在鸿章之英明领导下，联合一致，于英国利益更为不利。法国亦然。英人以通商为主，鸿章若自立为帝，岂不禁止英人售烟（鸦片）运货，更何利之有？中国实不应与法战。

此时，清政府的守旧派给外国人留下全是迂腐、盲目、不切实际的印象，所以李鸿章更显出深谋远虑，是个务实的人才，具备领导中国现代化的能力。一旦他登上最高权力地位，中国必将纳入正轨，各国的在华利益也将得到保障。然而，这只是西方人按自己的价值观作出的评判，他们不能了解，李鸿章开明的一面是受到脑子里根深蒂固的忠君思想所限制的。

## 二、粉碎日谋

光绪八年二月，李鸿章收到了哥哥湖广总督李瀚章的来信，得知母亲病重，于是向朝廷请假到湖北探母。

这些年来哥哥瀚章一直承担着照顾母亲的重任。去年冬天，母亲就染上了便血症。李鸿章派儿子经方前往替自己尽孝。这回一接到信，李鸿章就知道病情是很严重了。

三月初一日，朝廷放了他一个月假，同时任命两广总督张树声署理直隶总督。初七日，他正准备交接差事出发时又接到电报，得知83岁高龄的老母已于三月初二日去世。于是，他上奏《驰报丁忧折》，把一切地方政务和北洋事宜进行了交卸，分别由直隶藩司崧骏、津海关道周馥接管。等到张树声到任把一切接管之后，他便回乡替母守孝去了。

当时，法国又加紧侵略越南，对中国西南虎视眈眈，中法关系变得紧张起来。

三月初九日，朝廷上谕对李母进行了褒奖，然而没有允许李鸿章按制丁忧三年，让他在守孝百日后回到原来的岗位工作：

> 大学士直隶总督李鸿章现丁母忧，本应听其终制，以遂孝思。惟念李鸿章久任畿疆，筹办一切事宜甚为艰巨，该督细心经画，诸臻妥协，深资倚任，且驻防直隶各营皆其旧部，历年督率训练，用成劲旅；近复添练北洋水师，规模创始，未可遽易生手。各国通商事务，该督经理有年，情形尤为熟悉。朝廷再四思维，不得不权宜办理。李鸿章著以大学士署理直隶总督，俟穿孝百日后，即行回任。际此时事多艰，该督当以国事为重，勉抑哀思，力图报称，即以慰伊母教忠之志，有厚望焉！

同时，朝廷批准让李瀚章按例开缺守制。

三月十一日，李鸿章又向朝廷申请让他按例开缺守制，说自己并不是因为害怕困难不愿为朝廷服务，而是担心自己不开缺终制违反孝道和名教。十四日，朝廷用雍正朝和乾隆朝时大臣孙嘉淦、朱轼、于敏中等人夺情留任的例子劝阻李鸿章，让他“勿得再行固辞”。

虽然李鸿章对国家大事是时刻牵挂，然而也害怕封建礼教和清议派的非议。二十一日，他再次表示自己并不贪慕权势，还是请求终制。

二十四日，朝廷终于同意免去他直隶总督一职，然而还是保留了他的署理北洋通商大臣的职务，并且规定了他接下来的行动："李鸿章著开去大学士署理直隶总督之缺，仍俟穿孝百日后，驻札天津，督率所部各营认真训练，并署办理通商事务大臣。该大臣既经开缺留营，揆之金革无避之义，亦不背于礼经，此系曲鉴其恳切之忱，从权酌办，俾得忠孝两全，可无遗憾，当亦天下所共谅。"朝廷虽说是对李鸿章做出的规定，其实是以塞人之舆论，是为了证明李鸿章不是贪恋权势，之所以不开缺守制，是因为要顾全国家大局。同时，朝廷还让王文韶于二十九日来到天津，告诉李鸿章朝廷此举是倚重他，是一片好意，希望他能体会。

李鸿章觉得舆论方面已经没有问题了，于是让王文韶转告朝廷：要是百日假满后，国家没有重大事件，就让他续假营葬老母；如果有事，他一定回津为朝廷效力。

四月十四日，他从天津前往奔丧；二十六日，迎请亡母灵柩到合肥。

当时，李鸿章兄弟几人都是国家功臣，出了两个总督，在安徽甚至在全国也是少有的望族，老母的丧事办得当然隆重至极。

这时，朝鲜出现了变乱，日本趁机向朝鲜增兵，企图完全控制朝鲜，进一步加强对中国的侵略。

在日本势力急剧膨胀的同时，朝鲜王廷形成了对立的新旧两党。旧党首领是大院君李是应，朝鲜国王李熙是他的亲生儿子，因此他10年来把持朝政。他厉行闭关自守，对日本的侵略坚决抵制。新党的核心是王妃闵氏家族，他们要求国王主政，同时依赖日本。后来两党相争，旧党落败失势，新党掌权，用日本教官训练新军，将原来的军队裁汰，这样的军队自然问题重重。

光绪八年（1882年）六月初九日，由于新党的闵谦镐亏欠军饷，苛扣饷米，军队发生哗变。李是应支持叛军攻下王宫，王妃闵氏负伤而逃；接着攻击闵氏家族的宅邸，将闵谦镐和国相宰臣多人杀死。日本使馆被焚毁，日本教官被杀。日本公使花房义质侥幸逃脱回到日本。李是应控制了政权，自封"国太公"。

中国驻日公使黎庶昌迅速将此变乱向天津报告，与此同时，李是应也以朝鲜国王的身份给清朝礼部发了咨文。署理直隶总督张树声立即召开会议商讨对策。大家都觉得朝鲜局势已是千钧一发，中国动作若稍有迟缓，日本将掳走朝鲜国王或是占领朝鲜都城，把朝鲜变成第二个琉球。于是马上派道员马建忠与水师提督丁汝昌带领扬威、威远和超勇3舰赴朝鲜观察。这时，日本的一艘军舰和水陆军士兵各700名先到了朝鲜，其中500人占领了朝鲜首都汉城，露出趁机侵朝的野心。马建忠初步了解情况后禀告国内，说大院君李是应利用兵变，翦除国王羽翼及新党，徐窥王位，中国如观望，后患不可言。清廷调派张树声派水陆两军遏制日本的侵略“阴谋”。

六月十九日，朝廷下诏给李鸿章：“李鸿章回籍穿孝，现计百日届满。北洋事务关系紧要，朝廷悬系殊深，著裕禄传知李鸿章懔遵前旨，即行起程，前赴天津，勿迟稍缓。”

怕他不回来，又于二十四日和二十九日连发两封谕旨，催他速回天津，部署海陆各军。

七月初七日，吴长庆率6营淮军抵达朝鲜南阳。初九日，日本公使花房义质率4艘兵舰也抵达了。马建忠告诉花房义质，中国出兵朝鲜的目的是平定叛乱，不是来给朝鲜斗争双方调停的，劝日本不要与朝鲜乱党交涉，表现出宗主国保护藩属国的姿态。花房义质不得不收敛了他的狂态，希望早日解决。马建忠等为了不给日方留下口实，决定把大院君作为乱党首领，拘捕起来，恢复秩序。十三日，吴长庆抓捕了李是应，并押赴天津。

七月初八日，李鸿章上《遵旨赴津办防折》，向朝廷表达自己的一片忠心说：“虽在苫块之中，眷怀君国，默念时局忧煎，不能处安。”准备七月十二日出发，返回天津主持大局。

他特意路过南京与两江总督左宗棠进行了会晤，要加强沿海沿江防务，之后又在上海了解各国的态度。

七月二十三日，李鸿章乘船抵达天津。二十七日接任署理北洋通商大臣。

按中国传统道德，李鸿章应丁母忧离任回家守孝三年，然而他才为母服丧百日就回到了岗位上，没有按制开缺。孝固然重要，但毕竟是私事，而尽忠是国事，孝要以忠为先。李鸿章此举被称为“移孝作忠”。

八月十日，李鸿章根据掌握的情况，向朝廷建议将李是应安置到保定省城，从此不让其返回朝鲜。朝廷按他的建议处置了李是应，然后让他赴朝收拾残局。

与此同时，吴长庆在朝鲜搜捕叛乱分子，达170多名，还让朝鲜国王复了位。

八月二十日，朝鲜遣使臣赵宁夏、金宏集等与李鸿章经反复磋商之后签订了《中韩通商章程》，共8款条文。前言首先特别指出中国对朝鲜享有宗主权，所有章程内给予朝鲜的权利都是“系中国优待属邦之意，不在各国一体均沾之例”。章程对过去两国互市旧章作了一定的修改，还增加了通商的口岸，规定朝鲜可以在天津留有大臣，而其他中国口岸也可分派人员驻留，中国的北洋大臣亦可遣商务委员驻朝鲜开放口岸。九月十二日，清廷批准了条约。清朝之所以能这么快速有效地平定一场朝鲜内乱，没有让日本人捞到太多的油水，更应归功于洋务运动所取得的进步。于是，朝廷在对张树声、马建忠、丁汝昌、吴长庆等平叛有功之臣嘉奖的同时，于九月初一日对李鸿章进行了特别嘉奖：“李鸿章创练水师，深资得力，著交部从优议叙。”

日本见清军很快就平定了朝廷的变乱，而且在朝军队数量远胜日军，没有采取强硬的行动，但为挽回些面子，便以“变兵焚馆逐使”为由向朝鲜索要赔偿。朝、日两国使者展开谈判，马建忠等签订了《日韩济物浦条约》，韩方赔偿日方损失55万元，惩办肇事凶手，日方不提割地、开矿及陆路通商等要求。但日方也争得了一点权利，第五款规定日本公使馆可置兵若干，如果朝鲜仍能守约，日兵可撤。正是有了这一规定，日本才得以在朝鲜长期驻扎军队。

光绪九年正月二十六日，李鸿章奏请批假回乡参加母亲于三月的葬礼。朝廷准奏，允许他休假2个月，同时仍由张树声代理他的职务。二月十八日，李鸿章交待好各项事务后离津，由水路赴皖。

三月二十日，李母被安葬在合肥东乡葛洲新墓，与自己的丈夫同埋一穴。李鸿章在《葛洲墓志》中饱含哀痛思念之情，缅怀道：父亲李文安为人忠厚耿直，为官多年赢得“包公再世”之美名；母亲李太夫人本为合肥李处士之女，贤淑孝顺，勤俭节守，教子有方，死后经谕旨尊为贤母。

葬事还没办完，朝廷的军机处紧急寄谕便接二连三地发来：三月十五日，命他马上回津处理北洋大臣所嘱事务；二十五日，命他赶赴广东处理越南问题。

他想：这一定是国家出了大问题了。在四月十一日收到最后一道寄谕让他暂驻沪统筹全局时，李鸿章觉得不能再耽搁了，马上准备出发。十六日离开故乡，二十二日抵达上海。

然而上海却不是李鸿章的真正用武之地。恰好，四月十八日，署都察院副都御史张佩纶向朝廷递交了《制敌安边，先谋将帅折》，提出国家现正处在危急时刻，应该召回李鸿章这样的才干之臣，让他署理直隶总督之名与法、越交涉，同时，让张树声回任两广总督。

壬午兵变中国遏制了日本对朝鲜的公开扩张，日本也清楚现在实力仍难与中国抗衡，同时俄国也在积极地插手朝鲜事务，因此决定采取“以华制俄”的策略，暂不反对中国加强控制朝鲜。

光绪九年，由于法国加紧侵略越南，导致中法关系恶化。光绪十年，法国海军在福建马尾全歼清福建水师，清遂向法国宣战，同时将驻扎在朝鲜的6营清军调至前线与法军作战。日本见中国减少朝鲜驻军非常高兴，准备趁此良机拿下朝鲜。后藤象二郎等开始寻求法国支持，企图利用法国军舰和借款实现这一目的。同时，竹添进一郎也返回朝鲜。

壬午兵变后，闵党在中国的支持下重掌朝鲜政权，因而由亲日转向亲华，强化自己的属国地位，人称“事大党”。中国撤兵令“事大党”忧心忡忡。与此同时独立党金玉均、朴泳孝等开始积极活动，与竹添进一郎秘密除掉事大党，掌握权力。竹添在财政和军事上给独立党支持，而且对起事进行煽动：中国仅三个营兵士，“绝无能为”。金玉均还说服了朝鲜国王李熙，得到了他的默许。

十月十七日下午六时许，独立党金玉均等起事，在汉城邮政局落成典礼上纵火，趁混乱之机对事大党进行了屠杀，同时将国王劫持，假传国王令旨让“日使入卫”。于是竹添带着早就准备好的200名日军进入，于次日宣布新政府成立。袁世凯此时正在朝鲜任清军指挥，迅速研究了对策。十九日，朝鲜大臣害怕国王被劫走，竭力请求中国出兵相助。下午，清军兵分三路杀人王宫，将日军击退。金玉均、朴泳孝等与竹添准备带着国王和王妃向仁川逃窜，遭到了国王和王妃的拒绝，之后国王、王妃反而逃到吴兆有营中。竹添和金玉均等见“挟天子以令诸侯”的计划彻底落败，只好焚毁了日本使馆，向仁川逃去，一路上，朝鲜人民对日本军队和侨民进行了袭击和骚扰。

这样，由日本阴谋策划挑起的甲申兵变仅三日便宣告失败。

此时中法战争正打得激烈，李鸿章不愿事态继续扩大。指示驻日公使黎庶昌“设法劝息”；同时让袁世凯等“坚壁勿动，以待调停”。而后来中、日两国都向朝鲜增兵。日本外务卿井上馨亲自赴朝缔结了汉城条约，规定朝鲜赔偿日本损失，以后日本有权派兵保护使馆，这埋下了祸根。

光绪十一年二月十八日至三月初一日，李鸿章与日本专使宫内卿伊藤博文在天津进行了七次谈判。日方准备实现中日同时撤兵，然而李鸿章没有借助清军在朝鲜的重大胜利，也没有对中国宗王地位加以强调，提出的条件要求过低。伊藤见势便临时提出要求中国应惩办肇事祸首。初四日，签订《天津条约》，规定中日同时从朝鲜撤出军队，今后如遇朝鲜有变，中日两国或一国派兵前应先通知对方，事态平息后必须撤退，不得在朝驻军。

但李鸿章在谈判中总是给伊藤脸色，让伊藤很没有面子。伊藤本想顺便解决中日琉球悬案问题，但李鸿章担心这又是日本人设的圈套，所以当伊藤表示日本可以对琉球作一些让步，请李鸿章亲自赴日谈判时，李鸿章觉得日本不会如此大方，一定有诈，便拒绝了伊藤，说“法事未了，碍难分身”。这次谈判给了伊藤很大的羞辱，他十年后又以其人之道还治其人之身，报复了李鸿章。

## 三、与法和解

### 1. 法军入侵

从咸丰八年开始，法国向越南发动了一系列的进攻，越南难以抵挡，被迫于同治元年与法国签订了《西贡条约》。同治五年，越南南方的 6 个省已完全为法国所占据。清廷当时无暇过问。光绪五年，法国驻华公使代办罗淑亚通知中国，法越两国已签署了和亲条约，也就是《和平同盟条约》。总理衙门很快作出反应，提出中国是越南的宗主国，有义务保护越南。同治五年，中国驻英法两国公使曾纪泽得知法国正向越南大举派兵，企图在红河一带开辟通商事务，于是提出了郑重的声明，对法越和亲条约不予承认。

光绪八年，法军占领河内，中法关系急剧恶化。马建忠才将朝鲜兵变理毕，又被李鸿章遣赴上海与法国公使宝海谈判。十月十七日，马建忠按照李鸿章的指示，与法使宝海订立三条越事办法：中国将滇、桂军撤回国内；开辟边界通商；越南红江南北分别由中法两国控制。次日，李鸿章向总署报告了情况，并建议下令滇桂前敌将领不再深入越地。

总署批准，通知前敌将领酌量退兵。法国公使宝海留在上海等候巴黎的批准。就在中法的谈判就要取得最后的成功时，法国内阁改组了，重新实行极端侵略扩张主义，中法关系再次恶化。

光绪九年正月二十九日，李鸿章发了急电给总署，说据马建忠从上海发来的报告，法国已改变了和议的态度，请朝廷赶快准备加强滇桂前线的防务。

当时朝鲜上下几乎是一致反对法国对越南侵略的。大臣们有的保护越南，觉得应重视保护越南外藩解体不可避免，不但琉球不能恢复，而且朝鲜、蒙古也会出现危情，提出一定要维护封建的宗主权；有的则强调越南与中国的唇齿相依的关系，认为“保越”才能“固边”。

然而，这时又出现了日本利用法国侵越侵略朝鲜的问题。因而朝廷中出现了这样一种意见，觉得朝、越均为藩属，两者相较，应以朝鲜为先为重。满族名臣宝廷说：“即失云贵，不可失朝鲜。”汉族名臣邓承修也指出直隶渤海的战略地位并非滇粤可比。李鸿章所持的正是这样一种观点。

三月，李鸿章丁忧离任，朝廷因朝鲜和越南事急，不得不命他迅速回任。到了二十五日，又命他按照古时“国有金戈之事不必守丧之法”赶到广东督办越南事宜，授权他节制全部广东、云南、广西边防军。

但李鸿章心里却想着越南不如朝鲜重要，不愿去广东。他想让袁保龄从中帮忙，让朝廷收回成命。此人为袁世凯族叔，与中枢中的李鸿藻乃是师生。三月里，袁保龄写信建议李鸿藻派李鸿章的大将刘铭传做“保越之将”，去负责指挥前线的部队；还极力夸李鸿章“志力宏阔”，不减当年，近来更加“亲贤远佞”，用人取舍都做得很好。四月初，袁保龄又写一封信给李鸿藻，内称：“重臣宜外示镇静，内顾根本，伐越人牵制之谋，则驻津便；即谓暂助声威，密通各国线索，为可和可战之地，则驻沪亦便。二者用各不同，而皆视驻粤远胜矣。”想让李鸿章在天津或上海坐镇，而不是待在广东。此乃向中枢人物疏通以助李鸿章之举。

四月初七日，朝廷让李鸿章坐镇上海，统筹全局。

十六日，李鸿章离开合肥前往南京。到南京后又停留了三天，和左宗棠就调兵运饷等事宜进行了讨论。二十日，他向总署说：“我现在正在和左宗棠讨论军队和粮饷的有关问题，左宗棠提出调动军队是可行的，然而不能再给被调走的部队发饷，但我觉得就连调集军队也并非易事。”

五月初四日，李鸿章和法国新任公使脱利古（又译为德理固）在上海会晤。脱利古拒不承认越南与中国的臣属关系，坚决要对越南采取军事行动。李鸿章掌握了不久前刘永福已在河内附近大败法军的情况；而且目前法国已向越南增兵，派遣了4艘铁甲舰、军舰和3000名陆军士兵；法国议院已做出无限制增加军费的决定，准备一血耻辱，而脱利古此行目的就是取消宝海原订协定。因此在结束了与脱利古的谈判后，他马上向总署报告，说：中国只有北洋的扬威和超勇和南洋的扬武、超武几艘可以用于保卫海疆，军队是兵单饷匮，海军还在筹建和训练之中，与法国开战无异以卵击石，如今之计应先与之周旋拖延，争取时间想别的法子。第二天，他又给张之洞写信，说明法国是想要因越南“孱小”而“逞强贪利”，拒不承认越南的中国属国地位，中法关系破裂是“意中事也”，但一旦开战，中国胜算不大。

十七日，李鸿章向朝廷提出备战求和的建议，并进行了分析：法国占领越南对中国构成威胁还是以后的事，而一但中法开战，那么中国将面临直接的威胁。如果中国出兵越南，法国将以此为借口攻入中国，影响整个国家。因此滇粤防务应以加强战备为主，同时应遣使赴法与之谈判。

朝廷先让李鸿章到广东，后来又调他到上海，对此李鸿章颇有微词，他给张佩纶写信说：“枢廷调度轻率，令人寒心。”但当得知朝廷已于十六日让他回任北洋总督筹划全局时，他满意了。他在回天津的途中顺便巡视了烟台、旅顺、威海的防务，于六月初六日回到了天津。

李鸿章已经发觉中国海防不足，在六七月间连上三折，提出三点要求：展修到通州的电报线；购铁甲舰，造铁路火车；开采煤矿。他声称中国的现代化一但实现，“外人断不敢轻于称兵恫喝”。

七月二十三日，越南被迫与法国签订《顺化条约》，越南成为法国的保护国，这表明越南国王已经倒向法国。这是公然对中国宗主权的侵犯，清政府十分恼火，九月二十日发布上谕：

> 法人已与越南立约，必将以驱逐刘团为名，专力于北圻，滇粤门户，岂可任令侵逼。现经总理各国事务衙门照会法使，告以越南久列藩封，历经中国用兵剿匪，力为保护，为天下各国所共知，今乃侵陵无已，岂能受此蔑视？倘竟侵入我军驻扎之地，惟有开仗，不能坐视等语。此后法人如欲逞兵于北圻，则我之用兵。固属名正言顺。……倘法人竟以兵力来华寻衅，必应先自戒备，着左宗棠、李鸿章、张树声、倪文蔚、裕宽，迅筹布置，不可视为缓图。天津密迩京师，关系尤重，李鸿章筹办海防有年，为朝廷所倚重，为天下所责备，尤应勉力图维，不得意存诿卸。将此由六百里各密谕知之。钦此。

八月十八日，法国公使脱利古与李鸿章进行了交谈，提出和谈的要求。二十一日，双方进行了第二次交谈，争执不下，谈判破裂。

在朝将领吴长庆曾提出调部分兵力回烟台。李鸿章于九月初三日回信，分析当前形势，说法越新约签订表明：虽然越南国王还在，但是越南已经投降了法国，朝廷里主张一但出现危急情况将调回驻朝之兵，但我认为不应慌乱，再过两月冬季到来，北方的各港口都封冻，自然就阻挡了在越南的法国海军北进的步伐。而且日本加紧侵朝，朝鲜的王公大臣们对中国的态度有所动摇，正在观望越南局势，想以此决定下一步的决定，这样中国驻朝大军更不应轻易回撤而应留驻，起到强大的威慑作用。

这些情况都说明，他认为朝鲜的战略地位远比越南重要，这也是他为什么不想在广东和上海停留，而极力要回到天津的真正原因。一般人们都指责李鸿章此举是要保护自己在北洋地区的势力，然而实际上此时朝鲜的局势也是极为动荡不安的，而且其问题远比越南严重得多。客观地说正是因为李鸿章及时返回天津，而且力主保持中国在朝鲜的驻军数量，才确保了北方的稳定。

总署也准备向各国通报法国对越南的侵略情况，同时命令边防部队迎击进犯的法军。九月二十六日，李鸿章向总署提出自己的意见，说中国一直对藩国实行的政策都是只注重虚文，光是进行一些册封和朝贡的虚务，没有采取实际有效的举措，而且也没有对法越西贡条约进行严厉的驳斥，以致让法国钻了空子。当前中国还不具备推翻本年七月的法越《顺化条约》的力量，建议朝廷暂时不要将中法争端照会各国，而应尽快以和谈的方式解决问题。但总署不予理睬，仍照会各国：中国坚决保护越南藩属。

这时清议派核心人物李鸿藻实际左右着总署，他“竟欲东讨日本，西击法兰西”。以他为首的清流派官员们根本看不到实际的情势，一味盲目要求排斥外国。这样，在八月的时候，广东沙面洋人聚居区里就发生中国人焚烧洋人房屋的事件。而地方官也听之任之。朝廷派彭玉麟赴粤办理防务，他也不对此事进行追究。此外，他对来访的外国人是概不接待。这样一来，20多天洋人都不敢来访。

近20年的和平局面眼看就要保不住了，李鸿章很担心，于是在十月十五日写信告知彭玉麟：“沙面毁洋房之案，尚未办结，各国纷纷猜疑，日有谣诼。目前必须镇压民心，勿令妄动，免致因风生火。”二十八日，又向总署报告，说现在中法还没有正式开战，而彭玉麟却已在广东发出告示煽动人民仇外情绪；而且禁止各国商船进口会引起国际公愤，故请求朝廷让彭取消告示，要不然就把他调离广东。三十日，朝廷批准了这个建议，下令彭玉麟不许张贴告示，不让他挑起仇外事端。

十一月十二日，法军海军中将孤拔指挥法国陆、海军由河内向越南北圻的山西省进攻。由于有越南官民作内应，法军于十七日拿下山西，驻守的黑旗军刘永福部退守兴化，清军岑毓英部和黄桂兰部也被迫撤退，形势对中国极为不利。二十六日，都察院左副都御史张佩纶被任命为总理衙门行走，奉旨前往天津和李鸿章就越南战事进行商讨，十二月初一日回京。李鸿章根据两人所议，奏上了妥筹边计折和妥筹前敌军事片，认为虽然清军在越南吃了败仗，但是用不着立即将其调回，而应当向越南增兵，提高武器装备，在相持中寻找最佳战机。应由岑毓英统一指挥黄桂兰部和刘永福部、赵沃部，由天津拨给桂军10尊山炮，4500支后膛枪。末尾，他表示了坚决抗击法军的决心，说国家养兵千日，现在正是用以解决国家危急的时候了。

李鸿章一贯主和，现在一下子变得强硬了。光绪十年十二月十二日，李鸿章写信向翁同龢解释这变化中的原委说："越事之兴，尚冀迎刃而解，息事宁人。今则局势屡更，彼此皆骑虎难下。自不得不坚持，以待机会。然岑（毓英）、徐（延旭）皆非能了事者，仍在枢轴之相时操纵耳。若仅在越地鏖兵，利钝无甚关系，波及内地，则各省强弱不齐，民穷财匮，实大可虞……我公忧国如家，知必长虑却顾也。"在十五日给军机大臣李鸿藻的信中又说："鸿章于事初不敢力主进取，实见得各省戒备，未尽精整，或至一发难收。今山西挫退，敌焰正张，我军已扎北宁。洵如尊旨，只有增军缮备，一意坚持，以待事机之转。"战事未开，自然要尽力争取和平，现在既然已经斥诸武力，又吃了败仗，求和这条路已经彻底堵塞，那就只能加强战备了。很快他又请求朝廷派宋庆添募 4 营人马在营口驻防，派曹克忠选勤奋 6 营在烟台和威海一带驻防，以加强北洋的防务。

光绪十年二月，越南北宁、太原相继落入法军手中，驻越清军败回国内。朝廷震怒，下令将负责前敌指挥的广西巡抚徐延旭和云南巡抚唐炯革职查办，另调潘鼎新和张凯嵩分别署理。同时，清议派也藉此大肆攻击主持中枢的军机大臣们。慈禧太后于是改用礼亲王世铎为首的新人，全部裁撤了原班军机大臣，总理衙门也都改为庆亲王为首的人控制，这样一来军机处和总署两处大权都为慈禧的妹夫奕谖把持，而她在幕后操纵奕谖，把一切大权都牢牢地握在手里。

### 2. 签订和约

光绪十年三月二十二日，前天津税务司德璀琳带着法国海军舰队总兵福禄诺给李鸿章的密函来到中国。福禄诺曾在光绪五六年呆在天津，与李鸿章结下了友谊。密函中他表示愿意作越南问题的调解人。两天后，李鸿章建议总署应尽快了解越南问题，说："与其兵连祸结，日久不解，待至中国饷源匮绝，兵心民心摇动，或更生他变；似不若随机因应，早图收束，有裨全局矣。据德税司云，福禄诺与之要约，八日内在烟台候信，如廷议许其讲解，应请先给回信，再由鸿章察看福禄诺如何议论，倘彼国有大员来津，届时应奏请钦派大臣前来会商，相机筹办。鸿章身任疆事，分应备兵御侮，不敢专主和议，伏乞鉴原。"

李鸿章主张接受福禄诺调停，然而为不被主战派大肆攻击，只好说"不敢专和议”了。

总理衙门将他的建议向慈禧太后报告，太后指示“事属可行，许其讲解”。于是总理衙门下令，让李鸿章与福禄诺在天津谈判。

四月十二日，李鸿章在天津与福禄诺商订简明条款五条，次日李鸿章向总署汇报，还特意指出谈判的背景是“我军溃败之后，如挽逆流上水之舟，鸿章实智尽能索，若于此外再有争较，则事必无成，患更切近”。总署又以此上奏朝廷，获得了批准。

> 时适因所议简约，虽蒙圣明曲谅，而都人士啧有烦言，若闻福酋又请限期退兵，必更哗躁，徒惑众听，臣又明知事难照行，而约款未可遽背，欲令岑毓英、潘鼎新照调回边界约文，自行斟酌妥办，实具委曲求全之苦衷，固未敢遽以上闻，致干圣怒，亦未立即告知总理衙门……

四月十七日，中法两国正式签订《中法简明条约》。

当时，福禄诺曾提出中国将军队撤回境内的要求，然而李鸿章没有同意，此事可进行对质证实。然而，李鸿章觉得很可能成为法国进行侵略的借口，这样一来，越南问题又复杂了。

十四日，法国外长茹费理给李鸿章发来电报进行抗议：“我们为保和局，并利益两国起见，订立要约，乃墨迹未干，约章已背，法国派兵800名往取谅山，广西竟遣兵万人击之。阁下允西历本年六月六日，即中历五月十三日，谅山退兵，我甚相信阁下之言，惟阁下发令，并未照行，中国国家如此办事，其责成殊属可畏。水师提督孤拔统带两军北上。”

形势对中国越来越不利，李鸿章于是拟定了致茹费理的电稿，想要解释之所以出现冲突纯属误会，请法国不要太介意。并让中国驻巴黎的使臣李凤苞译成法文转交。电文如下：

> 来电敬悉，贵大臣以谅山一役，深抱不平，本大臣亦歉然于怀。惟是中国定例，凡将士驻守之地，非奉旨万不敢退，即有旨退兵，亦应由驿站转递，路远不能即到。故福禄诺临行时，业经告

明，限期退兵之说实不能行，不料谅山遽有战事，此非两国国家之意，亦非两国大臣之意，其中必有误会，尚望贵大臣勿忘睦谊，尽释嫌疑……

这时，李鸿章的旧部刘铭传奉诏进京，于五月二十日路过天津，住了几天才进京，朝廷让他赴台湾筹办防务，他于闰五月十二日请训完毕，又到天津与李鸿章对这一问题进行了商讨，十八日由海路出发。

此时，新任法国公使巴德诺不同意到天津进行谈判，而法国海军司令孤拔也扬言要动用武力攻下中国沿海地方，准备以此要挟中国赔偿法国军费。针对这种情况，清政府不得不下令让沿海各省将军督抚和将领们做好战争准备，局势处于危急之中。

二十四日，李鸿章致函以刑部右侍郎入总署的许庚身，说："内外局势屡变，皆出人意料之外。赖公等持危扶颠，干济艰巨。弟虽谤满天下，他日犹得为山野之草民也。越事已同破甑，近复叠起波澜，震动沿海。彼欲难餍，我饷莫支，愈久愈危，亟宜设法收束。蚊肩绵力，其何以堪?"对于朝廷受到主战派的影响，在和与战之间动摇，李鸿章表示了极大的不满。同时他想也许能利用在总署办事的机会削弱主战派的影响，为议和创造条件。

### 3. 争取和平

李鸿章希望刚进总署的张荫桓也能够为求和做些工作，于是致函道："法事粗定，不意又起波澜。……执事值此时艰，赞襄机要，但冀焦头烂额，救熄燎原，中外蒙福不浅。鸿章以丛谤之身，只有竭力修备。……总之，和局翻一回，更坏一回，求如前约之粗疏而不可得矣。"同时，又在写给顺天府尹兼总署大臣周家楣的信中表达了对当前局势的看法，说："当轴摇惑，前所罕见，朝令夕更，洋务愈益难办。"

新任法国公使巴德诺一直呆在上海，然而却无意赴津谈判。朝廷让两江总督曾国荃赴沪谈判。但曾国荃极不情愿，致函总署说自己"万万不敢与闻和议"。李鸿章劝曾国荃不要只计较个人得失，应以国家大局为先。六月初四日，曾国荃为李鸿章说服，到了上海，开始谈判。

六月初七日双方第一次谈判，巴德诺果然向曾国荃提出更为苛刻的条件：一、清政府裁撤刘永福的黑旗军，不再予之支持；二、向法国支付2.5亿法郎，合中国银1250万两的赔款。曾国荃只同意支付对法国伤亡者50万两白银的抚恤金，谈判因双方分歧过大陷入僵局。六月二十八日，清政府宣布停止和谈，让曾国荃回省备战；同时，命李鸿章电告各省加强防务。

六月中旬，台湾基隆首先遭到了法国海军的攻击，刘铭传指挥清军进行了抵抗。同时，清政府对法国此举提出抗议。

二十九日，总署接到了法国的最后通牒，要清政府对法国给予0.8亿法郎军费的赔偿，分十年付清，否则两日后法军必有行动。

三十日，李鸿章收到总署的通知，他见和谈已彻底无望，马上下令南洋、台湾、闽南等地加紧部署。同时，让张之洞转命潘鼎新和岑毓英的部队即刻向越南开进，又电驻法公使李凤苞离开法国前往柏林。七月初一日，驻德使臣李凤苞奉旨选聘50名德国军官返回天津，法使谢满禄也于当天下旗离开北京。中法战争一触即发了。

七月初三日午后，早就在马江口驻扎的法国海军舰队发动了对福建水师的突然攻击，结果扬武等7艘军舰和马尾船厂被击毁。接着，马江沿岸炮台也遭到法军攻击。

初四日，李鸿章得知法军已经不宣而战。初五日，总署发去电报，客观转述了福建的战况说："昨接上海电告，据美国军舰探报，我福建水师军舰尚有三艘，两只完好，一只搁浅；法军舰沉一艘，伤二艘，一艘已经出口，马江内尚有七艘；船厂房屋没有全毁，已被法军占据；张师尚驻鼓山，何璟已回省城；张佩纶初四日电称驻扎于山村，陆军尚在支撑，但无炮难于相恃，大局不堪设想，并难以再振。"

中国参加马尾海战的福建水师共有军舰11艘，然而皆为木质舰，装备差，最大的旗舰扬武号排水量也只有1400吨。法舰队8艘，军舰都有铁甲防护，最大的有4727吨，另外排水量超过扬武的还有3艘；此外还有两艘鱼雷艇，航速均达到了16节，实力远在福建水师之上。

其实，法国舰队已于闰五月二十一日进入马江口内监视和威胁福建水师了。而中国并没有意识到这已经违反了国际法，仍觉得两国尚未开战，没有采取先发制人的攻击。李鸿章已觉察到此中的危机。六月初六日，他写信告诉总署张荫桓，说"马尾船厂危如累卵。幼樵（张佩纶字）屡电，尚盛称军威，亦不自量之甚矣！”

七月初一日，外商得到法国通知都已纷纷撤离，然而船政大臣何如璋、会办海疆大臣张佩纶却将法国的最后通牒秘而不宣，没有采取有力的备战措施。这时，清廷共有4名重要官员在福建，分别是闽浙总督何璟、船政大臣何如璋、会办福建海疆大臣张佩纶和福建巡抚张兆栋。这两张两何在马尾遭袭后手足无措，只顾自己逃命，根本没有组织有力的抵抗。当地的民众对此恨之入骨，把总督衙门的大门都拆毁了，还编了顺口溜嘲弄这四名大员：“两张没主张，两何没奈何。”

这仗不打是不行了。七月初六日，中国正式向法国宣战，同时清政府还通知大小官员，朝廷已决定对法作战，不许再提和谈之事，违者必处重罚。

马尾海战之后，法军控制了制海权。七月初九日前后，法舰多次进犯台湾的基隆和淡水等。由于兵力不足，刘铭传下令破坏基隆煤矿，不让其落入法军手中。八月十三日，法国舰队11艘舰只在孤拔的指挥下攻破了基隆炮台，同时向淡水发动了进攻。刘铭传认为淡水更靠近台北，于是放弃了基隆，加强淡水的防守。八月二十日，提督孙开华率军力战，挫败了法军在淡水登陆的企图。九月初五日，法军对从台湾北边的苏澳到南部的鹅銮鼻长达300多海里的海峡实施了封锁，禁止任何船只通过这一地区，船只只能在离岸五海里以外航行。法国已开始用海军切断台湾和大陆的一切经济和军事供给，企图困死台湾。初七日，李鸿章向总署转述了刘铭传的电报，同时加上了自己的意见说：

> 初二日法国又来到六只军舰，总计在台北已经有二十只了。法军兵势太大，日内必有一场恶战。如果十日以后还没有电报，就是台北保不住了。铭传誓与将士拼命死守，保一日是一日。但现在火药已缺，没有食盐，百姓混乱，饷路已阻，台湾局势不堪设想，可为痛哭。李鸿章阅刘电后亦为之痛哭流涕。奉到电旨，命派南北洋得力快碰铁肋兵船，多带兵勇器械，由其他口岸登陆支援。鸿章岂忍坐视不救，但北洋只有超勇、扬威，驻于旅顺海口；南洋也只有快船三只，即超武、扬武和澄庆，铁壳只有五分厚，绝对挡不住法国的铁舰巨炮，而且船小无法装裁军械。请枢廷另外想办法。

虽然李鸿章一再强调自己的困难，然而他还是让扬威和超勇两舰会同南洋五舰前往增援台湾守军。同时，聘用德国人式百龄作为这支舰队的指挥官。

就在台湾吃紧之时，朝鲜发生甲申兵变。这次兵变是由日本一手策划，并与朝鲜亲日的独立党人共同实施的，企图建立亲日的朝鲜政权以取代原来的亲中政权。一切迹象都表明日本想趁着中法战争之机混水摸鱼，控制朝鲜。

李鸿章一向认为朝鲜较越南重要，立即向总署表达了自己的主张，要求朝廷先保朝鲜，提出调回在赴台途中的超勇和扬威两舰前往朝鲜，防止日本的阴谋得逞。朝廷很快就派他负责处理朝鲜问题。

然而李鸿章并没有因此停止对台湾的关注，他对法军封锁台湾海峡很是担心。十二月初七日，李鸿章命令淮军聂士成部 870 人带着武器装备和 2 万余两饷银离开山海关，于十四日在台湾台东登陆。当地的高山族同胞非常高兴，都说“天兵又至”，驾着竹排帮助清军登陆。

同时，李鸿章与法国领事林椿进行了交涉。林椿按法国外交部所订方针提出了四项要求。其中有两条分别是将基隆、淡水交由法军占领，和法国拥有管理基隆煤矿和淡水关税若干年。李鸿章尤其反对这两条，一直不同意。后来，外籍海关职员德璀琳告诉李鸿章，根据福禄诺密电的说法，中国如不同意这些要求，那么被占领的将是整个台湾。然而，李鸿章没有被吓倒，决不妥协。德璀琳于是前往北京，继续活动。

后来，李鸿章让盛宣怀与林椿再进行磋商，结果达成了中国较为容易接受的协议：中法停战，清军向保胜、谅山一带撤退，法军则在基隆和淡水暂时驻扎，双方正式签约后同时撤离。同时，中国要向法国贷款 2000 万，一半用于购买法国的船械和铁路材料，另一半拿来整顿海陆军和建造铁路，分四十年还清本息。林椿表示，该方案还须清、法政府共同批准。此后他前往上海，说服巴德诺。

这样的协议自然对法国资产阶级非常有利，但对中国的建设事业也是非常有好处的。因此，李鸿章将盛宣怀整理好的专呈提交总署，请其批准。还说，如果不抓紧时间签约，那么法国增调军队进攻台湾，局面将无法挽回了。

然而法国没有同意这套方案，一定要按原来的四个要求进行和谈，李鸿章算是白忙了。

十二月二十九日，尼格里指挥法军进攻谅山，准备以陆战上的胜利向清政府施加压力。谅山遂落入法军之手，苏元春、潘鼎新向镇南关撤退。

光绪十一年正月初九日，镇南关失守，法军焚关之后又回到了谅山。左宗棠手下大将杨玉科殁于此役。潘鼎新所部退守广西凭祥，好在有按察使李秉衡和提督冯子材及时赶到龙州设防，才不致造成更大损失。

朝廷任命冯子材做前敌军务帮办，加强镇南关的防务。

二月初八日，法军再次发动对镇南关的进攻。冯子材虽已年近七十，然爱国之心不减，他身先士卒，带兵向法军发动冲锋。总兵王孝祺督阵，亲手杀死了几个贪生怕死的士卒。这下士气大振，将士们奋力杀敌勇猛无比。法军伤亡惨重，进攻被打退。清军乘胜出击，收复了文渊阁、谅山多处失地。

二月十二日，李鸿章高兴地向总署报告了战果：

> 初八日，法加兵大战，四军（指冯子材、王孝祺、苏元春、蒋宗汉部）悉力分剿，大获胜仗，追贼出关，割取首级一百余，伤贼一千余人，自越中用兵，未有如此大捷者。

法军镇南关大败，导致了茹费理内阁倒台。二月十五日，中国驻英公使曾纪泽建议朝廷趁此良机与法国议和，这样对中国较为有利。

二月十六日，李鸿章也向总署报告了法国内阁垮台的消息，说虽然法国内阁倒台不见得单是因为越南失败，但新内阁肯定会实行与前任不同的政策，而且清军已收复谅山，军事上取得了胜利，清政府应趁此良机与法国谈判，可取得有利地位；如果还要继续用兵，那么胜负就很难说了。乘胜即收是他与曾纪泽共同的意见。

这样，中法双方议和的步伐都加紧了。

早在光绪十年，海关职员英国人金登干就以索还“飞虎”号轮船为名到了巴黎，现在他更努力与法国议和。二月十九日，法国外交部次长毕乐与他结束了谈判，制出中法和平草约，决定双方停战，法国派使节来华商议细节问题。

当时，中国反对和议的呼声还很高，这些人觉得应该乘胜追击。然而，实际情况并不容乐观。法国仍然封锁台海，占据着澎湖，台湾眼看不保，于是清政府宣布停战，越南的清军也撤回境内。

然而两广总督张之洞坚决反对。二十三日，他向朝廷上了奏折，表示可以停战，但是不能撤军。还主张向河内进军，认为这样将取得全面胜利。

军机处觉得这纯粹是给和谈搅局，二十五日命令他必须执行朝廷的决议。李鸿章也于此日电告张之洞，说："已画押定期停战，必须遵旨办理，不可失信。"还说法国新政府与议会已经决定，一旦中国反悔，将增加 2 亿军费扩大战争规模。极力劝说张之洞要从全局考虑，不要由于偶然的胜利失去理智。

三月初六日，李鸿章奉命担任全权大臣与法使进行谈判。为了避免清议派再说三道四影响和谈，还让刑部尚书锡珍、鸿胪寺卿邓承修一同参与谈判。邓承修是清议派的主力，让他参与和谈，清议派也就无话可说了。

四月二十七日，李鸿章与法国公使巴德诺依据巴黎草约，订立中法新约，共 10 条。主要内容是：法国保证永不侵犯中国云南和广西边界，中国也不过问法越之间所订的条约；中法派员共同勘定边界，并另定越南北圻与中国滇桂粤各省的陆路通商章程；法国军队退出台湾和澎湖。

从十二月十二日到第二年的正月十七日，李鸿章派何桂芳、周馥、朱干臣等与法使戈可当所派的微席叶、卜法德就中法间陆路通商章程进行了讨论，订立章程草案 19 条。李鸿章分别在十九日、二十三日、二十七日、二月初六日、初九日亲自与戈可当就章程草案进行了逐字逐句的细致讨论，费时多日。三月二十二日，中法越南边界陆路通商章程正式签署。由于这时已稳定了朝鲜的局势，所以李鸿章能够从容地进行谈判。

这时，日本见已无隙可乘，于是也放下架子，顺利地与中国在天津议订了《中日天津条约》。

一直以来，大家都认为《中法新约》是个丧权辱国的条约，觉得对中国而言是个不败而败，这不够客观。其实这是鸦片战争后，中国人首次在对外条约中没有割地赔款。失去越南这个藩属国，是引起人们不满的重要原因。李鸿章也不愿让中国的宗主权受到侵害，但是他知道中国已无力顾及越南，不得不丢车保帅。放弃越南还是有一定道理的，这样可以把主要精力放在巩固朝鲜上，使得野心勃勃的日本不敢轻举妄动。他还是坚持争取和平局面的一贯主张，为的是能让中国有时间实现根本的自强，这正是他长远打算的过人之处。

在这一连串的事件中，他力主现代化以自强的举措初显成效：在朝鲜，两次抑制了日本的侵略；在越南，也实现了与法国不赔款不割地的和平。

## 四、派遣驻外使节

同治五年以后，清政府开始向有外交关系的国家派遣临时使节，处理事务。

当时西方各国都在订约国派出了长驻公使，这令李鸿章产生了中国也应效仿的想法。同治十年，中日谈判，李就与曾国藩建议向日本派出长驻使节，然而没有被批准。

光绪十三年，日本侵略台湾，李鸿章提出“自来备边驭夷，将才、使才二者不可偏废”，说互遣使节已成各国惯例，既能办理外交，还能探取外国情报。现在台湾事件已经告一段落，所以不能再拖延遣使之事了。而且，既要派去公使，也要遣总理事官分驻于横滨、箱根、长崎等地。同时，还要向欧美各国遣使以利于中外了解，“可渐杜驻华公使蒙蔽要挟之弊”。光绪元年七月十日，他又建议朝廷向古巴、秘鲁派驻使臣以保护华工，还是没有结果。光绪二年，英国以马嘉理事件要挟中国派遣公使赴英。总署担心英国会借机要挟朝廷，于是征求李鸿章意见。七月十三日李鸿章对恭亲王说：

> 派遣使臣赴英，钧意须此案了结，以免多方刁难，洵为卓见。惟该使持之过急，或可先允酌派。俟派定有人，料理启程，当已在滇案结后，亦无虑使臣到英，或被刁难。

七月二十八日，总署同意了李鸿章的主张，奏请派候补侍郎郭嵩焘和候补道许铃身为出使英国正副钦差大臣，这是中国向国外派遣常驻使节的开始。然而，直到第二年十月才正式遣使出洋赴英。那时，副使已由刘锡鸿接替。

整个使团中，郭嵩焘与李鸿章是故交。他的随员之一黎庶昌，又和李鸿章同在曾国藩手下共过事，英国人马格里则为李鸿章效力了十多年，对中英的情况都很了解。李鸿章在举荐马格里时就说："马格里久寓金陵候信，威使（英公使）屡称其能，弟亦夙知其忠厚可用，去取悉听尊裁。""远适异国，问禁问俗，窃谓带一二土著，亦无不宜，但须择驯良者而遣之。"马格里就是这其中的"土著"。

郭嵩焘在英国常给李鸿章写信，叙说自己在英国的见闻，与李讨论治国之道。后来，郭写了一本《使西纪程》，详述了自己出使的见闻和感受。他在书中客观地描述了资本主义国家的发达之处，这一下引来了守旧人士的辱骂和驳斥。湖南的士大夫表示耻于与他为伍，还作一联讥讽：

> 出乎其类，拔乎其萃，不容于尧舜之世；
> 未能事人，焉能事鬼，何必去父母之邦。

李鸿章对此事很是愤愤不平，写信给周家楣，说：

> 筠仙虽有呆气，而洋务确有见地。不谓丛谤如此之甚！若达官贵人皆引以为鉴戒，中土必无振兴之期，日后更无自存之法，可为寒心！

郭嵩焘的副手刘锡鸿非常保守，因此常和郭作对。两人闹得很僵，已难以共事。以后刘锡鸿调任驻德公使，两人还是磨擦不断。光绪四年五月二十一日，李鸿章将刘不受德国欢迎的情况向朝廷作了汇报："德国新闻纸常于刘京卿有微词，亦卿亦常托疾不出。……云生（刘锡鸿字）志气非不要好，而性情暴戾，意气用事，历练太浅。"六月十一日，又说："云生在德，不甚见礼于当路……将来势必撤换。"

其实早在光绪四年二月十二日，李鸿章就已写信给军机大臣兼总署大臣沈桂芬，建议由李凤苞接任驻德使臣：“李丹崖用心微密，加以历练，定为一国专对之选。”

七月，清廷依李鸿章主张任命了李凤苞。

郭嵩焘觉得自己已经不能再担任公使一职了，他向李鸿章推荐了曾纪泽接替自己。李鸿章极力挽留，然而郭决心已定，也只好向总署推荐曾纪泽，称言之为“使才”。

七月，朝廷正式任命曾纪泽为驻英法公使以接替郭嵩焘。八月二十八日，慈禧太后召见了他。九月八日至二十日，曾纪泽多次赴津与李鸿章会谈。

八日，李鸿章将郭嵩焘举荐曾的信和留法学员马建忠的信给曾纪泽看。初九日，两人讨论了用密码发电报一事。初十日，在华洋书信馆讨论了设立马递之事，解决了在封河时文件的传递问题。

十七日，曾纪泽前来看望李经方。李经方是李鸿章长子，此时正以朱静山和白狄克为师学习英文。这种学习在开始时是秘密进行的，了解情况的也只有曾纪泽和吴汝纶两人。李经方学习相当刻苦，加上方法得当，不到一年功夫已有所成。曾纪泽认为李经方是个人才，他向李鸿章断言只要假以时日，李经方就可以读懂洋书洋报，建议李鸿章聘请名师，助其成才。

曾又分别于十八日和十九日和李鸿章进行了深谈。二十日，在参观了李鸿章新购的小炮舰后，曾离开天津。他出使后一直密切联系李鸿章。

光绪七年三月七日，清廷命李凤苞兼任意、荷、奥三国公使。这是李鸿章的建议，目的是便于李凤苞更好完成订购铁甲舰的任务。六月初五日，李鸿章函告李凤苞说：“两号铁甲舰工竣，计须至光绪八年年底，阁下必应始终其事。使行瓜期虽不甚远，而新命兼使义、奥、荷兰，尚须一年交替，幸勿急求回华。弟在京时已与总署言之。”李凤苞没有辜负李鸿章的一片苦心，出色地完成了铁甲舰的购办任务。

光绪十一年六月三日，朝廷让许景澄兼任法、德、义、奥、比、荷兰公使，李凤苞得以返回中国。

十六日，在李鸿章的建议下，朝廷让直隶大顺广道张荫桓担任驻美国、西班牙、秘鲁公使，好让郑藻如回国养病。同时，让江西布政使刘瑞芬接替曾纪泽驻英俄使臣之职。

张荫桓，字樵野，广东南海人，中西学皆精通，虽学的是旧学，但具有发展的眼光，颇有才干。然而却在科举上屡次失意，于是捐了一个知县，得以从事实际活动。他曾经担任山东巡抚阎敬铭、丁宝桢的谋士。同治十三年，他受丁宝桢之命筹办海防，烟台和威海卫等处炮台都经由他一手操办，李鸿章得知也觉得他是个人才，于是在光绪十年密荐他入总署供职。中法战争李鸿章力主议和，他就在总署里出了不少力。这次李鸿章便推荐他出使外国。慈禧在陛辞时对他说："尔向来办事认真，能办事人，往往招忌。"给他吃了一颗定心丸，大胆工作不用害怕遭致非议。

刘瑞芬一直以来都在李鸿章的幕府中出谋献策。李鸿章带着淮军初到上海时，刘瑞芬就负责军需、军械的供给事务，直到平捻时还是刘瑞芬为李提供武器。后来李鸿章升任直隶总督，仍用刘瑞芬主持上海厘捐局，负责给淮军筹饷。刘瑞芬在上海多年，与李鸿章有非同一般的关系。故李鸿章暗中相助，他得以出使外洋。刘建议李鸿章让儿子李经方到欧洲学习，李鸿章也认为可以，便给曾纪泽写信商量："方儿于泰西文语粗通，究未办过交涉，经芝田（刘瑞芬字）奏调，报罢后应令西行，借增历练。晋谒时务望切实训诲。"

此后，刘瑞芬先到了俄国。李鸿章在第二年给刘瑞芬写信，说："前得方儿来电，已抵伦敦，旌麾西旋，即可谒侍。少未更事，统望裁成。"请他代为栽培李经方，结果李经方在担任驻英参赞的几年里成绩斐然，"积劳擢道员存记，加二品顶戴，赏孔雀翎。声誉鹊起，人人以公才胜使选矣"。刘瑞芬也没有辜负李鸿章的厚望，对李经方极力培植。

李鸿章稳操遣使之权，从光绪十三年五月初三日，外交使臣的变动可见一斑。

四月二十六日，总署建议分开派遣出使英、俄大臣。五月初三日，朝廷决定让内阁学士洪钧出使俄、德、奥、荷，大理寺卿刘瑞芬改任出使英、法、意、比国大臣，同时派候补道李兴锐为出使日本国大臣。洪钧是戊辰年（同治七年）的状元，对西北舆地十分熟悉，精通元史，故李鸿章对他很推重。

以上的几个人事变动，只有李兴锐因患左肢痿痹没有去成日本。六月八日，李鸿章帮他向朝廷请假。七月十六日，李鸿章帮他向总署请假，说李兴锐称自己病难速愈，请代奏开去此差。二十三日，李鸿章提出让黎庶昌（莼斋）接替出使日本。黎曾经出使过日本，经验丰富，颇有才干。朝廷在二十六日下达了对黎的任命，让他担任使日公使。

此前，他为了成全黎庶昌，没有提拔崔国因。他致函张之万，表示了自己的歉意说：

> 同乡崔惠人中允，明干耐劳，留心时事，于洋务讲习亦久。……适日本新使（李兴锐）请病，颇望承乏，而曾劼侯意主黎莼斋，专弁驰驱属为道地。就公事而论，莼斋自是熟手，且系文正旧客，劼侯如此恳挚，不得不姑以电闻。既经采择上陈，遂令惠人有向隅之叹。

后来在李鸿章的大力帮助下，崔国因得以担任驻美公使。崔氏，字惠人，是安徽太平人，李鸿章曾经有意由他出任驻日公使，然而曾纪泽建议由黎庶昌担当，特地请求李鸿章从中帮忙，故而只能委屈崔国因。现如今张荫桓任满召回总署，李鸿章便向总署推荐崔氏。他写信给故交章洪钧时提及此事：

> 惠人入都，颇为发道引重。东溟一席，尚有若农（李文田）、莼斋（黎庶昌），未知谁属。即使此席不得，循例亦可外转，将来遇有使缺，仍当进单，不必争于旦夕也。

李鸿章这回总算是满足了崔氏的心愿，他写信告诉黎庶昌："惠人使美，若农深避此差，实以华工一案不易措手。此缺向用粤人，今忽破例，亦粤人自致也。"在此之前，驻美公使一向由粤人担当，像陈兰彬、郑藻如、容闳、张荫桓都是广东人，这一回就让给他的安徽老乡崔氏了。

光绪十五年，驻英、法、意、比四国使臣刘瑞芬任满。朝廷于四月十六日下令由湖南按察使薛福成接任，薛以前担任了曾国藩的幕僚多年，此后又为李鸿章献计献策，有能力，不乏远见，有维新思想。李鸿章为他的出使出了不少力。

薛离津时，李鸿章去送行。两个月后，因为薛兄亡故，李鸿章允许薛推迟到任，同时给刘瑞芬发去电报通知此事。这样直到光绪十六年正月十一日，薛福成才离沪赴任。

薛福成在任上做出了很大的成绩，然而就在他任满回国后不久就病死在了上海。这令李鸿章悲痛惋惜不已，对他的工作进行了非常客观的评价，说他奉使积效略次于曾纪泽，而超过洪钧、刘瑞芬。

光绪十六年七月二十五日，洪钧的俄、德、奥、荷公使任满，朝廷让许景澄接任；同时，以李经方代黎庶昌为驻日公使。李鸿章通知洪钧，说许氏准备在九月从北京出发，将于十一月登船赴欧。

李经方是李鸿章之子，如今升任驻日公使，这令李鸿章颇感自豪。李经方在驻英使馆有四年参赞的经历，在外交上颇有才能。八月十三日，已被任命出使日本的李经方拜访了翁同龢，翁氏评价他是“通敏可用”。八月二十日，李鸿章在给张预的信中说道：“方儿四年远役，万里初归，就官江南，且喜近便。当道谬采虚誉，以为谙习外情，重有海外之行，初非始愿所及。独幸扶桑邻接……洋务又性之所近，较之以空名试吏事，差为有实际耳。”此刻他的高兴都溢于言表。李鸿章一向教导儿子要脚踏实地办事，不图慕空名。

# 第七章　功败垂成

## 一、日本寻衅

### 1. 导火索

1894 年，甲午战争爆发，结果中国陆、海军都遭到惨败，被迫割地赔款。这次战争的导火索就是朝鲜问题。

朝鲜是清的属国，一直以来对清都是称臣纳贡，接受中国的保护。但是，日本明治维新之后逐渐强大，走上了侵略扩张的道路，中国就是一个重要的目标。而欲征服中国，就必须先占领朝鲜，将其作为侵略中国的跳板。

早在 1882 年，日本就阴谋策划了甲申政变，企图控制朝鲜内政，然而为中国挫败。

朝鲜人崔济愚创立了东学道，这个组织以抵制西学的传播为目的，许多老百姓都支持他们这一活动。1893 年 3 月下旬，朝鲜东学道两万多人在忠清道报恩县以讨倭为名，发动了起义。

此后，东学道又在全罗道古阜等县起义，义众一万多人。他们推举全琫准为总督，向外界宣布要逐灭洋倭，抨击弊政。起义迅速由全罗道蔓延至京畿、黄海、江原、庆尚等道，形成了全国起义的巨大浪潮。朝鲜朝野震惊，感到局面已难以控制。

6 月 3 日，朝鲜请求中国出兵镇压起义。然而，野心勃勃的日本早在 6 月 2 日就决定要出兵朝鲜，一个陆军混成旅已作好了准备，同时，拥有 8 艘战舰的联合舰队也组成了。内阁连夜制定了计划，才过了三天，战时大本营就建了起来，由参谋总长、次长、陆军大臣、海军军令部长等高级官员组成。回国述职的驻韩公使大鸟圭价受到陆奥宗光的接见，准备由大鸟为日本出兵找借口。大鸟于当天就乘“八重山”号巡洋舰回韩，同时赴韩的还有400名海军陆战队员。

清政府同意派兵赴朝助剿。6月4日，李鸿章派丁汝昌率济远舰、扬威舰前往朝鲜仁川，直隶提督叶志超指挥陆军，与太原镇总兵聂士成率领1500名淮军，由招商局轮船运往朝鲜。清军在牙山一带驻扎，这大大鼓舞了朝鲜官军的士气，连连得胜。这样，东学道起义基本被镇压下去了。然而日本还是继续向朝鲜增兵，这引起了朝鲜政府的不安。6月13日，韩王建议中国先行撤兵，告知清政府驻韩代表袁世凯，称：“前因南道土匪猖獗，恳请天兵前来代剿，乃该匪闻知此情，已即胆落……大军一到，巨寇即除，不战而克，神武昭著，刻知不敢再劳天兵前进；且该匪散处伏丛深，惟敝邦率向易图捕获，似非上国士卒，堪执此责。更有危机尤须通情，日本以天兵来剿，疑忌多端，日前突发五六百兵驻我都下，屡由外署驳论阻止，终不听从，竟似必须天兵撤回，始肯同撤。传闻仍有数千名继来于后……即恳贵总理迅即电禀中堂，酌量援救，非敝邦所敢渎请也。”

韩王的请求是以中朝两国在1885年的约定为根据的：如果朝鲜有变，中日两国或一国必须在出兵前通知对方，动乱结束后两国同时撤兵，朝王因此觉得中国军队撤军之后，日本也一定会撤兵。

李鸿章接到袁世凯的报告后马上命令清军停止一切军事活动，为撤军作准备；同时让袁世凯与大鸟圭介商议同时撤兵之事。

但是，日本没有达到目的不会轻易撤兵，于是找了一个借口，说要与中国一起帮助朝鲜改革，因而在此期间，日本军队可以留在朝鲜。6月15日，日本通过的《朝鲜内政改革案》里明显地表露了这一企图。同时，日本外相陆奥宗光也下令让大鸟圭介继续在朝鲜驻军：“目前乱事已定，和平亦告恢复，但今后中日两国间犹有不可避免的争议发生。内客会议已决议采取断然措置，拟与清国协力改革朝鲜政府，并强迫清政府任命共同委员。此议将于明日内本大臣向驻清使提出，惟尚须守秘……当与清国谈判期间，阁下无论用何种借口，务必留我兵于京城（汉城）内，盖李鸿章亦苦心筹划撤退日兵之法。”

此外，陆奥宗光在《蹇蹇录》里也表达了这种观点："以此次事件论之，毕竟朝鲜内政之改革云者，不过为调停中日两国间之难局所筹划出之一政策……余假此题目，非欲调和已破裂之中日两国关系，乃欲因此以促其破裂之机，一变阴天使降暴雨，或得快晴耳。"

日本的做法明显让清政府感到受了轻视，全权负责此事的李鸿章也是气得不得了，大骂日本"狡肆"、"可恨"。于是，李鸿章做出了两手准备，一方面和日本对着干，也向朝鲜增兵，用强力克制日本的野心；然后利用外交，让各国插手。6月，李鸿章让丁汝昌带着北洋海军的部分军舰开赴朝鲜仁川，以壮声势；同时，他还命令叶志超在仁川和汉城较近的马山浦驻扎，但要避免过于接近日军产生事端；又让卫汝贵部3000人前往朝鲜。

与此同时，通过外交手段巧妙地让英、俄等国了解日本的图谋，向日本施加压力。

李鸿章在两种策略中更为倾向外交援助。6月23日他向总署报告，日本在汉城的兵力已达2000人，仁川则达到4000人。虽然袁世凯和汪凤藻都主张增兵朝鲜，但李鸿章觉得汉城和仁川已有大量日军，日方占据了主动，一旦中国增兵两军很难没有磨擦；如果为避免生事，驻扎得离日军远些，又没有什么效果。现在叶志超的2500人已在牙山驻扎，距汉城200余里，自保应不成问题。再说，我方增兵，日方也可以增兵，事态会更严重，不如静观事态发展再做决定。因此，丁汝昌后来派出的"镇远"号铁甲舰和超勇、广丙两艘快舰及600官兵到仁川后都没有登陆。可见，李鸿章并不认为武力是解决此问题的最佳办法。

加强武备和力图避免交战的矛盾思想，始终在李鸿章的脑海中纠缠着。因为在李鸿章认为，经过两次鸦片战争和太平天国、捻军的内乱，加上体弱多病，非常需要时间进行修养生息，恢复力量。而西方列强已经开始肆无忌惮地在中国划分势力范围，如同一群饿狼虎视眈眈地围着一个病人，如果病人还能苟延残喘，狼群只是蚕食他的肉；等到病人一死，它们便会蜂拥而上将病尸分吃个精光。因此，当时中国那些深谋远虑的大臣都清楚中国所处的局势，面对危急，李鸿章主张让群狼互相牵制，互相残杀。要与其中的一只或几只狼决一死战的想法是非常危险的，因为一旦失败，便再无生还的希望；就算能赢，将使中国更加衰弱，只会加速自己的灭亡。因此，李鸿章十分担心朝廷轻易言战，对那些对时局毫不知情的清议派的力战主战是极为反对的。然而，他也提出要是有一只狼要制病人于死地，那只好全力以对。李鸿章并非贪生怕死之辈，说什么也是军旅出身，征战沙场多年的老将了，毕竟他也是经受住枪林弹雨的考验。可见李鸿章的思想概括起来就是“牺牲未到最后关头，切莫轻言牺牲”。然而，许多人没有清醒地认识到当时的形势，自然难以体会到李鸿章的一片苦心。

李鸿章以此为指导思想，与日本进行周旋。俄国首先向李鸿章承诺会向日本施加压力，迫使其撤兵。如果日本拒不撤兵，俄国一定会出兵干涉，然而李鸿章没有想到，在他积极开展外交斡旋时，日本也在国际上积极活动，将俄国可能出兵的情况通报了英美，英美两国不想俄国动武，向俄国施压。于是俄国收敛了许多，收回了对李鸿章的承诺。

这下子日本的气焰更嚣张了。28 日晚，袁世凯急电朝廷，说日本又增兵 3000，现已登陆，还以一天为限逼朝鲜答复是否是中国的臣属，如果答复是，两国将开战，说日军在朝人数已达 20000。

### 2. 奉旨应战

形势是越来越紧迫了，光绪帝显得很不理智，下令加强备战，准备随时与日本开战，同时让李鸿章汇报他属下的兵力情况。李鸿章据实票报道：

“北洋海军现有定远、镇远 2 艘铁甲舰，济远、来远、致远、靖远、经远等快速舰 5 艘，这些都是购自外洋的；另有平远号快速舰一艘，产自福州造船厂。前折所说能战之舰就是这 8 艘。现代海军的强弱，只论船只新旧，火炮大小和速度快慢，不以人数多寡论高低。自从光绪十四年以后，海军就没再添一艘新舰，操练虽然较勤，而战舰太少。

“至于沿海陆军，除胶州的台工刚刚开始外，山东威海有绥巩军 8 个营，护军 2 个营；在奉天大连有铭军 10 个营；旅顺口有四川提督宋庆的毅军 8 个营和亲庆军 6 个营；在山东烟台有嵩武军 4 个营；在直隶北塘口有仁字 2 个营，大沽口有炮队 670 名。这些人分布于直、东、奉三省，把守海口炮台共 2 万人。此外驻守于天津、青县的盛军马步 16 个营、驻于军粮地的铭军马队 2 个营、驻芦营的武毅军 2 个营。都是添扎后路，以备策应的游击之师。

“而绿营兵丁早已疲弱。过去曾国藩和我创办的练军虽然有些用处，然而直隶地面辽阔，北面又与多伦围场为界，是盗贼出没的地方，常年扼要巡防，备多而力分，很难再抽调远征。

“至于北洋现有防务，各海口频年布置考虑周密，各将领久经战阵，尚属缓急可恃。就北洋海军而言，刚刚建立，现在铁、快各种舰只，辅炮舰和鱼雷艇，再与海岸炮台相依辅，似乎尚可坚守渤海门户，使敌不敢轻于窥视，即使不增一兵一卒，也断不致于有所疏虞。

“我在前折中所请增饷征兵是体察倭韩情形，专指出境援剿而言。现在日本可备调用之兵有5万，中国必须与之相埒，至少也需二三十营。如果移缓就急，调出一营，就需添募一营，以补其缺，才能免于空虚，为敌所乘。这次所请筹出二三百万两，实在是通盘筹划防患于未然。时机已迫，但可备而不用，不可用而无备。”

李鸿章认为中国军队自保不成问题，但若要赴朝鲜与日本交战还需要大量扩充武备，而这又须要二三百万两白银，这就是李鸿章一直以来都不希望与日本开战的原因。

然而日本却是很想与中国开战。7月2日，袁世凯又报告说1万日军已经分守汉城四路要塞，还不断地运来大量武器装备，看样子是根本不想撤兵，不排除大量增援的可能。

这样，中国政府便陷入了进退维谷之中：如果不把叶志超驻朝的军队撤回来，这样随时都可能发生战事，而一旦开战，日军肯定占绝对优势；反之，中国撤兵，等于把朝鲜拱手相让给日本，虽然这样可以使日本政府处于不讲道义的不利境地，但清政府颜面何存？因此，李鸿章主张不要再顾及什么脸面。中国政府已经丢了那么多的脸面，再丢一次也无大碍。

7月4日李鸿章电告袁世凯，说：“西人又劝叶军先撤，则日军久留更无理，公论更有劲，望速与叶妥商定议，电示酌办。”又于次日电告总署，自己已令叶志超和袁世凯设法将清军调回平壤或暂时调回去。7月12日，又建议撤回驻朝清军。

然而，光绪帝在主战派的极力要求下已决定要向日本开战。他觉得尚未开战，那么胜负就还不能定，何况中国军民同仇敌忾，定能挫败日本。于是，朝廷下令不准从朝鲜撤兵：“我军撤回一节，彼顿兵动，我先行撤退，即先示弱。……著李鸿章体察情形，如牙山地势不宜，即传谕叶志超选择进退两便之地，扼要移扎。”

7月16日，总署将朝廷的主战决定告知李鸿章：

奉旨：现在韩情事已将决裂，如势不可挽，朝鲜一意主战，李鸿章身膺重寄，熟谙兵事，断不可意存畏葸……若再顾虑不前，徒事延宕，驯致延误事机，定惟该大臣是问。钦此。

同时，日本也在加紧寻衅滋事，要挑起战事。7月12日，日本外相陆奥指示驻朝公使大鸟：“促成中日冲突，实为当前急务，为实行此事，可以采取任何手段。”20日，大鸟圭介照会韩王，让他请中国从朝鲜撤军，答复期限三日。韩王准备与中国政府商议，日本于7月23日派兵攻下朝鲜王军宫，掠走韩王，以大院君取而代之；同时，还向中国驻韩总理公署发起攻击，将中国国旗扯下，总理代办唐绍仪被迫逃往英国总领事馆。

日军这一系列活动让李鸿章觉得仗是非打不可了，于是，他开始加紧部署军队，从21日开始向孤居牙山的叶志超增援，同时让3艘军舰在牙山口外巡护。为防止日军袭击运兵船，还专门租用了英国的商船。他认为日本不会公然违反国际法攻击英船。

但是，中国增兵牙山的情报被日军知晓，于是日本联合舰队在牙山口外搜寻北洋护航舰只。英国商轮飞鲸号和爱仁号顺利完成运兵任务后返航。7月25日，济远和广乙号给另一批运兵船护航，在丰岛海面被日舰发现。早七时四十五分，日本联合舰队攻击了济远舰，甲午战争的序幕拉开了。当时日军力量明显占优，济远和广乙舰被敌舰包围，战斗打得十分惨烈。广乙被击成重伤，丧失战斗能力，济远也多处负伤，在给敌舰以相当创伤之后逃离战场。日海军击沉了高升号运兵船，船上1116名清军只有245人获救得以生还。同时遇难的还有5名英国人，1名菲律宾舵工。接着，不明敌情的操江号运送军械进入了日本海军的包围圈，被迫投降，船上的20门大炮、3000支步枪和大量弹药，20万饷银落入日军手中，舰上83人作为俘虏被押赴佐世保港。与此同时，日本陆军偷袭牙山清军，在成欢驿小胜聂士成部，清军在此支撑了两日后撤退。

这时，李鸿章已72岁。战前，他始终希望能以和平方式解决争端，但现在和平已无可能，于是便坚定不移地致力于战事。8月13日，他写信给淮军老将刘铭传，说：“现前敌各军相继前进，苦于有将无帅。兄年逾七十，愧不能为药师（指唐代李靖）渡海之行……倭人倾国以图韩，久蓄楚灵陈蔡之志，兄职司所在，敢定齐桓江黄之责。奋日暮之行，扣囊底之智，力与相搏，讵易言和？征调繁兴，正不知如何结束耳！”

当时，李鸿章希望中国军队能打赢一场战争，这样日后谈判会更有利，同时，指出中国要发挥陆军的优势打退日军。于是，他电告总署说：“今为中计，船难必胜，弗贪战，留守要害，多进陆兵，用洋将监督，必能逐日下海。先将中允退、日不退先开战之说告各国。现日焰盛，望中获一胜仗，日后公议中益多。”

于是，李鸿章开始紧锣密鼓地调兵遣将，分别调盛军卫汝贵部马步兵13个营6000余人，奉军左宝贵部队6个营、马队2个营、炮队1外营共4026人，毅军马玉昆部4个营2000人，盛军丰升阿部盛字营马队和吉林马队、步队共1500余人，四路大军总13526人，进驻平壤。

然而，很多人都担心这个部署根本无法阻止日军的进攻，当时李鸿章的幕僚吴汝纶就一针见血地指出：“我国因议论庞杂，不许添购船炮。一旦有事，船炮不及日本，必致海军束手，渤海任他人横行，则虽陆军集于平壤，能有何用？……凡此种种，令人不能成寐，不知李相以七十高龄，身旁又无可以参谋之人，将何以支撑危局。”

这四路人马一直固守在平壤城内，并不积极推进。8月22日，叶志超退至平壤。25日，李鸿章任命叶志超为朝鲜清军统帅。聂士成也在这一天撤退到平壤，将成欢驿之战的情况向李鸿章作了详实的汇报，使得李鸿章对日军具体情况有了底，于是李电告总署，指出日军总兵力为我军数倍，故我军只能固守平壤千万不可贸然进攻。

9月2日，李鸿章得到日军已兵临平壤城下，连忙电令叶志超“应与诸将密筹，挑选精锐，间道出奇，拦头痛击，使其畏威，不敢深入”。4日，李鸿章又发来指示说：日军准备在两三个星期之内发动对平壤的围攻，但短期内增援的清军还不能到达，希望将领们利用现有力量严防死守以待增援，“同凡奋勇，出奇制胜，勿为所算，勿中诡计，是为至要”。

然而，叶志超是个贪生怕死之徒，重用如此一个缺乏将才的庸人，实在是李鸿章犯下的不可挽回的错误。早在7月份时中日首战，叶志超就乘机谎报歼敌数千，得到了李鸿章的夸奖。后来真相大白，李鸿章很气愤，但还是没有狠下心来撤掉叶志超，反而让他担任入朝清军的总帅。其实李鸿章之所以这么做，也是无可奈何。他年老体衰，不能再亲临前线指挥，而清军中又缺乏将才，这不但是李的无奈，也是清朝的悲哀。然而，叶志超的确太窝囊，日军初到平壤时，他并没有把握有利战机痛击日寇；9 月 12 日，日军开始攻打平壤，当日的伤亡人数多于清军达 700 余人，后来粮草和弹药都快用尽，而且士兵在城外冒雨露宿，形势明显对日军不利，清军只要再坚守数日，援军到来后日军必退无疑，但叶志超却已是惊慌失措，竟在平壤城头挂起了白旗，并派人请求投降，当天晚上他就率部弃城逃跑。途中又遭日军伏击，共有 2000 名清军被杀，500 多人被俘。平壤城中的 40 尊大小炮，约 10 万两饷银和万余条枪支全部落人日军手中。

平壤之战，叶志超表现得贪生怕死，致使日本人非常猖狂得意，淮军遭到沉重打击，北洋舰队的命运也受到了影响。

## 二、甲午海战

日军陆战打得清军落花流水，现在准备要对付北洋水师了。当时，中日海军的船只吨位分列世界第八和第十一位。由此可见，中国海军在规模上较日本更有优势，然而实际上在舰艇的速度、灵活性、舰炮等舰只性能上，日本海军又远胜中国。这是因为日本自始至终坚持着对海军的巨大投入，相比之下，中国从光绪十四年就开始停止海军装备的更新。中日海军实力的差异，使得日本海军一直处心积虑进行一场海上决战，企图一举歼灭中国海军主力。

李鸿章也清楚两国海军力量对比，因此，他制定了守口自保的海上作战计划：船只都呆在港口里，用舰炮和岸炮构成完整的火力体系，这样就使得日本海军不能轻易来犯。北洋海军提督丁汝昌也差不多是这种主张，他提出让北洋军舰在近海巡逻，紧守北洋门户，不深入朝鲜港口等。

尽管李鸿章和丁汝昌的战略思想是符合实际而且极为可行的。但是还是遭到朝中主战派的谴责，一致要求罢免丁汝昌。

李鸿章当然不同意这样做，于是向朝廷作了解释说："洋人皆言我水师仅8舰可用，就这点力量还要担负防卫北洋千里洋面之重任，如果孤注一掷与日军决战，后果不堪设想；况且牙山陆军已遭重创，海军更要注意保住。所以现在牙山已败，海军何堪再被摧折？臣与丁汝昌只能采取谨慎的举措。"他认为，攻击丁汝昌之人对海军知之甚少，故请总理衙门代奏"局外责备恐未深知局中苦心，海军全仿西法，事理精奥，绝非未学者所可胜任，且临敌易将，古人所忌"。朝廷勉强答应保留丁汝昌的职务，但还是坚持让海军在大同江一带往来巡逻。

北洋海军在情报搜集上存在着致命的弱点，由于缺乏高速的侦察舰，故而难以了解日本联合舰队的动向。而日本却对北洋海军的一举一动了如指掌。原来在6月，中国驻日公使汪凤藻用密码将日本致中国政府第一次绝交书向清政府发报，结果被负责监听中国通讯的电信课长佐藤爱磨截获了。后来密码被日方破解，从此中国的密电日本都能解读了。

这样，一到北洋舰队离港往大同江巡逻时，日本军舰就会来到北洋舰队的港口，而且总是在北洋舰队返航前就撤离了。朝中的主战派也不清楚其中原委，一味指责丁汝昌畏死避敌，因此光绪帝又命令李鸿章严查丁汝昌。李鸿章也不晓得情报已经泄露，但他相信丁汝昌这样做是另有原因，所以他冒着被光绪帝斥责的风险又上奏朝廷。他为了给丁汝昌开脱罪名，首先就把这些责任归咎到自己头上。接着又提出海军能否守好港口，才是其功过所在。现在北洋水师力量强大，故而日本海军不敢轻易与我交战；再说了，海军是按照皇上的命令在旅顺、大连、威海、烟台各口进行防备，故没有远离。然后，他指出丁汝昌是中国海军中最有才干之人，没有谁比他更合适担当北洋海军提督之职，各将领如刘步蟾、林泰曾等虽然都是留过学而且长于训练之才，但是缺乏实战经验，此外这次事件全体海军将领都有责任，唯独让他们两人无功而超擢恐怕不太合适。至于其他各省的水师人员更是难以胜任。最后，他指出：自从光绪十四年后中国就停止购买军舰，相反日本则是逐年添置，现在其舰只数量已经超过我海军，性能也更为优越，北洋海军目前没有足够的实力发动进攻，但是自守还是可能的，一旦两军发生海战，将对中国大大不利。

中日海战还没有打起来，朝中大臣们就不顾实际发表见解，横加指责，这一切都预示着北洋舰队的可悲命运。

9 月 16 日，叶志超弃城逃跑，平壤落入日军手中。但李鸿章毫不知情，仍按原计划派遣刘盛休的铭军 8 营共 4000 人增援平壤，同时让北洋海军提督丁汝昌率 18 艘舰艇给运兵的 5 艘招商局轮船护航。舰队由大连湾起航，次日中午驶抵安东西南的大东沟口外，兵士登陆。

北洋舰队于 9 月 17 日中午返航，在鸭绿江口外的黄海海面遭遇了日本联合舰队，一场举世瞩目的海战拉开战幕。董守义在《李鸿章》一书中对黄海海战的全过程作了详尽的描述：

北洋舰以犄角雁行阵迎敌。日舰在距我舰 12000 米时，以其第一游击队向左绕进，进攻我舰队右翼弱舰超勇和扬威，企图先行夺气。北洋舰发现敌舰意图，全队向右移四度，以便主力舰首先与敌舰相迎。12 时 50 分，北洋舰队旗舰定远号以 32.5 公分主炮抢先发炮，一声巨响，炮弹从日本第一游击队吉野舰上飞越，落于其左舷数十米处海面爆炸。接着，双方互相炮击。几分钟后，镇远号 32 公分炮弹一发打中敌方先锋舰，我舰队欢呼，士气高涨。日舰以 4 艘快速舰组成第一游击队终于将北洋最弱的超勇和扬威二舰击中起火。日舰排炮将定远舰远望台击毁，正在台上督战的丁汝昌跌伤。为了鼓舞士气，他拒绝进舱内，坐在甲板上看着官兵作战。接着，日炮又将帅旗打落，信号索具摧毁，北洋舰队无法发出信号，舰队失去联系。但北洋舰队将日舰队本队 6 艘截断为二，比睿被北洋舰队击成重伤，带着熊熊烈火逃离战场。赤城舰连遭北洋舰队轰击，自舰长坂元以下军官几乎全部击毙。至 2 时海战结束为止，双方各有损失，未见胜负，但北洋保持着完整阵形，而日舰阵形已乱。北洋舰队占据上风，日舰不利。

自 2 时至 3 时 30 分为海战第二阶段。北洋舰队数舰发现日本比睿号逃走，立即鼓轮来追，被比睿发炮击中来远号甲板，引起火灾，其他各舰减速来救。这时，原停于大东沟口外的平远和广丙及鱼雷艇前来助战。各舰将日舰松岛号打伤。但平远号也被日舰击中起火，退出战斗。这时，日本舰队绕至北洋舰队背后，恰与第一游击队构成前后夹攻。北洋舰队开始腹背受敌。然而官兵“愈战愈奋，始终不懈”。刘步蟾代丁汝昌指挥，尤为得力。超勇和扬威虽已起火，仍发射炮火不停。最后，超勇终在敌炮环攻下沉没，扬威向大鹿岛方向退却，中途搁浅。而日舰西京丸也被北洋舰队轰出战场。我舰致远号中弹累累，受伤倾斜，炮弹将尽。这时，与日舰吉野号相遇。管带邓世昌见吉野是日舰队中主力，船捷炮利，下令撞沉吉野。大副陈金揆鼓轮猛冲，不幸中雷，全舰官兵除7人遇救外，全部壮烈殉国。致远沉没后，济远和广甲先后逃跑。而后，日舰第一游击队将经远围攻击沉。沉前，经远管带林永升指挥全舰以一敌四，一面救火，一面击敌，忽然林永升被炮弹击中，壮烈牺牲。全舰200余人，除16人遇救外，全部牺牲。在海战第二阶段，由于致远、经远、平远、济远、广甲等舰只的损失和退出战斗，北洋舰队实力大减，已无力主动进攻，不得不由进攻转为防御。日舰虽也有3舰退出战斗，但属于弱舰，因而减轻了负担，使日舰队由劣势变为优势。

第三阶段自3时30分到5时30分。此时，北洋舰只有4艘，日本舰队尚有9艘，吨位对比为19870∶33834。日舰超过北洋舰一倍以上。但是，北洋官兵面对优势敌人毫无惧色，与敌人血战到底。日舰以本队的五舰围攻北洋的定远和镇远两主力舰；另以第一游击队四舰围攻来远和靖远。定远和镇远是当时世界海军中少有的大型铁甲舰，日本五舰将该2舰团团围住，猛烈轰击，弹药不离左右，必欲将之击沉，以实现“聚歼清国舰队于黄海”的目标。定、镇二舰毫无惧色，奋勇搏斗。定远管带刘步蟾指挥灵活，时刻变换位置，使敌炮不能取准。战至各巨炮都受伤，镇远只有两炮尚可施放，定远只有三炮可施放，仍顽强搏战。定远所发大炮击中日本旗舰松岛，引起火药爆炸，刹时有如千雷崩裂，全舰死伤113人，官兵死伤占全舰32%，炮手死伤殆尽，舰队司令只得下令把军乐队拉来补充，而各炮已不能使用，只好再把旗舰改到桥立舰上。在另一面，来远与靖远结成姊妹舰，互相依恃战斗。两舰均受伤起火，为扑火及修补，二舰且战且退至大鹿岛附近，仍用舰首主炮击敌，第一游击队不敢靠近，只好遥攻。伊东佑亨看到第一游击队与本队分离，又兼日舰松岛受创后，日军士气低落，遂下令归航。中国靖远舰知定远舰无法发出信号，遂代理升旗集队，重振军威，收集定镇靖来平丙六舰，尾追日舰10余里，拟再战。而日舰惧定、镇等舰会合鱼雷艇进行袭击，不敢应战，开足马力遁去。北洋舰才收队回旅顺港。

全部海战历时五小时，致远、经远、超勇三舰被击沉，扬威焚毁，广甲触礁，来远、靖远、镇远、定远等舰受伤。军舰管带邓世昌、林履中、林永升等人殉国，定镇两舰受伤达数百上千处。只有济远舰管带方伯谦和广甲吴敬荣逃阵。日舰松岛、比睿、赤城、西京丸、吉野等舰受伤。日海军死伤共600多人。北洋海军死伤近千人，其中牺牲600多人。按炮击命中率，北洋海军本可消灭更多敌人，但因炮弹中有许多落地不炸的伪劣产品，以致被击中要害的敌舰得以不沉。当时中国海军船只吨位占世界第八位，日本占第十一位。但论效能，日本频年不断添置新式船炮，中国则有四年的时间没有添过新船新炮，所以军舰速度慢、火炮射速也慢，炮位也少，弹药更多不配套，自然威力不如日舰。在这种情况下取得如此战果，已属难能可贵。

黄海之战日军重创了北洋海军的军舰，许多军舰若不经彻底修理已不能使用。这样一来，制海权落入日本手中。

现在日本在海、陆两方面的优势已远胜清军。10月份，日军分兵两路，分别向鸭绿江和大连、旅顺两个方向进攻，战事已转入中国本土了。

李鸿章因清军在平壤的失利受到了清廷的严厉处分，三眼花翎和黄马褂都被除去，这使他受到了沉重的打击。与此同时，日军却势如破竹。11月份时，渡过鸭绿江，占领大连、旅顺，整个中国东北防线已涉于崩溃。朝廷因此大为恼火，对李鸿章及其淮军甚感失望，终于下令革去李鸿章之职，改由湘军老将刘坤一指挥陆军，李鸿章也没闲着，被派去整顿受重创的北洋海军。

其实北洋舰队已身陷囹圄，这时大连、旅顺已失，渤海门户洞开，北洋舰队在威海孤立无援，只有坐等挨打的份。当时，丁汝昌向李鸿章报告：如果日本舰队进攻威海，我舰队主动出击，那么敌军船速和数量上占优，于我军不利，也许能让敌舰受创，但敌舰若将我军退路切断，我舰队将面临被围歼的命运，这样一来，港口也保不住；相反要是我舰队株守于口内，一旦两岸炮台失守，舰队还是一样要被歼灭，可见两法皆不可行。现在舰队船只少，不如依附于炮台以成夹击之势。李鸿章对此进行了深入的分析，觉得有理，于是据此制定了水陆相依防守威海卫的布置。

这时威海卫内还剩下6艘炮舰、7艘战舰、3艘差船、2艘练船和13艘大小鱼雷艇。只要岸防不出问题，这样的力量守口是足够用了。而北洋舰队最大的铁甲舰“镇远”号触礁后还没有修好，不能出战，因此只有靖远、定远、济远、来远等4艘战舰和广丙和平远两艘辅助战舰可以出战，根本不是日本海军的对手。而日本制定了《联合舰队作战大方略》等一系列方案，只要北洋舰队一出口，就用数倍的力量将其全歼。

故而北洋舰队只有保住陆上炮台不失，才能避免日舰来袭。丁汝昌这时已是视死如归了。李鸿章曾劝他设法冲出敌舰包围退至烟台，然而丁汝昌却回答说："海军如败，万无退烟之理，惟有船没人尽而已。旨屡催出口决战，惟出则陆军将士心寒，大局更难设想。"

然而清军毕竟没有足够的兵力来保卫威海卫陆上炮台，北洋舰队很快便陷入绝地。日军一边进行海上封锁，一边由山东荣成登陆，从威海背后发动猛攻，而山东巡抚李秉衡却疏于防范，致使日军企图得逞。

1月30日，威海南帮炮台失守。2月7日，日本联合舰队的20多艘战舰，加上刚拿下的三座威海南岸炮台对北洋水师实施了水陆夹击，北洋水师又受重创。9日，北洋鱼雷艇队逃脱包围圈，日军猛烈攻击刘公岛，威海卫眼看就要守不下去了，然而已无援兵可派。丁汝昌下令将已严重损坏的定远舰和靖远舰炸沉，以免铁甲舰落入敌手。李鸿章也于这一日给刘含芳发去电报："水师苦战无援，昼夜焦系。前拟派人往探，有回报否？如能通密信，令丁同马格禄等带船乘黑夜冲出，向南往吴淞，但可保铁舰，余船或毁或沉，不至赍资，正合上意，必不至于咎，望速图之。"

2月11日，丁汝昌看了刘含芳从烟台转送给李鸿章的电报，已对援兵不再抱任何希望。让他带舰冲出，为的是保护他和铁甲舰，然而威海口外已完全被日本海军封锁，而且各舰皆遭重创，突围比登天还难。于是丁汝昌下令沉船，不让舰只落入日本手中。然而在马格禄、瑞乃尔、浩威等洋员及道员牛昶炳的煽动下士兵拒不服从，还逼丁汝昌投降。丁汝昌无奈自杀殉国，而牛昶炳、程璧光等盗用丁汝昌之名投降日军，交出了北洋舰队剩下的10艘舰只。北洋水师彻底完蛋了。

# 三、《马关条约》的签订

战局越来越对中国不利，一方面，日军攻城掠地，势如破竹；另一方面，清军一败再败，一退再退。对此朝野上下越来越趋向于求和，其实早在1894年9月27日，慈禧太后已经让翁同龢赴津说服李鸿章，让他亲自出马求俄国从中调停。翁同龢原本极力主战，因而慈禧不便直接说是乞和，于是借口说“吾非欲议和也，欲暂缓兵耳”，同时让翁同龢不要告诉李鸿章是太后的意思，应称是翁的主张，好让李鸿章“从容询之”。翁同龢身为旧士大夫，历来重视名节，很不情愿参与此事，担心“为举世笑骂”，但是又不敢违抗太后旨意，只好声称自己只是传述，“只有李某复词，臣为传述，不加论断”。

1895年1月，形势更不容乐观了，有的主战派也倾向主和了。这时，光绪皇帝已是手足无措，他征求大臣们的意见时竟声泪俱下：“时事如此，战也不成，和也不成，国家社稷怎么办?”主战派的首领翁同龢更是一筹莫展。次日，军机大臣建议只有派李鸿章赴日求和一条路可以走了。

于是朝廷于1895年2月13日下达了李鸿章将为头等全权议和大臣的任命，同时赏还原有的翎顶和黄马褂，一切处分均予取消。

这道命令让李鸿章进退维谷。他明白此次日本之行必定要对日本巨额赔款和割地，而这将让自己落个卖国的罪名，一世英名也不复存在；但是若采取强硬的态度，加上战场上清军的败绩，又会造成严重后果。推辞不从亦有两不可，首先朝命难违，其次朝中除了自己的确没有谁能担此重任。因为当时日本明确提出中国要想谈和，和谈大臣必须是李鸿章或恭亲王弈䜣，别的人均没有资格。皇帝与太后是自然不能亲自赴日议和的，但恭亲王也是大清权贵不能去，那么只能让李鸿章出马了。

此外，李鸿章也想避免中国遭受更大的损失，同时也为了弥补他军事指挥失败的责任，他决定自己承担这一切的责任。1895年3月14日，李鸿章在天津乘船前往日本马关，与日本政府进行谈判。4月17日他与日本首相伊藤博文和外相陆奥宗光签订了《马关条约》，共十一款，附有《另议》、《议订专条》，主要内容为：①中国承认朝鲜“完全无缺之独立自主”；②中国将台湾全岛及所有附属各岛屿、澎湖列岛和辽东半岛割让给日本；③赔偿日本军费白银二亿两；④开放重庆、沙市、杭州、苏州为通商口岸；⑤允许日本人在中国通商口岸设立领事馆兴办工厂及输入各种机器；⑥中国不得捉拿为日军服务的卖国贼。

然而李鸿章辛辛苦苦换回的和议却遭到国内的极大反对，各省督抚及官员们都向朝廷提出抗议，要求不承认丧权辱国的卖国条约。李鸿章更是被骂得狗血喷头，成了万人唾弃的大汉奸。清政府也因此动摇了承认和约的意图，于4月29日让总署转告李鸿章：“奉旨，连日纷纷奏章，谓台不可弃，几于万口交腾。本日又据唐景崧电称：绅民呈递血书，……台民誓不从诿，百方呼吁，将来交接万难措手。著李鸿章再行熟查情形，能否于三国阻缓之时，与伊藤通此一信或预为交接地步，务须体联苦衷，详筹挽回万一之法，迅速电复。”

然而，中国还是没有挽回割地赔款的局面，李鸿章自然与腐朽的清廷成了丧权辱国的千古罪人。

对于李鸿章在中日战争中的表现，人们争议很大。许多人对他深恶痛绝，恶骂不休，但也有不少人称赞他能在危险之际挺身而出，是大丈夫所为。维新派的骨干梁启超就称赞李鸿章：“合肥，合肥，虽败亦豪哉！”因李鸿章是合肥人，故得名李合肥，梁启超觉得他虽然在中日战争中战败了，但依然算得上一个豪杰之士。

梁启超的评价比较客观公允，没有局限于一时一事，而是站在李鸿章所处的整个环境和条件来进行评价的，故能发人深省。

如今时代发展日新月异，世界格局变化非常大，如果还是死抱着陈旧观念，是跟不上时代发展的步伐的。因此，我们应以一种崭新的眼光重新审视李鸿章，特别关注他在甲午战败后签定《马关条约》的这段历史。

首先，中日战争失败的主要责任应由清廷承担，而不是李鸿章个人。当时中国国力十分疲弱，清政府还要保住朝鲜宗主国的地位，这种想法首先就是不现实的。倘若中国正视自身情况，从朝鲜撤兵，这场战争也不会爆发，进而也不会造成此后的一系列严重后果。而李鸿章从现实出发，在事变之初主张撤兵的。然而主战派凭借着一股意气，叫嚷着决一死战，左右了朝廷的决策。

就当时中日两国的国力而言，中国动用全部力量还是能和日本一战的。然而在军事实力上，李鸿章的北洋军队难与日本军队抗衡。陆海军战斗力、战备等方面均不及日本。例如盛军在大连驻扎了二十多年都没有调动，士兵基本上是当地人，连战争都没见过，到了朝鲜前线自然一触即溃。在辽东和辽南路参与战斗的清军大多为朝鲜平壤和鸭绿江战斗中侥幸逃回来的，这些人惊魂未定，对敌军充满恐惧，战斗形势稍有不利就急着逃命。而清军也常以紧急募兵之法补充兵力不足，这样各路援军多是新募农民，有的训练不足一月就上了前线，有的连操练都没有。募兵制流露出严重的"当兵吃粮"的消极意识，也暴露出养兵不足的制度根弊。相比之下，日军的征兵制使得士兵有强烈的国家观念，现役与后备的轮换极为有序，军队训练有素。

李鸿章一直请求朝廷重视军队枪械不足、武器落后的问题。海军军舰速度太慢，舰炮射击频率比不上日军；陆军枪炮笨重难移，难敌枪炮轻快、射程又远的日军。有时，新兵连这种落后的装备都没有。军队里有队无枪或枪械不敷现象更是家常便饭。当时战斗激烈，而依克唐阿军中军火不足，李鸿章没办法只能干着急。宋庆急着要求补充快炮，他却无能为力："实无快炮，军械局旧存之炮已发尽，前发龙殿扬之过山炮，系宁局仿造者，虽不能及远，却不甚笨，若缴回另换，竟无可换，或可暂留操用。明知毙倭非快炮不得力，限于饷绌未敢多订。尊处拟添炮队，难以应命，奈何?"更为严重的是，许多武器十分粗劣，有的不充填足量的火药，弹膛充砂，更增加了清军作战中的不利。可见李鸿章多次谈及武器落后、陈旧又不添置，不是没有根据的。

这些责任不应只由李鸿章承担，更为关键的是清廷的腐败。

此外，在前方战事激烈之时，只有李鸿章一个在独撑大局，好像这就应该只是他一个人的责任，而朝野内外只是对李鸿章的成败一味地评头论足。黄海之战，北洋舰队遭受重创，李鸿章只好向南洋水师求援。朝廷批准了调动四艘南洋舰只的请求，李鸿章也觉得此事已妥，就在9月29日将谕旨转寄给南洋，同时电告刘坤一说："各船北来，祈饬长赴威海归队协防。"然而刘坤一竟一口回绝，次日回电称前线作战经费多为东南各省提供，因而日本对东南也是虎视眈眈，不能减弱防务，不愿派遣军舰。李鸿章也只好作罢。后来旅顺告急，李鸿章重提调遣南洋舰只往援之事，而新任署理两江总督的张之洞不予理睬。11 月 17 日，李鸿章只好请总署从广东水师调拨两艘鱼雷艇。然而两广总督却说只有头二两号勉强可以出海，但已年久失修，无法远行。李鸿章更觉无奈。

但李鸿章并没有放弃抗击日军，仍苦撑危局，可见李鸿章并非贪生怕死之徒。

其次，《马关条约》不是李鸿章一个人说了算的，当时清政府也是作了权衡后同意的，是政府行为，却只说李鸿章是汉奸，这并不公允。当初李鸿章奉旨进京准备前往日本议和时，就非常明白：要达成议和，只能接受割地赔款的屈辱。当时，日本政府已经公然宣称："日本国政府兹声明：中国除支付军事赔偿金，承认朝鲜的完全独立外，并由于战争的结果须割让土地。又为使将来的交际有所准绳，应缔结确切的条约。若非派来具备以上谈判基础的全权，则虽再度派遣媾和使前来，亦全属无益。"清政府对此不可能充耳不闻视而不见，之所以派李鸿章议和，以一定程度上接受了割地。

因此，李鸿章不是同意割地赔款的罪魁祸首。

另外，清政府已没有选择余地，只能同意《马关条约》。当时，日本是步步紧逼，攻城掠地，先后攻占大连、旅顺，又在辽东大败湘军，攻占鞍山、田庄台、牛庄、营口等地。而且，日本海军的 8 艘军舰已经攻占澎湖列岛。

此时的主战派大臣们多已惊慌失措，提出的意见都为纸上谈兵。像张之洞就主张请英俄相助，并以新疆、西藏作为酬谢。刘坤一则叫嚷要打持久战。可见局面已混乱不堪。

还有一点须特别指出的是，当时全国出现了抗议签约的浪潮，光绪帝因而不想予以批准，他觉得可以利用民心，自己率兵与日军来一次殊死决战。但他毕竟是皇上，还是要理智地处理问题。他就再战的问题争取南北洋两总督刘坤一和王文韶的意见，然而二人不敢明确回答。

而负责中日联络的洋人科士达也告诉清政府，条约不是李鸿章一个人的事："因为在签字前每一个字都电达北京，皇帝根据军机处的意见，才授权签字。假若他拒绝批准的话，那在文明世界之前，他将失掉了体面，对于皇帝的不体面，军机大臣是负责的。”可见光绪帝是经过仔细考虑才正式批准条约的。单就签约而言，光绪帝才是真正的签约人。

最后，李鸿章在谈判中并没有奴颜婢膝毫无原则地出卖中国的国家利益，实际上正好相反，他千方百计使国家损失尽量减低。

事实上，李鸿章参加和谈时一直有伤在身。那时，李鸿章从谈判地返回行馆，忽然有一个日本青年冲出钻进人群，左手攀轿杆右手开枪，李脸部受伤，场面顿时混乱，凶手趁机混入人群之后潜入路边店铺之中。

李鸿章当即昏倒，鲜血染透了衣襟，被抬回行馆，由随行的西医进行急救。不久后他苏醒了，还是坐怀不乱。

李鸿章被刺，对正处于谈判不利地位的中国代表是有利的。因为日本提出了极为苛刻的停战条件，使得李鸿章已经不再就停战进行谈判。而这一刺杀事件的发生，使日本受到了国际舆论的谴责，中国则得到普遍同情。日本也担心各国反对自己，伊藤就表示这事件甚于一两个师团的溃败，战败犹能挽回，而此事不能恢复。陆奥也觉得李鸿章在国际上有很高的声望，以此高龄到外国谈判还遭刺，难免引起各国同情，列强也会乘机干涉。此时日本政府的大部分要人都认为：要是李鸿章因此回国，对日本国民的行为强烈谴责；同时争取欧美各国的支持从中调停，很容易得到二三欧洲强国的同情。一旦欧洲列强出面干涉，日本只能做出巨大的让步。为避免上述情况发生，日本宣布无条件停战。

在接下来的谈判中，李鸿章施展其外交方面的杰出才能，与野心勃勃的日本政府展开了艰难的周旋。日本的条件主要是：中国割让辽东、台湾、澎湖列岛并赔款白银 3 亿两。针对这些要求，李鸿章写了《大清帝国大皇帝钦差头等全权大臣李覆大日本帝国全权办理大臣所拟和的底稿说帖》（简称《说贴》）。

《说帖》明确反对割地，说：既然日本提出和约的目的是避免两国将来争端，而割地不但起不到这个作用，反而会使争端纷起，两国仇恨代代相传，永无宁日；而领土是经过数代千百年相传的无价基业，一旦割让必然引起人民的仇恨，从而引起报复；而奉天是大清隆兴之地，如果被日本占去，则全体中国臣民势必尝胆卧薪，力筹报复。东方两国同室操戈，不相援助，将使别国坐收渔利。

《说帖》提出中国财政绝对拿不出3亿两的赔款，而且日本所耗军费最多也不过1.5亿两。两要求太不合理，如不删减，难以同意。

日本政府因此提出了《和约节略》，提出从鸭绿江上溯到安平河口经凤凰城、海城、营口一线以南割于日本，只让中国留有辽阳；割让台湾和澎湖全岛；赔款减少为2亿，其余条款不变。并威胁这是最大的让步，如果中国政府仍不同意，将继续重开战局。从当时李鸿章与伊藤博文的一段谈判中，我们可以体会到李鸿章的苦楚：

伊藤："中国为难光景，我原深知，故我所备节略，将前次所求于中国者，力为减少，所减有限，我亦有为难之处，中堂见我此次节略，但有允不允两句而已。"

李："难道不准分辨？"

伊；"只管辩论，但不能减少。"

李："总之，现讲三大端：二万万为数甚巨，必请再减，营口还请退出，台湾不必提及。"

李："去岁满朝言路，屡次参我，谓我与日本伊藤首相交好，所参甚是，今我与尔议和立约，岂非交好明证。"

伊藤："时势彼等不知，故参中堂，现在光景彼已明白，必深悔当日所参之非。"

李："如此凶狠条款，签押又必受骂，奈何？"

伊："任彼胡说，如此重任，彼亦担当不起，中国惟中堂能担此任。"

李鸿章急了，直接提出再减五千万赔款，中国将在条约上签订. 伊藤不肯。李又提出减两千万，伊还是不愿让步。李鸿章气得连呼："如此口紧手辣，将来必记及"；"又要赔钱，又要割地，双管齐下，出手太狠，使我太过不去"；"赔款既不能减，地可稍减乎？到底不能一毛不拔"！

伊藤针锋相对地说："我与中堂交情最深，故已多让，国人必将骂我，我可担肩，请于停战期前速即定议，不然，索款更多，此乃举国之意。"

# 第八章　出使西国

## 一、头等钦差

### 1. 特殊使命

一个洋务专家不到外国，是一件非常遗憾的事情。

1896 年 5 月 26 日是俄国沙皇尼古拉二世举行隆重加冕大典的日子。光绪二十一年，清廷派李鸿章为特命头等钦差大臣，前往致贺。

新年正月初四日，光绪帝的老师、军机大臣兼总署大臣翁同龢专程来访李鸿章，让他借此机会取得外国的援助，这明确了李鸿章的任务。

初八日，朝廷下旨让李鸿章这回顺便出访德、法、英、美各国。

李鸿章的儿子经方曾任驻外公使，能帮他办事，于是李鸿章说："臣子李经方幼曾习西国语言文字，嗣充驻英参赞，游历法德美各邦，旋充出使日本大臣，于各国风土人物，往来道里，均所熟谙。臣年逾七十，精神步履日见衰颓，所有沿途舟车馆舍及随从仆役约束指挥，势不能处处周到，而所至之地，各国官商士庶必多闻风来谒，不胜接待之烦，若得李经方同行，则程途之照料，宾客之酬应均可分劳"，想让儿子李经方得以同行。光绪帝表示同意，于是，李经方和罗丰禄得以一同赴俄。随行人员共 45 人，有文职人员 17 名，武职 18 名，仆役 10 名，其中有洋员 5 名，包括李鸿章的英国医生尔文。当时相信西医的人没几个，李鸿章则是个例外。

对这次出行，李鸿章颇为满意，表示：

我办外洋交涉数十年，不敢谓外人如何仰望，但各国朝野也总算知道中国有我这样一人。他们或者喜欢与我见面谈谈，也是普通所有之事。究竟耳闻不如目见，我亦借此周历一番，看看各国现象，可作一重底谱。在各国尚有许多老友，昔年均柄过国政，对手办事，私交上颇相投契的，现在多已退老山林，乘便相访一遭，亦是快事。

十六日，李鸿章前往颐和园，向慈禧太后告别。

正月十八日，李鸿章陛辞光绪皇帝。

二十日下午，李鸿章一行乘火车从北京出发，大家都到东便门车站送行。那天天气很糟，风沙大作，给送行的人们带来不祥之兆。大、宛两县在离城20里处设宴饯行。宴会在民房外加札的大棚里举行，而大风都快把棚子吹飞了，食物里都是砂，难以进食。然而，年过七旬的李鸿章却毫无惊惧，边吃边谈，笑着说："自少年时，凡出门非狂风即暴雨，海行无不惊涛骇浪，不知何故。"大家都附庸说："中堂丰功伟业，雨师风伯，皆来祖饯。"他表示"不敢"，接着转到对自己获罪之身感叹之上，说："吾当亦不致获罪于天，何以节节与我为难耶?"

就要出发时，他说了一句很沉重的话："予此次乃舆衬而行，万里长途，七旬老物，归时能否相见，实不可知。"他也带了一副棺材上车，说明自己是认真的。大家都要讨个吉利，于是劝他："中堂精神矍铄，将来尚须主持国是，重作一番伟业。"

李鸿章保持笑容，虽然说要准备捐躯，但精神依旧矍铄。

天津中外报纸评论："假如李鸿章中堂三十年前出国考察，以知天下大势，则对中国影响必大。"

二十七日，李鸿章乘"海宴"号轮船南下。这是清政府也是中国首次派出的最高级别的出国代表团，因此世界各国都给予了高度重视，明显地反映在外交礼节上：当李鸿章乘坐的轮船到达上海吴淞口时，各国陆海军都鸣放礼炮和排枪致敬，中国军队也效法外国鸣枪鸣炮表示敬礼。

十四日，李鸿章登上法国邮船准备次日出发。在此之前，几乎天天都有各国领事、总领事、各级官员和他所创办的招商、织布、电报三局来给他饯行。李鸿章在上海呆了十多天，当地的中西上层社会日日喜气洋洋。李鸿章的活动成了人们最为关注的话题。

十五日下午一点，悬挂着大清龙旗和头等钦差旗帜的法国邮船驶离吴淞口，各炮台及各国军舰都鸣炮送行。李鸿章一行途经香港、西贡、新加坡，穿越了印度洋、红海、黑海，一路上都十分平安顺利。

**2. 俄皇加冕大典**

法国邮船来到苏伊士运河北口的塞得港。三月初十日，俄皇尼古拉二世所派乌斯托姆斯基亲王早已在此迎接，他让李鸿章等换乘俄轮“俄罗斯号”赴俄。

三月十五日，李鸿章一行到达敖德萨港。俄政府早已派出陆军元帅和文武百官到港迎接，场面极其宏大，从港口到行馆是一路彩旗飘扬。中俄两国国旗引导着迎宾队伍，一路上乐队高奏亚、欧音乐。礼官按俄例向使团献馒头和盐，表示以上宾相待。晚上，李鸿章应当地官员之邀观看戏剧表演，大批军队在行馆周围负责安全工作。受到如此隆重的欢迎，李鸿章“神情甚喜”，虽然身体劳累，但“精神甚好”。他犒赏了所有迎接和保卫的俄军官兵，又表现了大国的慷慨。

三月十八日，李鸿章专列到了俄国新都彼得堡。车站悬挂中国国旗，在军乐队的乐曲声中，李鸿章一行由军官引导走出站台。中国驻俄使臣许景澄及全体使馆官员到站迎接。俄国外交大臣罗拔诺夫也前来负责迎接。李鸿章问候了沙皇后，双方约定在二十二日谒见沙皇。然后，李鸿章乘坐沙皇特遣之御用车前往大客馆。为迎接李鸿章一行的到来，该馆花了好长时间装修布置，显得富丽堂皇。当时的俄国巨商巴劳甫因曾在中国发家，大部分产业都在中国，对中国有深厚的情感。他在中国还曾经见到过李鸿章，这次坚决邀请李鸿章一行到他家去住，为俄政府节约钱。盛情难却，李鸿章只好答应。巴劳甫马上派来上好马车将中国使团接回家。他的门前有一座高搭牌楼，李鸿章的巨幅画像镶嵌在楼额之上，以示“专敬”，中国旗帜在四周高高飘扬。门窗屏障全写着中文的吉祥祝词。房中皆以毡毯铺地，还有许多盆花，夫人和孩子热情相迎，用金盘献上盐饼。这是俄国人恭君父的礼节，以此表示对李鸿章的无比尊敬。接着，乐队又先后演奏了中俄音乐。24 个儿童身穿红黄绸缎手捧盘花，李鸿章一下车就排着队向前走，同时抛洒鲜花，为李鸿章一行垫靴。巴劳甫的4个儿子将李鸿章导入精室，小女儿献上花球祝寿。一切的用具都是中国的，吃的也是中华烹饪。巴甫劳的语言起居简直就是地道的中国人，顿时让李产生了宾至如归的感觉。

二十二日，在俄国大臣的引导下，进入行宫。这里距彼得堡150华里。李鸿章换上公服，在旁室稍事休息之后，入殿参见俄皇和皇后。俄皇及皇后都降座相迎。李鸿章礼毕递交了国书，转呈了清帝馈赠沙皇“头等第一双龙金宝星”一座，为法国巧匠精工细作，还有大烛奴一对，白壁一双，色丝顾乡大红毯一幅，还有一对极为珍贵的千年古铜瓶，同时，还有大量嵌宝的珐琅瓶碟器皿，全都是价值不菲的珍品。李鸿章致词，转达了清帝对沙皇干涉日本还辽的美意，表示了对沙皇加冕的敬贺，希望中俄永远和好。俄皇也致答词表示感谢。

后来，李鸿章道出了此行的动机：“专贺加冕，便历诸国，以资博考，为他日回华整顿，裨得良法，与俄实无密约，交谊固厚也。”

四月初七日，加冕大典即将举行。李鸿章于是来到莫斯科。罗拔诺夫和御前大臣达施考甫、财政大臣维特都来拜访他。

四月十四日，加冕大典正式开始。西方人都认为这是极大盛事，各国使节都应邀前来。英国女皇派来两个儿子和一个太孙；日本天皇也派了伏见亲王作代表，另派山县有朋为特别贺使；法国也在巴黎遥祝，全市放假，悬灯升旗，政府和军队都休息，大赦囚犯；意大利王子拿波里也来到莫斯科。沙皇也宣布10年内赋税减半，同时减免欠租。

李鸿章在盛会上大饱眼福。庆典光乐工就有5000人，广场上聚集了50万名各地群众，同时在广场上搭设了许多颁发肉饼、馒头、糖果及甜饼的彩色大棚。结果发生了乐极生悲的事情，由于管理不当，拥挤的人们互相踩踏，2000多人死亡。

李鸿章听说俄国的民意党人此时正蠢蠢欲动，沙皇亚历山大二世就是被他们刺杀的。为避免不测，原订莫斯科郊外的大集会被推迟，加冕大典前后一个月内在莫斯科大肆搜捕可疑人物，莫斯科大学的高材生是重点戒备对象，被禁止外出。这时，又传来波斯王被国内“乱党”暗杀的消息，沙皇更是寝食难安。法国月报还登载了一封匿名公开信，大肆攻击沙皇横征暴敛、待民如敌。因此，李鸿章一行通过自己所见所闻，深刻体会到专制统治与民众的激烈矛盾。

十五日，各国特使大臣受到了沙俄的接见。李鸿章与英国驻俄使臣欧格纳一起入见俄皇及皇后。从十六日至二十三日的一星期内，他的一举一动都为国际瞩目。

事实上，人们对李鸿章的关注程度远胜于正在举行加冕的沙皇。

# 二、巡访别国

## 1. 与俾斯麦论政

五月初三日，李鸿章进入德国境内。中国驻德俄两国使臣许景澄和全体驻德使馆官员早在车站恭候多时了。德国上驷院官员驱四轮六马朝车前来，全体官员脱帽致敬，李鸿章与之一一握手。然后，由礼兵夹道护卫车队前往柏林。李鸿章还顺路参观了但泽的造船厂，厂主拿出许多最新船图和地图多幅。之后，李鸿章下榻在柏林德皇预先准备好“该撒好司”皇居为行馆，供应丰美华贵，还根据事先打听到的李鸿章的嗜好做了无微不至的安排，这使得李鸿章对衣食住行都极为满意。比如为了满足李鸿章喜欢吸雪茄烟，喜欢听画眉鸟鸣叫的爱好，专门在行馆的茶几上放了雪茄，悬挂了一笼画眉，真可谓是用心良苦。李鸿章的寝室墙上还悬挂了李鸿章和俾斯麦的照片。

俾斯麦在德国有崇高的地位，是三朝元老，促成了德国的统一，所受的尊敬超过德皇。而李鸿章在中国也是功勋卓著，被西方人称作“东方俾斯麦”。现在李鸿章来到了傅斯麦的祖国，德国人认为是千载难逢。

五月初四日，德国派 4 辆朝车将李鸿章及随行人员接进宫。道路两旁挤满了观众，德国骑兵列队前导后随。皇宫大门里两旁都站着御林军。12 时，德皇在“耐芝堂”升座。普鲁士时代国王多在此举行大礼。李鸿章由行礼官导入，而德皇面朝南坐，大厅里站满了达官贵人，做好了迎接李鸿章的准备，亲王贵戚大小文武官员济济一堂，以待大宾。

李鸿章给德皇三揖致敬，交上国书，大意为“中德邦交，逾于诸国，仗义索辽，实铭厚德”，对德国多年来派军官帮助清军练兵及提供武器装备表示感激，同时转达了清帝对德皇的问候，愿中德友谊世代相传。此后，又由随员向德皇呈献了礼品。

德皇则表示“朕今奉迎大清国头等特使、大才能、大名望、大才臣，中怀欣悦，匪言可喻”；愿中德邦交永远和睦，愿中国永远繁荣昌盛；同时感谢清帝的致书盛意，对派出使臣表示敬意，并祝愿李鸿章在德期间一切顺利。

柏林各大报刊皆于次日原文登载了李鸿章颂词和德皇的答词，显得极为重视。然而，李鸿章所说“……即此一端，已见中德之友谊，实较诸此外有约各国，更形洽比矣”被西欧报界评论为失言，原因是李鸿章刚到过俄国，而且还要去别国访问。看来李鸿章还是显得经验不足。

端午节这天清晨，李鸿章拜访了德国外部马旭儿男爵和大臣弼箔赐丹。此后德国外部大臣回拜李鸿章，并代表德皇将镶有金钢钻石的“红鹰大十字头等宝星”授予李鸿章，他的儿子李经方也获得同等赠品。下午，李鸿章一行坐德外部专车前往拜谒德皇祖父威廉一世的陵墓，同时献上了写有“李鸿章敬奉大德国威良第一皇”的黄玫瑰花圈。

初六日，德皇和皇后在新皇宫举行茶会款待李鸿章。德皇和皇后亲自主持，各大臣及其夫人、各国驻德使节、中国驻德使馆人员以及李鸿章的随员都参加了。茶会结束后，李鸿章应德皇和皇后之邀前往御教场阅兵。德皇坐宝座，而李鸿章也坐在了德国銮仪卫官员早已准备好的大红缎伞下的虎皮椅上，这是依中国之制而设。这时，总统御林军大臣下令开始操练。首先进行的是分列式，所有阵式变化和口令都有翻译给李讲解。德皇为了照顾李鸿章年老视力不佳，传命操练再近一些。于是又分为二阵操练，进退离合，各施所能，整齐严肃，变幻无穷。练了一辈子兵的李鸿章，看到德国兵如此训练有素，不免慨叹道：“我若有10营这样的兵则足矣，尚何么么小丑之足为华患哉”，不经意中流露出抵御外侮的愿望。

下午7点，李鸿章到枪厂考察。德国来复枪是举世闻名的，清军就曾大量采购装备。工厂的老板非常欢迎李鸿章，特别准备了轮椅让他乘坐遍观全厂。全厂人员6000，4000台设备。李鸿章只是在各处大致参观了一下，就花了一个半小时。李鸿章看见工厂还有别国雇员，特别是美国人麦心精于造炮，德国人用高薪聘请了他，李鸿章仔细参观了他负责的部门。此外，李鸿章还特别细心地参观了造枪部门。当他听说该厂所造的一种枪能临时改装成马枪，觉得很佩服。在结束了参观之后，李鸿章告诉厂主将来清朝一定要在该厂订购武器。

李鸿章对练兵一事是情有独钟。初七日上午，他从柏林乘火车去法兰克福再次参观德军操练。该军为德国驻华武官李哀德的旧部。清廷曾授予他双龙宝星，这次德皇允许他佩带取悦李鸿章。今天操练的项目是用步兵包抄炮兵，虽然这时天气十分炎热，但李鸿章仍观看得有滋有味，十分认真，一点不觉累。

五月初十日，李鸿章到司坦丁，德国船政大臣设宴欢迎。之后李鸿章又考察了船厂。当地的船厂为北洋海军造了“定远”号和“镇远”号。

初九日，德国首相何恩禄具举行盛大宴会招待李鸿章一行。由于是代德皇举行的，所以很多达官贵人都来参加，非常热闹。

李鸿章被西方人誉为“东方的俾斯麦”，因为他既是政府的宰相，又是军队的统帅，对内担任管理民众的总督，对外担任掌握着中国的局面。伦敦《中国新闻纸》说，过去中国出使欧洲的大臣不计其数，然而没有一个的功勋超过李鸿章，而且也不如李较有名望。

此时德国的三朝元老俾斯麦仍健在。他曾主持国家的一切军国大政，完成了德国的统一，被封为王。现在他已功成身退，离开政坛时日已久。然而当他听说“东方俾斯麦”来了，很想与之一见。

李鸿章对他更是倾慕已久。五月十七日，李鸿章前往拜访俾斯麦。得知消息的人们“蜂屯蚁聚”，纷纷到车站观看。

身着黄马褂的李鸿章下车后缓步前行。俾斯麦早就在门口迎接了，还穿上了只在重大节庆才穿的服装。两人皆为世界级的首相，都是长身玉立，伟人风度，两人走近后握手，站着就交谈起来。一旁的翻译开始忙了起来。

俾王说：“噫！大国位尊望重之名臣，何幸而辱临敝地哉！”

李鸿章说：“向闻西拉内的之大功大德，不解何以造到如此神妙不可测之地步，今见西拉内的之目，如睹西拉内的之心矣。”

此中“西拉内的”是说俾王是一位既高且静，如同穆然居于云霄之上的人。而俾斯麦称李鸿章为“劳瀫铁纳丝”，也是夸李鸿章是不凡之人，他说：“劳瀫铁纳丝亦已成就奇勋矣。”

李鸿章说：“不敢，比起俾王的功德差远了。”

俾王说：“大好！大好！总之，我等不过欲自完本分耳。”

两个人进屋坐定后，又就失眠进行了交谈。李鸿章问：“贤王玉体如何？”

俾斯麦答：“夜里常不能熟睡，甚以为苦。”

李鸿章说：“仆亦常觉痛楚。”

俾王说：“仆幸不痛，唯不能终夕入睡乡耳。”

李鸿章因脸部曾受枪伤，说：“此处伤痛尤剧，且又曾染风疾也。”

这时，俾斯麦又以茶点款待李鸿章，两人边吃边聊。

六月二十三日，李鸿章起程前往荷兰。在德国边境的克累弗，当地官员和企业家们盛宴饯行，还有资本家提出承担所有费用。李鸿章发现其中有不少制造商，于是通过译员作了即兴发言，大意是：本大臣将离贵国而去，德国所希望于余者，为购买各种器具，今虽恝然竟去，勿须失望，余回国后有所购置，必在贵国洽购。

德国人到现在终于明白了。他们原以为李鸿章会与德国签订大量购买协定，然而却落了空。这样一来，李鸿章离开德国后，新闻界没有大肆宣传，反而表现得“淡漠殊甚”，“显豁呈露”了自己的失意。甚至有报纸反省说，德国对李鸿章等人的接待是“轻举妄动”，“诸事溢乎其量”，德国自贬身价，“彼不将长其骄矜乎”！又追述了过去俾斯麦权倾朝野时，德国上下也没有如此礼待，说不应该因为李鸿章号称“东方俾斯麦”，就把他当成德国的俾斯麦来礼遇。现在李鸿章的离开让德国人清醒过来，“梦醒而头风大作，呼痛声喧”，“此自寻之烦恼，所谓自作自受者也”。

当时有英国报纸更是对德国的资本家们大加讥讽，说一开始各家厂商们互相猜疑，你怀疑他已经承造战舰，他又怀疑我已经承造大炮，接下来各商都讳莫如深了，最后，大家都不清楚到底谁签了合同。等到李鸿章快要离开了，大家都还抱着满心希望，准备趁最后的机会多捞些订单，直到李鸿章作了告别宣言，才发现已是徒劳无益。伦敦《中国报》嘲笑德国人完全是一厢情愿，“李中堂衔命使欧，其念念不忘者，唯在联络邦交，”德国人对李鸿章极为热情，这些他都“一一领受，亦甚兴高采烈’，但根本没有采购的打算，“当宾主款洽之际，中堂恒言，今幸亲见制造之美，回华而后，必将备细言之，凡有所需，凡求诸德。味其言外，盖叮嘱德人毋空费而叹失望也，吾实非开单购器而来也，而德人不悟也”。德国人自己的判断有误，怎能把责任推到李鸿章身上呢？

**2. 荷兰礼俗**

荷兰国王派代表瑙钵迎接李鸿章。瑙钵是前驻华公使，和李鸿章交情匪浅。五月二十四日，李鸿章一行换乘火车来到，荷兰国王又派遣四位要员前往车站迎接。李鸿章下车稍事休息后，第三批荷兰官员又来到迎接，请李鸿章改乘王辇前往行馆。

安顿事毕，李鸿章又乘王辇拜访荷兰外部大臣，按照外交惯例行事。荷兰外交部又于当晚设宴欢迎李鸿章的到来。

李鸿章住了一宿，直到次日才发现荷兰竟是女人掌权。这对于脑子里满是男人主导的李鸿章来说，确是奇闻。虽然在中国也是由慈禧太后掌握大权，但终究不是长久之计。在荷兰，女子掌权是天经地义，女人做国王是司空见惯，妇女的地位之高可见一斑。

五月二十五日，李鸿章到举世闻名的艺院参观。夜晚又参加了荷兰举行的盛大宴会。荷兰皇太妃和新继位的女王派来的女官招待了李鸿章一行。

荷兰的老国王驾崩后皇太妃听政，公主即位。宴会过后李鸿章等还观看了演员们的歌舞表演，“琼喉玉貌”是“并世无双”。李鸿章高兴得诗兴大发，写了一首诗赞美海滨风光和歌舞的动人：

出入承明四十年，忽来海外地行仙；
华筵盛会娱丝竹，千岁灯花喜报传。

舞台上悬挂有红障，赫然地写着“五福寿为先”五个中国大字，这很合已70多岁的李鸿章的心意，令他十分开心。

五月二十六日，李鸿章一行入宫觐见皇太妃和国王，把准备好的古铜诸器、古瓷、丝缎、名茶等礼物送给国王和皇太妃。其中，有一对600年的古瓷瓶；一对铜胎磁面景泰窑大瓶；精致的珍品五彩画瓷茶杯1筒；用华丽的雪青宫锦织成四季名花大缎、金线缎各1端；还有皇陵禁地出产的极品茶叶4箱。

荷兰太妃也授予李鸿章金狮子大十字宝星，而李经方也获得了拿骚勋章，剩下的随员也都分获宝星。

礼毕之后，太妃又在便殿宴请李鸿章。太妃举杯遥祝中国皇帝福寿无疆。李鸿章答颂王太妃暨女幼主太平万岁。

五月二十七日，李鸿章来到阿姆斯特丹这一世界性的大通商港口。在车站，他受到了当地官员的热烈欢迎，此后，他又乘小轮船前往荷兰海军军港参观。荷兰琢磨金钢钻的技艺领先于世界，因此李鸿章又慕名前往金钢钻局。

五月二十八日，李鸿章一行离开阿姆斯特丹，乘火车前往荷兰边界的鹿特丹，准备到比利时去。

### 3. 得赠利器

比利时国王派来的御前大臣和官员们早就在边境等候李鸿章的到来了。车站里御林军列队整齐，向李鸿章致敬。炮队鸣九响礼炮，仪仗队也接受了他的检阅。然后，他登王辇，在御林军护拥下前往布鲁塞尔的行馆。

当时有个陪同的男爵提起自己曾随当时仍是太子的国王出访中国，刚到北京，比利时老国王就去世了，不得不赶回比利时。这回国王便因此特遣自己来陪同李鸿章。李鸿章对比王的好意十分感激。

二十九日，一位男爵用王辇来接李鸿章进宫。李鸿章并不因为比利时国家小就显出大国的傲慢，反而十分有礼。比利时国王也对李鸿章礼待有加，致颂词，祝福中国和大清皇帝。李鸿章答颂词，同时表达了愿两国建交和好的愿望。后来，比利时国王提起自己到过中国的经历，说现在李鸿章又到了比利时，大家都非常了解。此后两个国家关系更非同一般。

下午，布鲁塞尔市长陪同李鸿章参观政府大楼。李鸿章签名留念，当晚又参加了比利时王在宫中举行的盛大宴会。

西方各国有宴会上不吸烟的习惯，违反者是非常失礼的。然而听说李鸿章有很大的烟瘾，即使是在宴会上也要抽烟。于是比利时王特意拿出上等香烟招待在座客人。这样，李鸿章吸烟就不会失礼了，其中用心实是良苦。

三十日，李鸿章前往埃诺省，受到当地官员的热烈欢迎，仪仗队鸣炮致敬。李鸿章到演武厅，观看了比军的军事项目的训练，接着观看了步炮兵的联合演习。这令李鸿章十分赞赏。

在此期间，李鸿章参观了多家兵工厂，表示了有大批采购先进武器的兴趣，同时，还准备延请该国的军事人才来华训练清军，然而终无定论。

在参观克革烈枪炮公司时，李鸿章又见识到了速度快、杀伤力强的新式武器，令他羡慕不已。于是，该公司决定赠送他一门上等新炮。李鸿章说"猥承厚赐，不第行李重滞已也，奉使之大臣无受人军器之礼。贵公司果爱吾华，莫妙于进呈朝廷，斯为得体"。在他得体的建议下，该公司奏请了比王终获批准，然后特地派了一位武官将此炮送至中国。

虽然比中两国建交已久，但向来交往较少，比利时能专门派员大老远的把炮送到中国，不能不归功于李鸿章。

### 4. 适逢大典

六月三日，李鸿章前往法国访问。当他乘坐的火车到达巴黎时，车站里早已彩旗飘扬，立起了高大的牌楼，中间飘扬着大清龙旗。在两旁法军步骑兵的护送下，李鸿章等乘坐特地准备的御车前往行馆。

四日是法国国庆日，巴黎举行了圣大的庆祝会，李鸿章应邀前往参观。清晨，李鸿章与法国外交部长汉诺多会晤，9时在骑兵的夹道护送下乘坐御车到达爱丽舍宫。他受到了法国总统福尔的接见，递交了国书并致词说："去岁日本夺我辽南，复荷鼎言，光复故物，弥承眷顾。友邦之盛意，感佩莫名。"福尔致答词说："余甚喜贵大臣之远来，深愿竭诚尽敬以相迎。异时旌节遄回，更愿代余及敝国转奏皇上深冀贵国升平隆盛之微意。"

下午，法国举行阅兵式，特邀李鸿章前往参观。晚上，巴黎城大放烟火，李鸿章坐着小轮船在塞纳河上畅游。明镜般的水面上倒映着点点灯火，岸上灯火通明，人群拥挤热闹。他在共和的法国里感受到了一种不同的热烈气氛。此时虽已入夏，天气炎热，但李鸿章仍是兴致不减，游到夜深时才返回。

初五日，汉诺多前来，随同的有光绪十二三年间曾担任驻华使馆帮办的康司丹。

初六日，李鸿章派人把朝廷献给法国总统的珍贵礼品先行呈送，随后亲自到法国内阁总理家中拜访。李鸿章对法国农业极感兴趣，尤其对法国农民肥田法赞不绝口。法国总理说“仆愿以农学师借与贵国，以教华农也”，提出要帮助中国振兴农业。

当晚，福尔在爱丽舍宫宴请李鸿章一行，应邀陪同的还有众多达官、贵妇，以及别国的官绅士女。李鸿章及其随员们听说西方国家的君主们从来不以臣礼对待其他国家的贵宾，甚至有时还对本国的臣民行宾主礼。李鸿章等生长在一个君主专制国度里，对此充满了好奇和不解，“颇疑自贬声价”。在大清帝国里，皇帝和臣民只有主奴关系，皇帝和洋人也属君臣，号称“天下有道，万邦来朝”，中国大皇帝是外国君主的主子。这种观念在两次鸦片战争后逐渐被打破。李鸿章觉得洋人们的这种做法，是不会造成相互不敬的情况的，因为人与人之间的关系有人权和人道相维系。难免让人感叹“所谓情与义交尽也，善哉，善哉!”

李鸿章将要离开法国，法国总统把一对五英尺高，叫做“赛法儿”的蓝色花瓶送来，做为给清帝的礼物。此瓶为古窑所产，是欧洲瓷器中的极品，法国此举是想表示对中国的友好。

法国官方如此热情接待李鸿章，引起了一些法国人的不满，觉得没有必要。甚至有一家法报批评此举“竟至糜帑至法金百万法郎，此皆民脂民膏，岂容浪掷”。法国内阁官报立即将实账登刊，此次所有交通费用不到 8 万法郎（3000 英镑）；此外，为李鸿章等人提供住所花经费也仅为 3 万法郎。

这样一来让人觉得法国人十分悭吝，很不友善，但是从某种意义上，却说明民主国家的公民关心国事，而政府也很重视民意，有问必答，对民众表现得极为负责。

李鸿章最为重视的还是军事问题。六月初八日下午，他到法国军官学院观看了军事表演。十五日早晨，又观看了炮兵射击表演。十七日，前往枪炮局参观，午饭后乘火车到了圣西蒙。当他看到了来复枪的射击演示和舰炮之后，极力称赞。

六月二十二日，下午3时多，李鸿章乘车来到法国总统福尔的私邸。福尔之前已从巴黎赶来。然后又参观了船厂和试炮场。在观看大炮射击时，法国军官担心他年纪太大，会被震坏，专门让他在远处的避音小屋里用望远镜观看，每次射击都让李鸿章很兴奋。他头戴红顶三眼花翎大帽，身着黄马褂，口衔雪茄，手执望远镜，仔细观看。不时就不明之处询问身旁的法员。当晚，法总统又为他举行了盛大的宴会。这天，李鸿章还抽空观看了法国的赛舰比赛和舞蹈。繁多的活动安排得妥妥当当。

同时，他还参观了民用和公用事业。六月初十日，他来到世界著名的费加罗报社，曾任驻中国公使的李梅陪同前往。李梅与他是老交情了，很乐意做他的向导。当报社的主笔正谈得起劲时，李鸿章指着墙壁上的俄皇加冕盛仪图对李梅说，“今见此图，全神毕现，令人如置身于莫斯科”。他十分欣赏现代摄影技术，同时表达了自己能参与加冕仪式，实是荣幸，说：“似此盛事，实使人铭心刻骨，永不能忘者也。”十四日，他坐火车去克鲁沙，参观采煤炼铁和制造钢轨及机车的工厂。十五日，在莱茵参观了织绸局。十六日，莱茵洋务局举行宴会赴请他。席间他又见到了几位在中国的旧友，大家都觉得很高兴。

十一日下午他参观了博物院，心情变得糟糕了，他知道这里很大，拥有极多展品，即使来上几次也难以遍览，也觉得十分佩服。但看到收藏品中的大量中国古今宝物，心里便觉得很别扭。

此外，李鸿章还游览了许多巴黎的园囿。看到园中鱼鸟亲人，天真活泼，更有许多中国没有的珍禽奇兽，还有原来是极为凶狠的猛兽也被驯化得服服贴贴，对此他很感兴趣很高兴。他称赞法国的博物学者，对改造自然做出的贡献。

忽然，他认出来了水中成群嬉戏的鸭子。旁人证实，那确实是来自北京的鸭子，法国人称为“官鸭”，他更是开心。接着，他又看见远处成群呦呦呜呜的麋鹿，不像是欧洲的物种。一打听竟是从中国的皇家园林弄来的。后来，又看见同为中国种的野雉、羚羊，刚才的兴致顿时“则不觉愀然矣！”办植物园和博物院的确造福于国民，但收集这些标本的过程很不光彩，众所周知，英法联军在中国的圆明园里制造的是怎样一场浩劫。

后来植物院长邀请李鸿章共进午餐，他没有动一口，只是随便吃了些自带的食物。不过，他没有明显地表示对所见的不满，只是推托是遵照西医嘱咐，以防胃肠积滞。

### 5. 受英国最高礼遇

六月二十三日，李鸿章乘坐法国政府特派专轮到达英国南安普敦。曾到过东方的现任英国海军司令的脱来西、中国总税务司赫德的弟弟赫政、从中国告假回英的英国驻汕头领事官理师古德登船迎接。同时到场迎接的还有中国驻英使馆人员和英国商务局负责人、南安普敦官员。

精通汉语的师古德担任了李鸿章在英国的陪同。

李鸿章一行乘坐英廷特拨的火车前往伦敦，中国驻英使馆参赞马格里及使馆全体人员到站迎接。英国礼宾官员带着 4 辆双马礼车来迎，马伕也都穿起了大红号衣。

当王廷礼车载着李鸿章等人在大街上行驶时，群众纷纷前来观看。当他们看到李鸿章年迈但却风采依旧时，都脱帽致敬。李鸿章等点头示意。李鸿章一行下榻之地为英王租赁的考登故邸。这里非常适合李鸿章的身份，又位于伦敦市中心，交通便利，一切安排都相当周到。当礼车到达之时，门前早有成百上千的群众前来欢迎，门内旗竿上的大清龙旗高高飘扬。

六月二十六日，李鸿章正式晋见英国女王。他们先乘坐皇家礼车前往火车站。行人见此情形，便知定是贵宾出行；又见李鸿章头戴三眼花翎，身着鹅黄上衣，雍容高贵，身旁的李经方也衣着华丽，都停下来观望。有的私下议论，有的脱帽欢呼。之后，李鸿章一行乘特备列车抵达朴次茅斯。这个英国军港港口里布满了战舰。英国海军司令沙门、斐利曼特尔将军，及海岸水兵司令雷恩将军到车站将李鸿章等人迎接到海上。李鸿章一行登上陈设华丽的御船“矮孛打”号。御船开动，港内的“维多利亚”号军舰鸣礼炮 19 响，向这位外国头等钦差大臣致敬。抵达怀特时，岸上已是水兵林立，官员们都等着迎接，礼仪的隆重远胜于德、法。李鸿章一行乘坐的四马御车来到阿斯本宫，礼官先请李鸿章到一小室小憩。女王派英国太子威理士亲王和太孙尧克上公来迎。相互寒暄之后，太子表示了慰问，李鸿章致答词。接着，太子率太孙及诸皇族告退，然后又在印度厅设茶点宴招待，英首相沙翁为李鸿章介绍各位到场的英国名流。之后，李鸿章又与沙相及英海军总司令客钵儿谈论起往事来。原来客钵儿曾在远东海军中服役，是李鸿章的老朋友了，自然显得亲切。

不久沙相告诉李鸿章女王要召见他。然后，沙相引导李鸿章入内，李经方、罗丰禄、李经述、赫政、师古德、脱来西依次而入。李鸿章在正殿见到了女王，她正坐在一张金漆椅上，头披白纱，身穿玄色衣，左臂白罗带下挂着个金盒，上面镶着已故的驸马都尉德亲王的小照片。女皇的左边是太子太孙之妃、皇族各爵之妃以及公主、郡主、县君、乡君等贵女。女皇的右边是太子、太孙以及皇子赐拜德上公。宫中办事的男宫官呈雁形分八字排在女皇身后。

沙相向女皇禀报大清国使臣李鸿章到。女皇站起来示礼。

李鸿章行礼之后朗诵了颂词，然后由李经方再用英语进行翻译。李鸿章再从次子李经述手中拿过金龙黄缎大御封的国书，由沙相转呈给女皇。女皇坐而受之，然后致答词。结束之后女皇再次起身折腰相送。李鸿章复礼之后带着随员退出。女皇站着不动目送李鸿章。

李鸿章的行船在返回途中，遇上了太子妃的“奥峙澎”号御船，李鸿章前往晋谒。太子妃亲自为他摄影，请他到御船上喝茶吃点心，并让太孙尧克上公和幼郡主坐陪。

这天，李鸿章见到有生以来最难忘的一幕。当时的英国海军每年举行一次演习，参与的战舰有100多艘。然而李鸿章在法国呆得太久，错过了看到全部演习的机会。现在演习已经结束，在港的只有47只舰。然而英国为了李鸿章又让这些军舰表演一次。舰队分为二列，好像林立的小山。李鸿章乘坐“矮孛打”号御船驶入其中，先打慢车绕出其首列之行；然后，曲折盘旋，从第二行之间穿出来。据估计，当时有巡洋快舰20艘，大铁甲舰27艘，还没有包括扫雷艇。当李鸿章的坐船驶近各舰时，各舰都降旗致敬。舰上海军官兵列队致敬，高奏军乐，表示对李鸿章的尊敬。

“矮孛打”绕行两周后开往朴茨茅斯，这时，英国海军鸣炮向跟在后边的太子妃坐船致敬。舰炮刚停，又鸣起了19响炮声，这次是朴茨茅斯炮台向中国使团致敬。这一切表现出英国的彬彬有礼。李鸿章于午后6点回到旅邸休息。

英国《京报》就当日女皇赠李鸿章维多利亚头等大十字宝星，赠李经方二等宝星之事作了报道。英国人都觉得这是以前没有过的。

七月初二日，汇丰银行宴请李鸿章，共有 300 人到场。7 点半正式开始，李鸿章坐在上宾首座。主人是汇丰银行老板喀密伦，曾到上海工作，与李鸿章结下了友谊。主宾欢聚一堂，其乐融融。当翻译罗丰禄将李鸿章的祝词宣读完毕时，全场的人都“大声欢呼，如大海之潮音也”。

宴会结束后，大家陪着李鸿章来到大厅旁的御园。园内有一座巨大的王者之亭，已预备好了座位，布置了鱼龙蔓衍的游戏景象。闻讯前来观看的人众极多，李鸿章一出现，顿时欢腾之声震天，人们纷纷向他脱帽致敬。亭外的池中有巨大的喷泉，在彩灯的映照下绚丽多姿。园中的众多彩灯更让人眼花缭乱。石畔亭旁有自动琴声，声音十分动听。

不一会儿，亭外又燃放起烟花来，刹时间有如星斗满天，美轮美奂，令人陶醉。李鸿章想：中国也有烟火，为何不晓得配以电光？主人示意他按动座位旁边的小钮，顿时在烟火交杂之处，出现“李中堂福寿无疆”七个电光中文大字。李鸿章乐开了花，不禁问道想此法而办此事的是什么人。

汇丰公司这一次花了 6000 英镑，折华银 3.666 万两，充分表达了英商对李鸿章的诚意。

### 6. 美洲之行

七月二十一日，李鸿章乘坐的轮船驶抵美国。美国政府按前年西班牙公爵访美时的礼节接待。船入纽约港，炮台鸣 19 响礼炮；经过美国北大西洋海军驻泊处，海军又鸣二十一响礼炮，与在欧洲所受待遇无异。但美国新闻界觉得这可是个绝大新闻，都争先登上李鸿章的坐船采访。当他上岸时，美军擎枪列队行礼。当地数万名群众手执中美两国国旗欢迎，几至万人空巷。远比欧洲热情。二十二日，李鸿章前往拜谒老友格兰特总统陵墓，同时敬献花圈。七月二十三日，李鸿章抵达华盛顿，正在休假的总统克利夫兰也特地赶回华盛顿，热情接待李鸿章，并进行了亲切的交谈。当晚，几乎所有的前驻华公使、总领事及各级官员和商人共同举办宴会款待了李鸿章。

二十六日，美国基督教会的许多领袖也拜访了李鸿章，对中国保护在华教友的行为致谢。李鸿章则对其在华开设学校和医院等慈善事业表示了感谢之情。他说：“孔子之道与基督之道大略相同；唯一则‘己所不欲，勿施于人’，一则‘己所欲者，必施于人’。”

二十四日记者会上，李鸿章不留情面地批评几年前美国的禁止华工风潮。一个记者试图让他难堪，问：“中堂正来自英国，较之我美，优孰若何?”让他比较一下英国和美国。他回答说：“君本隶英籍者也。美国之才皆从英出，孰优孰绌，岂使者所能定哉?”这真是巧妙得体的回答!

二十五日上午十点李鸿章到了费城，前往著名的独立厅参观，当地政府在此举行欢迎仪式，双方互致颂词。家家户户都在门上挂了国旗。李鸿章由当地官员引导游览各处名胜，老百姓们也都非常想见一见这位中国伟人。然而在下午重回华盛顿时，发生了一段不愉快的小插曲，原来李鸿章在昨天对美国排挤华工的批评中指责了爱尔兰人。于是，爱尔兰籍人约好了不给李鸿章抬轿，闹得很不愉快。

二十六日，李鸿章参观了美国国会和国会图书馆。

二十七日，因雨取消了参观华盛顿山陵的安排。下午天气稍有好转，他看到城里比比皆是的水泥建筑物，光滑如镜的水泥道，很是新鲜。许多人都骑着自行车。有人送他一辆，然而他却不能试试这个新奇的物体，为弥补遗憾便叫别人骑了一圈。后来带回了中国，从此中国也有了简便的现代交通工具——自行车。

华侨特别重视李鸿章的到来，差不多是家家悬旗，还设宴邀请。然而李鸿章却因手指被车门压伤不能到场，这令华侨们十分失望。后来他离开纽约前往费城，纽约50多华商合资给他送了一座银瓶，表达自己对祖国使者的心意。

李鸿章历来关心华侨，他也担心没能参加华人公宴让华侨伤心，于是专程前往华人街看望。毕竟离国已久，难免有思乡之情。他忽然兴起，想吃点东西，于是华人餐馆做了几个中国菜。不料洋人非常留意他的一举一动，纷纷围观李鸿章就餐。只见他吃得津津有味，又看到满桌的佳肴是色香味俱佳，这让他们很是新奇，纷纷询问李鸿章的随员各种菜名。随员们应接不暇，告诉洋人们有些菜他们也难叫出名，于是干脆说是“杂碎”。

洋人如同得了宝，纷纷传诵：李鸿章杂碎最好吃。于是，“李鸿章杂碎”便阴差阳错地成了中国美食的代称。在美国刮起了“中国菜热”。华人餐馆业红火起来，仅纽约一地就有三四百家“李鸿章杂碎店”。中国菜色香味俱美，“什锦”式的大菜更是其中的珍品。很快，中国菜便风靡世界各国了。

二十八日，李鸿章离美前往加拿大。火车到了两国边界，要改乘马车，李鸿章一行人便趁机参观了尼亚加拉大瀑布。瀑布显出了宏伟气势，巨大的水流从半空倾泻，喷珠溅玉。在它面前人类的一切都是渺小的，让人洗心涤虑，真不愧是世界著名大风景。

李鸿章发现在巨大瀑布深谷上还有大铁桥，车马畅通无阻，不得不感叹科学技术的伟大力量。

英属加拿大的政府官员已经准备的车马在桥头迎候了。李鸿章由人搀扶，进入加拿大界内，当晚在行馆下榻，受到了热情的招待。

二十九日晨，火车来到多伦多，当时城里正在开运动会。李鸿章的车在会场外停下来时，多伦多省长整衣出迎。正好加拿大政府的领袖也在，于是和官员们一同出迎。场面隆重之至。李鸿章下车和众人握手，表示了谢意。然后坐着小车入场游览，观看了洋人们的运动会。就在赛场厅堂里，多伦多省长主持了盛大宴会欢迎李鸿章的到来。席间双方互致敬词，李鸿章表示了对运动会的赞赏，觉得这的确是对人类精神体魄的发展非常有好处。

后来李鸿章乘火车前往温哥华。温哥华在多伦多以西，一万华里的路程只需六天便可到达。在中国早有“缩地术”的说法，但都被认为是胡说八道。李鸿章在国内早就提倡并最先创建铁路事业，但当他听说六天能行一万里，还是很高兴，觉得“缩地术”已经从幻想成为了现实。

来送行的人非常多，挤满了整个车站。一位记者对李鸿章表示了深厚的友谊，说：

> 中堂自乐土而来西国，行旌所指，直如上将之凯旋。我辈西人，乍悉星躔，即传电报。前途既知消息，无不计日欢迎。此非仆等之好为谀词也，各报所纪之事实，类皆足以证明。贵国古时诸葛之大名，其能如中堂之真垂宇宙哉！至于此日之来坎拿大也，舍美邦之轨辙，而就英国之程途，我辈坎人喜睹节旄，亦不啻红旗之报捷。惟祝中堂一路平安，回国之后，重掌大权，振兴新政，于以中外是福，千秋不朽，岂不美哉！

火车开了，双方挥手道别。确实是每到一站，都有当地官员迎送，他们都很想亲眼一睹中国使臣的风采。

李鸿章在温尼伯收到加拿大总理发来的授予他头等大宝星的电报，随行人员也都获得了不同等级的宝星。

李鸿章从八月初一日到初六日一直在乘坐火车旅行，对加拿大的辽阔有了切身体会。他给英国政府发去的电报里表达了自己的感叹："坎拿大之铁路，为天下第一大工，各国罕有伦比，且于贵国大有裨益；万一遇有战事，又可借以匡海程之不逮。本大臣铭佩于心，永矢弗谖也。"

初七日，他到达温哥华，准备乘船回国，当地政府官员热情迎送。美洲各地许多华人也赶来给他送行。

驻港的英国海军也鸣炮欢送。李鸿章临行前作了告别致词，说："本大臣水陆所经，历承优待。中心感激，莫可言宣。至于沿途所遇之景色，忽而热如盛夏，忽而冷似严冬，雪海火山，无不备见，其为欣幸，又岂在寻常意计中哉！"

轮船搭载着李鸿章一行人回到中国。他完成了朝廷交给他的任务。

光绪二十二年九月初一日，李鸿章在给幕僚吴汝纶的信中对自己周游世界之行进行总结：

> 兄以二百日，历九万里，驰驱酬应，晷无暂停，顽躯竟能支持，实非初愿所及。各处西医来视者咸惊为秉赋之奇，前在柏林曾以电法照验面部所受枪子，医者则云：去固不能，留亦无害，只可听之。各国接待情形及沿途行止，西报逐日记载至为详尽，译布中夏者不过十之二三。西人好名，所至之处辄有报馆人执笔相随，朝夕不离，有如监史，即一言一笑之细，亦纤细无遗。投老远竹，供人描画，一何可笑？至其立国政要……已觉所见过于所闻，其扼要处实上下一心，故能齐心合作，无事不举，积富为强。中国则政杂言庞，而生财之法又不逮远甚。每于纵观之际，时增内顾之忧。

让他感受最深的是中国与西方先进国家之间存在着巨大的政治和文化的差距。

# 第九章　黄花晚节

## 一、入值总理衙门

李鸿章满怀兴奋地结束了访问回到中国，觉得自己此行还是很出色的。他在上海告诉前来迎接的人们说：二十年内必无大事。

光绪二十二年九月十五日，李鸿章入京觐见复命，带回的国书和宝星由军机处在此之前交给光绪。此后光绪召见了李鸿章，阅览了国书。看到宝星金刚钻密排，光芒四射，一个长形双头鹰，自然对他夸赞有加。次日清晨，太后接见李鸿章。当时，李鸿章住在西直门外善缘庵，觐见完毕，心情轻松愉快，于是进了圆明园一游。

十七日，他擅入进园之举就被人揪住了，请求朝廷将他交部议处。二十三日，吏部决定将他革职，皇帝减为罚俸一年。

就在二十三日的同一天，朝廷又让李鸿章进总理衙门任职。事情往往如此捉弄人，他当了20年的直隶总督，一直负责处理外交大事，然而始终不是总理衙门大臣，如今当了总理衙门的职官却反倒无权了。他觉得这可是个苦差事，而且自己出访回来没有受到奖励反倒遭重罚，心里有气，在给刘坤一的信中就有明显的流露："越日遂有译署之命，未敢固辞。今日交涉，视前倍难，补救无从，惟有同分谤议而已。"

由于罚俸一年，李鸿章的生活也出现了些问题，先后收下了旧部宋庆分给他的一部分俸禄，正定县知县戴冠英的部分俸禄。他在北京购买房宅准备长期居住。

凭着自己的威望和丰富的外交经验，他成了总理衙门的灵魂和主心骨。当时，多数总理衙门官员畏惧与洋人打交道，因为洋人不易交往。遇事时只有洋人大放厥词，而中方官员不知如何回答，显得十分紧张畏惧。然而洋人一见到李鸿章就迎上来鞠躬致敬，李鸿章只是轻轻一挥手，洋人们就都回到座位上，对他的高谈阔论洗耳恭听，而即使李鸿章当着洋人的面也让仆人便换衣服边口讲指画，洋人们还是相当恭敬，一时间洋优华劣的局面改变。可见，李鸿章也是很重视维护国家尊严的。

他除了按时到总署办事外，只是呆在位于贤良寺的家中，不接待来访的客人。他一个人时总是满怀感叹，他曾对人说：我少年科第，壮年戎马，中年封疆，晚年洋务，一路青云直上，已算幸运；然而一个中日交涉，致使英明尽毁。

他对自己一生中所遇之艰难困苦，也很感慨，说“功计于预定而上不行，过出于难言而人不谅，此中苦况，将向何人宣说”。

他对自己倾注毕生精力的洋务运动也作了精辟形象的评价：我办了一辈子的事，练兵啦，海军啦，都是纸糊的老虎，何尝能实在放手办理，不过勉强涂饰，虚有其表，不揭破，还可以敷衍一时，好比一间破屋子，由裱糊匠东补西贴，居然成一间净室，如果遇到小风雨，打成几个窟窿，随时补一下，还可以对付；但若是大力把它扯破了，又没有预先准备出修理的材料，没有考虑好改造的方式，自然真相败露，不可收拾。但裱糊匠又怎么能负责呢？

李鸿章认为言官制度是中国最坏的制度，说明亡就是言官之过。认为言官们大多年轻没有经验，又不考实和利弊，只是为了自己的仕途而信口开河，乱发议论，严重地危害国家。

回顾自己一生的经历，李鸿章终于清醒：光靠小修小补已难挽救中国的危局，只有进行全面改革。同时，他觉得只有以良好的社会环境和人们观念的进步为基础，才能减少改革所受阻挠。

# 二、再寄希望

## 1. 康梁变法

李鸿章的地位在晚清是举足轻重的，他自己后半生一直致力于洋务运动以谋求中国的富国强兵。他对中国当时的情况有非常客观的了解，也提出要对制度进行改革。

1895 年 8 月，经康有为多方联系，帝党大臣文廷式出面在北京发起了强学会，推行维新变法。该会“讲中国自强之学”跟李鸿章的思想是不谋而合，于是他“自愿捐金二千入会”。康有为在 11 月又创立了上海的强学会，举办《强学报》，李鸿章又慷慨捐助金 1 千。然而强学会中却有许多人抱有这样的看法：李鸿章在甲午战争后与日本签定《马关条约》，丧权辱国，已落下千古骂名，因而都拒绝李鸿章入会，以保学会的声誉。当时维新思想家陈炽在强学会中任提调，他最终拒绝让李鸿章入会。这很令李鸿章难堪，大为恼火。

然而李鸿章并没有因此就报复变法派。1898 年 1 月 24 日，李鸿章和其他几位总署大臣翁同龢、荣禄、张荫恒、廖寿恒在总署西花厅与康有为见了面，“以客礼相待”，就变法的问题进行了讨论，针对荣禄提出的“祖宗之法不能变”，康有为答以“因时制宜，诚非得已”。

廖寿恒则询问变法的具体举措时，康有为回答：“宜变法律，官制为先”。

李鸿章又问：“然则六部尽撤，则例尽弃乎？”

康有为明确指出：“今为列国并立之时也，非复一统之世，今之法律官制，皆一统之法，弱亡中国，皆此物也，诚宜尽撤，即一时不能尽去，亦当斟酌改定，新政乃可推行。”

由此可见，荣禄是保守派，不赞成变法，但是李鸿章并没有表现出要反对变法，而翁同龢、廖寿恒皆为变法派。这次约见一结束，变法就进入了积极筹备的阶段。

6月11日，光绪颁布了《定国是诏》，维新运动达到了高潮。6月16日，光绪召见并任命康有为在总理衙门章京上行走。

荣禄曾经与刚毅一起压制康有为，现在又企图联合李鸿章将其铲除。然而李鸿章不仅把这两次阴谋密告康有为，指出“荣禄老辣”的真面目，而且不与荣禄同流合污，他以叩头“称皇太后圣明”来应付荣禄的威逼，是明显支持康有为的。

李鸿章没有在百日维新期间公开单独地向朝廷上奏表达主张和见解，他对变法维新的态度和意见是通过与朋友密谈、信件以及随同总署、内阁集体议复事件时表现出来的。在分别写给驻俄公使杨儒、署湖南藩台陈伯平的信中，他很高兴地说：“朝廷有意更新”，“薄海争传新政”，要达到中国的富国强兵，“惟在亟图变计而已”。对戊戌维新他十分赞赏，但几乎没有直接参与实际活动。李鸿章的侄婿孙宝宣追述：“合肥在都，逢人辄语云：‘康有为吾不如也，废制义事，吾欲为数十年而不能，彼竟能之，吾深深愧焉’，故都人多目为康党。”

实际上李鸿章并不完全赞同变法的措施，只是有意掩盖自己的真实想法。然而，这些想法常在不经意中流露出来。当时伊藤博文来华，私下里对李鸿章说：“治弱国如修坏室，一任三五喜事之徒，运以重椎，亘以巨索，邪许一声，压其至矣。”李鸿章表示同意，说“侯言良是”。李鸿章与伊藤都觉得维新派经验不足，急于求成，而举措过于偏激，肯定失败。后来，维新派失败，李鸿章又指出这是“变法太急，用人不当”之故。

对戊戌政变，李鸿章“未预机要”，反倒采取保护“新党”之举。当他得知直隶八股士人企图刺杀康有为时，马上让亲信幕僚于式枚让康有为“养壮士，住深室，简出游以避之”。康有为奉命出京，李鸿章还派人保护。

政变发生后，张元济去见李鸿章，说：“现在太后和皇上意见不合，你是国家重臣，应该出来调和调和才是。”李鸿章说：“你们小孩子懂得什么？”不论慈禧幽禁光绪，或是设法救援光绪，李鸿章都没有参与，其侄婿孙宝宣说他“朝纲纷变，身居事外”。政变后他向慈禧表示：“废立之事，臣不与闻”，公开表示自己不会参与宫廷权力斗争。但是，当慈禧准备大肆捕杀维新派镇压维新志时，李鸿章却“言捕新党之谬”，同时采取暗中保护的措施。

如张元济被革职，李鸿章先派于式枚慰问，又让盛宣怀给予给合适的安置。此外，李鸿章对康有为的意见也不同于慈禧。9 月 24 日，李鸿章宴请伊藤博文及其随员大岗育造，席间提到了康有为。

李：“康有为一人恐逃往贵国，倘果有其事，贵侯必能执获送回敝国惩办。”

伊藤：“唯唯否否不然，康之所犯如系无关政务，或可遵照贵爵相所谕。若干涉国政，照万国公法不能如是办理，当亦贵爵相所深知。”

大岗：“请问康有为究犯何罪?”

李：“论其罪状，无非煽惑人心，致于众怒。”

大岗：“擗仆愚见与其将康有为搜拿惩办，不如加以培植以为振兴中国地步，近日中国创行新法，大都出自贵爵相之手，乃历久未见成效何哉？以无左右襄理之人耳。”

李：“诚然。”

大岗：“近日康有为之事，无非扩充贵爵相未竟之功，故愚意不若令卒其业之为善。”

李：“洵如君言，康有为日后可大有作为，惟据目下观之，了无异能耳。”

这足以表明，李鸿章表面上是要求引渡惩办，其实仍是寄予厚望。慈禧称康有为“乱臣贼子之尤”，而李鸿章却只是觉得他“煽惑人心，致于众怒”，实际上并不觉得有什么“罪状”。慈禧要对康有为“极刑惩治”，而李鸿章却对大岗关于培植康有为以振兴中国的建议十分赞赏。

不仅如此，李鸿章还托日本人向逃亡海外的梁启超致以问候，表达对康梁的关心。与此同时，梁启超回信表示感激之情。该信叙说了他自己出国后，日本人伊藤博文侯爵、天津日本领事馆领事郑某以及东亚同文会的井深先生先后三次带来了李鸿章的慰问。李嘱咐梁要“精研西学，历练才干，以待他日效力国事，不必因现时境遇，遽灰初心”。梁启超流亡在外，仍得到高官李鸿章的关怀，自然十分感动，他在 1900 年的《上粤督李傅相书》中说：

去国轻来，曾承伊藤侯及天津日本领事郑君、东亚同文会井深君，三次面述我公慰问之言，并教以研精西学，历练才干，以待他日效力国事，不必因现时境遇，遽灰初心等语。私心感激，诚不可任。公以赫赫重臣，薄海具仰，乃不避嫌疑，不忘故旧，于万里投荒一生九死之人，猥加存问，至再至三，非必有私爱于启超也，毋亦发于爱才之盛心，以为孺子可教，而如此国运，如此人才，不欲其弃置于域外以没世耶。启超自顾愚陋，固不足以当我公之期许，虽然，公之所以待启超者，不可谓不厚，所以爱启超者，不可谓不空，每一念及，载以为报。窃闻之，君子爱人以德，仁者赠人以言，公之所以惠启进退者在是，启超所欲还以报公者，亦即在是，故敢竭尽其愚，惟垂采焉。

由于李鸿章不便于亲自回信，便让侄婿孙宝宣代复一信给梁启超以表达自己的万分惜爱。

李鸿章虽然同情支持康梁，但在慈禧面前却极力贬低维新说：康、梁辈“皆书院经生，市井讼师之流，不足畏也”。当慈禧问起：“何外人庇之，与予为难?”李则回答：“外人不达华情，误以其国士拟之，故容其驻足，然终当悉厥行藏，屏之且恐不及。”李鸿章深通官场之道，两面派的手段既保存了自己，又掩护了康梁。1900 年，李鸿章受命赴任两广总督，途经上海，与侄婿孙宝宣的谈话就有所表露。

李：“奉懿旨捕康梁。如获此二人，功甚大，过于平发捻矣，吾当进爵。”说完哈哈大笑，随即问道：你是不是“康党”?

孙：“是康党。”

李：“不畏捕否?”

孙：“不畏，中堂擒康党，先执余可也。”

李：“吾安能执汝，吾亦康党也。濒陛辞时，有人劾余为康党。”

接着，李鸿章对召对时的情景进行了描述。

慈禧拿着弹章对李鸿章说：“有人谗尔为康党。”李鸿章十分镇定地答道：“臣实是康党。废立之事，臣不与闻。六部诚可废，若旧法能富强，中国之强久矣，何待今日？主张变法者即指为康党，臣无可逃，实是康党。”慈禧于是无言以对。

虽然李鸿章屡受攻击，但仍获得慈禧太后的信任，故李鸿章一直没有“恐高症”。对于曾国藩晚年的求退，李鸿章就批评是“无益之请”，极力提倡恋戋苟安、争权夺势的思想。他说：“今人多违言‘热中’二字，予独不然。即予目前，便是非常热中。仕则慕君，士人以身许国，上致下泽，事业经济，皆非得君不可。予今不得于君，安能不热中耶?”

## 2. 遭受弹劾

维新变法失败后，顽固派更加猖狂了。而李鸿章连遭弹劾，被调任闲职。然而他没有萌生引退之意，反而对失去大权愤愤不平。就这样，几个月过去了。

戊戌政变后，李鸿章的亲家杨崇伊奏请“宣召北洋大臣荣禄来京，以资保护”，同时让李鸿章“前往暂行署理”，说李鸿章“究竟曾任北洋，各将领皆其旧部，紧要之际，似乎呼应较灵。且李鸿章公忠自矢”。然而慈禧早有打算，命荣禄在军机大臣上行走，担任直隶总督，掌管北洋各军。李鸿章因此不得不向荣禄求助。李鸿章与荣禄之间存在矛盾和分歧，但是政治倾向和利益上的一致又把他们联系到了一起。当时慈禧谋害光绪没有成功，决定废掉光绪，命荣禄从速办理。荣禄向李鸿章传达了慈禧的旨意，表示“天位当易，唯亡命者肆意鼓吹，恐友邦为所惑，夙知公娴习外情，烦一探其向背”，请李鸿章试探一下各国的意见。李鸿章借机提出让他担任两广总督，说“此系内政，先询人，失国体，如必欲询，当授我以两广总督，届时外宾必来祝贺，即可顺便探询”。荣禄觉得有理，禀报慈禧。李鸿章如愿以偿，当上了两广总督。

李鸿章前往广东之后，1901 年 1 月 31 日，孙宝宣到了由章太炎等人创办的鼓吹维新变法的上海昌言报馆。章太炎问起李鸿章此番路过上海的情形时，孙宝宣便一五一十地讲了与李鸿章交谈的经过。

章太炎听了觉得很有意思，觉得康有为一个六品官竟有一个做宰相的党羽，真不可思议。

李鸿章一直不愿对变法派采取慈禧一样的残酷的态度。如 1900 年 2 月，朝廷让李鸿章将康梁的祖坟铲平以泄愤，而李鸿章迟迟不肯动手，他经过一番思考，想出一条妙计，在 3 月 27 日上奏，声称：香港近来有新党勤王，正欲袭击广东省城起事。臣已密商港督查禁，但恐过激生变，铲平康有为本籍坟墓似宜稍缓。这引起了朝廷的极度不满，强令他必须“力遏乱萌，勿瞻顾彷徨”。

康有为就说过，李鸿章曾三次让人来劝他起兵勤王，对此寄予希望。康有为的弟子陆用翔证实李鸿章认为保皇会有实力完成起兵勤王。

正由于这样，康梁很希望能利用李鸿章。4 月 12 日，梁启超就写信给康有为提出：一旦在广东起义，“得省城不必戕肥贼，但以之为傀儡最妙。此举有数利：示人以文明举动，一也；借势以寒奸党之心，助我声威，二也；西人颇重此人，用之则外交可略得手，三也；易使州县地方安静，四也。”

为了阻止清廷建储，康梁屡次致书李鸿章请他从中出力。康有为在准备自立军起义的同时，也劝说李鸿章不要打击保皇会：

> 去年废主，则联电力争；平居讲求，则救国同愤，会人但以保教圣主，岂有他哉！

此外，康有为又和李鸿章套近乎，取得好感，说：“昔者与公绸缪恩谊，助吾革政，虎率以德，荣禄相攻，败入室告，八月出走，则遣人慰行，固感公相与之厚情，更深知公维新之同志。顷者徘徊隐忍，盖狄仁杰、张柬之之将有待也。老臣谋国之深，忠臣救主之义，计公岂一日忘之哉！”又通过英国公使交给李鸿章写着“诛拳匪而清君侧，扶圣主而辑邦交”的折子，请其代递。

然而，李鸿章上任后，开始严厉打击勤王活动，又铲了康有为的祖坟。他不但迫害保皇党在广东的亲属，而且也改变了对康、梁的态度，清政府缉拿康、梁的赏银被他以十万两提到十四万两。一时间，保皇会人心惶惶，许多人都被迫退了会。虽然这些做法都有朝廷逼迫的成份，但还是彻底改变了变法派对李鸿章的看法。

# 三、乱世无奈擎天

## 1. 奉召北上

对于慈禧太后镇压维新变法，西方各国很是不满，都觉得应让太后下台。这样一来，慈禧太后也对洋人极为不满。义和团运动在北方的广大地区爆发了，义和团破坏教堂、杀死外国人，规模迅速扩大。正是义和团的排外性质，使得其有同样要求的慈禧太后开始利用义和团来打击洋人。她下令清军停止镇压义和团，用义和团攻打北京的各国使馆。各国组成了八国联军，迅速攻占了北京，慈禧太后带着光绪帝逃到了西安。中华大地东至山海关，北起张家口，西南至正定，东南至沧州之间一时间列强横行，肆意蹂躏，人民饱受痛苦。八国联军在东北杀害中国人是数百上千倍于被杀的洋人，中华民族遭受前所未有的巨大浩劫。朝廷对此危局已无对策，只好让两广总督李鸿章北上向列强求和，请列强退兵。

李鸿章对此次八国联军入侵是痛心疾首，他早就觉得慈禧太后借义和团打击洋人是根本行不通的。当时是 1900 年 6 月，李鸿章从军机处命令直隶总督裕禄停止镇压义和团的廷寄密旨时，就觉察太后企图利用义和团。6 月 9 日，他发电报给盛宣怀说："有密谕，裕勿进剿。国事太乱，政出多门，鄙人何能为力？"

6 月 12 日，联军与义和团在廊坊大战。17 日，大沽炮台落入八国联军手中。15 日，朝廷发布命令让广东巡抚寿署理两广总督，而李鸿章马上入京负责与各国交涉。李鸿章很不情愿，想一想当初自己只是没有支持太后发动政变镇压变法派，就被逐出军机处外放两广总督，现在有难了却又来找他；此外，他对自己入京后与各国交涉的方针还琢磨不透，因为太后态度还在和战之间动摇。因此，李鸿章没有赴命，只是坐观局势的走向，要以静制动。

17日至20日之间，清廷一连进行了四次御前会议，讨论应如何应对局势。太后决心对外宣战，因为她受到了伪造各国公使勒令太后归政的照会的影响。而主战派鼓动说义和团有神术，可灭洋人，力主围攻各国使馆。光绪帝等人则反对围攻使馆的挑衅行为。双方争持不下，最后主战派一意孤行，鼓动太后下令将主和的五位大臣诛杀，彻底扫除了开战的障碍。

20日，李鸿章向军机处和总理衙门发送紧急电报，提出："众义非自清内匪，事无转机。"虽然朝中主战派占了上风，但李鸿章还是将义和团定义为匪和内乱，建议慈禧太后"宸衷独断，先定内乱，再弭外侮"。然而当日，德公使克林德就被杀死在北京崇文门大街。

21日，清政府向各国正式宣战，下令各省召集义和团消灭洋人。当时北京的义和团以"杀一龙二虎三百羊"为口号，光绪就是其中的"龙"，他要学习西方搞维新变法；二虎是指李鸿章和庆亲王，庆亲王时任总理衙门大臣，而群众不知道李鸿章不在京，只认为他是个大汉奸；三百羊则泛指办洋务的人，像总理衙门里和海关里的都是"洋奴"。义和团认为只要杀光中国"崇洋"的人，再把洋人全部赶回老家，中国就好了。这一主张，正中太后下怀。

清政府已正式对外宣战，各地方大吏都不知如何应对朝廷的政策，于是纷纷来电询问李鸿章。李鸿章十分坚决地回答说："此乱命也，粤不奉诏。"

李鸿章为官多年，自然知道此举是公然抗旨，但之所以采取这样的措施，完全是经过对局势的深刻全面的分析的，他知道中国根本不是强大的八国联军的对手，慈禧太后不久就会招架不住，反过来向八国联军求饶。因此，他建议朝廷先不要让董福祥军轻举妄动，只要使馆得保，危局还是能够挽救的。同时，又与袁世凯、张之洞等联名电请朝廷对洋商、教士、使馆等进行保护。后来，实现了东南自保，避免了战火向江南十几个省蔓延。

此时，盛宣怀电告李鸿章说："初十以后，朝政皆为拳党把持，文告恐有非两宫所自出者，欲全东南，诸大帅须以权宜应之，以定各国之心。"24日李鸿章回电答复说："二十一日矫诏，粤断不奉，希密致刘坤一、张之洞。"一下子中外人士都请他出山，纷纷来电劝他北上。5月30日，中国驻德国公使吕海寰到德国外交部就义和团问题交换了意见，德国外交部副大臣李和芬说，只要李鸿章出面就没问题了。

吕："李中堂已奉派赴北。"

李和芬："闻李中堂粤省坚留，恐未必成行。"

吕："中国礼法最重君命，召不候驾而行，李中堂既奉内诏，断无停留之理。李中堂久任北洋大臣，直隶情形最熟悉，直津之民亦十分爱戴，本大臣料李中堂一到京门，内乱自平，诸事当可商量。"

李和芬："恐中堂未必能到京都，闻有人欲害之。"

吕："李中堂威望素著，断无有人相害之理。"

6 月 22 日，两江总督刘坤一给李鸿章来电："危局惟公可撑，祈早日启节，以慰两宫焦盼，天下仰望。"李鸿章回电推辞："水陆梗阻，万难速达。"吕海寰又致电相请："窃思北事危急，务请中堂早日北上，以维大局，而孚夷望。"李鸿章还是推辞，回电说："政府尚无主见，鸿即绕道前去，无济于事。"7 月 1 日，李鸿章再次复电刘坤一，一针见血地指出了自己不愿北上的原因："政府悖谬如此，断无挽救，鸿去何益？"

7 月 3 日，朝廷又发来诏命，让他"懔遵前旨，迅速来京，毋稍刻延"。但还是没有给他承诺，因此，李鸿章还是推辞不从。他的这种态度终于开始发生作用，朝廷在 7 月 7 日发来电令："前迭经谕令李鸿章迅速来京，尚未奏报起程，如海道难行，即由陆路兼程北上，并将起程日期先行电奏。"又在第二天做出了任命李鸿章为直隶总督兼北洋大臣决定。9 日再次来电："自行酌量，如能借坐俄国信船由海道星夜北上，尤为殷盼，否则即由陆路兼程前来，勿稍刻延，是为至要。"

12 日，清廷又做让步，电称："无分水陆兼程来京。"

李鸿章见朝廷已经软下来了，于是在 7 月 17 日与两江总督刘坤一、湖广总督张之洞、四川总督奎俊、闽浙总督许应揆、福州将军善联、大理寺少卿盛宣怀、安徽巡抚王之春、浙江巡抚刘树棠、陕西巡抚端方、山东巡抚袁世凯等联名上奏，提出四个请求：

一、请明降谕旨，饬各省将军督抚仍照约保护各省洋商教士，以示虽已开战，其不预战事者皆为国家所保护，益彰圣明如天之仁。且中国官员商民在外国者尤多，保全尤广。

二、请明降谕旨，将德公使被戕事切实惋惜，并致国书于德王，以便别国排解，并请致英、法两国，以见中国意在敦睦，一视同仁。

三、请明降谕旨，饬顺天府尹、直隶总督，查明除因战事外，此次匪乱被害之洋人教士等，所有损失人命物产，开具清单请旨抚恤，以示朝廷不肯延及无辜之恩义。不待外人启口，将来所省实多。

四、请明降谕旨，饬直隶境内督抚统兵大员，如有乱匪乱兵，实系扰害良民，焚杀劫掠，饬其相机力办，一面奏闻。从来安内乃可攘外，必先令京畿安谧，民心乃固。必先纪律严肃，兵气乃扬。

22日，他在广州公开表示了自己对此事的看法："拳民仅系愚民，起事原因教民与教士不能辞其责。清廷未备战，不能认为宣战，清廷将惩首，遣散拳民，与各国议和，慈禧系受人愚惑。"

23日，朝廷又催促他赶快入京："现在事机日紧，各国使臣亦尚在京，迭次电谕李鸿章兼程来京，迄今并无起程确期电奏。该大臣受恩深重，尤非诸大臣比，岂能坐视大局艰危于不顾耶？著接奉此旨后，无论水陆，即刻起程，并将起程日期速行电奏。"

经过朝廷的再三催促，李鸿章终于同意北上。出发前，南海知县裴景福与他进行了一次意味深长的谈话。

李鸿章当时身着蓝布短衫，倚在小藤榻上，问裴景福："广州斗大的城中，缓急可恃者能有几人？你能任事，取信于民，为地方弭患，督抚不如州县也。能遏内乱，何至招外侮，勉之！"

裴说："公已调直督。"

李问："何以知之？"

裴说："外洋有电，诸领事皆额手称庆。当不妄。"

李自负地说："舍我其谁也。"

裴又问起李鸿章对当前局势和国家命运的看法。李鸿章回答："百足之虫，死而不僵。我朝圣德，人心未失，京师难作，虽根本动摇，幸袁慰亭（世凯）支拄山东，香涛（张之洞）、岘庄（刘坤一）向有定识，必能联络保全上海，不至一蹶不振。"

裴又问："公看京师如何？"

李说："论吾国兵力，危急当在八九月之交，但聂功亭（士成）已阵亡，马（玉昆）、宋（庆）诸军零落，牵制必不得力。日本调兵最速，英国助之，恐七八月已不保矣。"李鸿章说到情急之处不免痛心疾手，越发激动，不禁感叹说："内乱如何得止？"

这一问裴景福自然难以回答，两人沉默了好久。

还是裴首先发话，说："论各国公法，敌兵即入京，亦不能无礼于我。"李说："然！但恐无人主持，先自动摇。"

裴问："万一都城不守，公入京如何办法？"

李答："我不能预料，惟有竭力磋磨，展缓年分，尚不知做得到否？我能活几年，当一日和尚撞一日钟，钟不鸣了，和尚亦死了。"说到自己的伤感之处，李鸿章忍不住哭了。

裴景福准备走了，又问事件平定后该怎么办，说："国难既解，公将奚先？"

李也颇感困难，但还是说："事定后中外局面又一变，我国惟有专心财政。偿款不清无以为国，若求治太急，反以自困。中国地大物博，岁入尚不及泰西大国之半，将来理财须另筹善法。"

裴问："多取多用，各国皆然，取天下之财仍还之天下，出入相敌，万端就理，有何不可，但须利不外溢耳！"

李指出："联军不足亡中国，可忧者恐在难平之后。"

裴说："公忧及此，天下之福也，窃有一言为公陈之，中国之弱于人，非弱于法也，人有行失，法无新旧，果得其人，因时损益，法虽旧亦新也。不得其人，虽博采古今，组织中外，适亦滋弊。"

李说："八股旧也，策略为新；策略得也，八股为失，我与尔皆八股匠，故说旧话。"

当李鸿章抵达上海时，八国联军已占领了天津，正威胁着北京。因此，李鸿章暂时呆在上海，观察局势的发展。25 日，他电请袁世凯转奏朝廷说："奉命于危难之中，深惧无可措手，万难再当巨任。连日盛暑驰驱，感冒腹泄，衰年孱躯，眠食俱废，奋飞不能，徒增惶急。"建议朝廷护送各国使臣前往天津。

7 月 29 日，清廷发电报答复李鸿章："现在事机甚紧，著仍遵前旨迅速北来，毋再借延。"8 月 4 日，李鸿章向军机处发电报称病推辞："抵沪后触暑腹泄，本拟稍痊即行，乃连泄不止，精神委顿。因念国事至急，理当尽瘁，惟半月以来元气大伤，夜不成寐，两腿软弱，竟难寸步，医药杂投，曾无少效，拟恳圣慈赏假二十日，俾息残喘。”

后来八国联军经过北仓、杨村向通州进军，李鸿章又被朝廷任命为全权大臣，同时，清政府已向各国请求停战。刘坤一给李鸿章来电祝贺，说：“恭贺全权大臣，旋乾转坤，熙天浴日，惟公是赖。”这时候李鸿章与袁世凯等人向朝廷建议：“闻各洋报及上海领事言，若使臣皆歼，各国即不以公法待中国。窃思杀使无纤毫之益，有无穷之害。”但清廷置之不理，没有下令停止攻打使馆区。

8 月 15 日，八国联军占领北京，太后携光绪帝向西出逃。太后在宣化给李鸿章发来电报，说：“谕全权大臣李鸿章：准其便宜行事，将应办事宜一迅速办理，朝廷不为遥制。接奉此旨后，先行复奏，以慰廑系。将此由六百里加紧谕令知之。”

8 月 21 日，再次来电催促：“即乘俄轮来京，会同庆亲王奕劻商办一切，得旨后即速启行毋延。”

然而，除非慈禧太后自己完全承认错误，否则李鸿章会离开上海前往北京。其实湖广总督张之洞早在 7 月就给李鸿章发出请求，要和他一起照会上海英国总领事以保全慈禧。他没有同意，回电说明自己不能替慈禧洗脱干系，称：“此次误听人言，致拳匪猖獗，责有修攸归，此固中外所共知者。尊电一概抹煞，专咎新闻纸，似未足信。既经汉口领事转达外曾，不必再致英总领事。若将各使护送赴津，自任剿匪，尚有办法；否则大祸将临，非百所能解，请商岘帅（刘坤一）酌办。鸿冒暑腹疾，须候北信再行。”

他在同僚和友人中是直言不讳慈禧的责任，同时还直接要求慈禧“效法禹汤，先下罪己之诏。”一定要朝廷确定处理时局的态度。

8 月 31 日，行在收到了李鸿章所上的《时局变迁急筹补救折》。折称“衰惫庸材，位望权力皆不足胜此艰巨。”建议朝廷多多派遣王公大臣共同处理，像庆亲王、大学士荣禄、湖广总督张之洞、两江总督刘坤一等都必须参加。同时，要求朝廷承认错误。附片中还提出朝廷必须采取与之前截然不同的态度“明降谕旨，声明拳匪罪恶，饬令直隶总督饬文武各路援兵认真剿办，并令各直省将军督抚，遇有会匪滋生事端，尽力痛剿，以靖地方，而快人心。”行在因此即于当日电令刘坤一、张之洞对议和问题进行商讨；同时，又催请李鸿章来京助庆亲王一臂之力。

9 月 7 日，行在接到李鸿章和张之洞、刘坤一所作的《款局急宜挽救不可再失事机折》。李鸿章等人建议让奕劻和荣禄立即回京，同时，革去黑龙江将军寿山和奉天副都统晋昌职务，追究二人在东北与洋人作对之责任。附片中再次请求朝廷公开承认排外错误。

处于困境中的慈禧也只能依赖李鸿章了，完全接受了这些要求，以光绪帝名义发出上谕，还说好话讨好李鸿章："七月二十一日之变，罪在朕躬，悔之何及！该大学士等与国同休戚，力图挽救，宗社有灵，实深鉴之。所陈各节，皆目前最要机宜，奕劻计初十日可到京，本日复有旨加派荣禄会同办理……该在学士应即借俄船驶赴天津，先行接印，仍即日晋京会商各使迅速开议。至罪己之诏业于七月二十六日明降谕旨，播告天下……该大学士此行不特安危系，抑且存亡亦系，旋乾转坤，匪异人任，勉为其难，朕于该大学士等有厚望焉！"

9 月 10 日，朝廷下令将黑龙江将军寿山和奉天副统晋昌革职查办。同日李鸿章电告行在，提出惩办祸首庄亲王载勋、右翼总兵载澜、协办大学士刚毅、左翼总兵英年、刑部尚书赵舒翘、端郡王载漪。朝廷同意回京后进行处理。

李鸿章终于在 14 日起程北上。出发前又和张之洞、刘坤一、袁世凯等人联名上奏："俄允商各国撤兵，而必欲两宫回銮。……各国公愤，所在断难偏护。若迁延不办，恐各国变其宗旨，愈久愈不可收拾。……仰恳圣明立断，先将统率拳匪之端郡王载漪，查办不实之刑部尚书赵舒翘等先行革职撤差，听候查办，明降谕旨，归罪于该王大臣等，以谢天下，以昭圣德，鸿章即可密告各国与之克期开谈。"

9 月 25 日，清廷下罪己诏，承认与外国为敌是错误的，对死难的外国使节表示了歉意和遗憾，要将庄亲王载勋、贝勒载濂、怡亲王溥静、载滢 4 人革职削爵，将端郡王载漪革职交宗人府议处，辅国公载澜、都察院左都御史英年和刑部尚书赵舒翘、协办大学士吏部尚书刚毅等人也都依制惩处，做出了惩办祸首的姿态。

10 月 1 日，李鸿章又一次正式就任直隶总督。

### 2. 辛丑条约（一）

李鸿章北上要做的就是无条件地向各国列强代表表示屈服和道歉，要完成的任务是屈辱和危险的。然而，在朝廷让他担任和谈全权大臣，慈禧太后公开认错并承诺惩办肇事者之后，李鸿章就怀着强烈的民族责任感，毅然地进京准备谈判了。

李鸿章住在北京城中的贤良寺，由全副武装的俄军负责“保卫”；而另一议和全权大臣庆亲王的府第也驻有日本军队。其实两人都成为了“受到礼遇的俘虏”，与囚徒无异。八国联军只把两人的住处为中国地方，北京其他城区都成了“外国辖境”，由各国分区占领。而且，列强的士兵还在城中烧杀劫掠，无恶不作，李鸿章和庆亲王实际上是在与虎狼打交道。为了将损失降到最低限度，他们只得请求列强宽大，同时请求朝廷赶紧答应列强的要求。

当时各国提出了六项条件：一、惩办祸首；二、禁止中国输入军火；三、中国向各国进行赔款；四、允许各国派兵保卫使馆；五、中国将大沽炮台拆毁；六、允许各国在天津至大沽间驻扎军队，保护大沽与北京间的交通。

此时的八国联军的最高统帅德国元帅瓦德西负责与李鸿章谈判。他是在1900年9月25日，随着德国舰队到达大沽口的。这支德国舰队有战舰4艘，巡洋舰11艘，共6.4万吨。此外，他还带来了2万德国远征军，于27日登陆进入天津。

瓦德西仗着有强大的军事实力，显出一个胜利者的傲慢。年迈体弱的李鸿章使尽浑身解数，绞尽脑汁与瓦德西斗智。从当时的一次会晤我们可窥见一斑。

九月二十四日，李鸿章与庆王前往拜访瓦德西，想缓和一下紧张的气氛。

李：“贵统帅气体甚好？”

瓦：“托庇甚好！中国天气与吾极宜。贵大臣与吾前数年在德国会晤后，目下贵大臣气体尚好，吾甚喜悦。”

李：“吾前在德国时，因事忙不获与贵统帅畅谈，今日得见，甚为喜悦。”这是客气的说法，那时还轮不到瓦德西与李鸿章说话。

瓦：“贵大臣在中国德望甚著，吾已早闻，今日得以复见，何幸如之。”

李：“贵统帅今年若干岁，谅已七十矣。”

瓦："吾今年六十八岁。"

李鸿章趁机恭维道："贵统帅年高，尚能来华，真异事也!"

然而瓦德西似乎并不接受："吾幕中国已久，深愿来华一游，以长见识。"

李："华民均不愿远游，与贵统帅所云，殊觉相反。"

瓦："贵大臣尽可劝令以后宜至他国游历。"

李："吾在欧洲时，见各国殷富，甚为骇。"

瓦："英人韦礼逊所著之书，有道及大臣事者，吾曾语及韦云：贵大臣能如前劝令贵国人民，则贵大臣将有益于国家不浅。"

李："不幸中国居高位者知识甚浅，致中国大为所害，华民亦不愿有铁路电线等物。"他试图为义和团运动开脱，缓和瓦德西的不满情绪。

瓦德西稍微表示了理解，说："前德民亦然，当铁路新出时，德民均不愿有之，经久亦知其为有国者所不可不有之物。"

李："和议成后，中国自当即行开办铁路。"这是他一贯的目标。

瓦："如和议一成，欧洲各国将以巨款借与中国，自为建造铁路之用。"

对此李鸿章却难以表态，他深知此举会使中国更加受制于列强，再说朝廷也不见得就会同意。于是，他避而不谈借款造路之事，转移了话题："吾甚望中国民智渐开。"

瓦："吾深知中国极富，但须设法以变之耳。铁路后来将更大有用之物。"

李鸿章顿时紧张起来，生怕瓦德西借口中国富裕会多索赔款，连忙解释："中国刻下甚贫。"想以此减少赔款。

瓦德西也是老奸巨猾，也转言道："吾尝遍历欧美各国。深知铁路功效。贵大臣在德国时，曾晤及毛奇将军，将军即吾师也。彼亦深知铁路之用。"

一提到在德国便引起了李鸿章的兴趣，说道："吾在德时，毛将军已故数年，独幸与俾斯麦王爵谈有数点钟之久。"巧妙地抓住了瓦德西的失言，引出另一个话题。

瓦："吾亦深知此事。"

李鸿章准备用俾斯麦拉近两人关系，又问："贵统帅那时是不是就在汉堡附近当统带官？俾斯麦王爵的府第好象距离汉堡不太远。"

瓦："大约一个小时可以到达。"他显得很冷淡。

李鸿章不愿放弃，又说："贵统帅大约与俾斯麦王爵是好朋友？"

瓦更不耐烦了，说："是的，我们两人的友谊始终不渝。"

李见状心想这招不灵，于是又重新起毛奇，问道："毛将军有子否？"

瓦："无子，其侄甚多。——北京气候何冷？"

李："贵统帅置有火炉否？"想通过表示关心套近乎。

瓦："有。此间天气与吾颇相宜。德国秋天之间雨水颇多。北京则否。"

李："刻下望雪甚殷否？——德皇仍在柏林否？"

瓦："德皇刻在柏林，体气极好，有皇子数人。"

李："德皇后近体如何？"

瓦："皇后体气极好。"

李觉得有话可说了："吾在柏林时，曾蒙皇后赐宴，吾亦曾见皇子。"接着又问："贵统帅曾有儿子？"

瓦："无子。"

李："贵统帅已成婚否？"

瓦："业已娶亲。——贵大臣在此，颇无所就否？"这个话题他明显是要极力回避。

李："然！"

李看瓦德西并不热情，自己自然难以切人正题，只好旁敲侧击："贵统帅自 1870 年起，是否一向都是带兵？"

瓦："是的。中间有时也参办一些交涉事宜。"接着又表示关心地问："贵大臣在这里，没有受什么惊扰吧？"

李："没有！"

瓦表示理解，说："兵争一事，无论何人，殊形不便。"

李于是趁机试探道："孟穆公使和立侧尔副将近况如何？"

瓦："皆好，立侧副将现回保定府了，彼对贵大臣素来钦佩。"

李又想进一步拉关系，讨好说："立侧尔副将和希立克新都是第一流的陆军教习。"

这让瓦德西十分自豪，高兴地说："吾极望中国日后继续聘用德国教习。"

李鸿章见话题拉近了，又试探道："八国联军以德为首，德所出的主意，别的国家一定乐从的。"

瓦："吾亦望如此。不过，贵大臣必须与吾会同办理，如此则办起来定不困难。"

李觉得火候差不多了，便就实质性问题问道："听说联军将进兵张家口？"

瓦："不！联军只是到长城为止。——听说那里有中国军队。"

李赶紧辩解："那里如果有中国军队，也无非是为了维持地方安定。"瓦又提出："保定附近各处也有中国军队，不幸这些士兵款尽力剿除团匪。"暗指清军没有真正剿杀义和团。

李鸿章又辩解道："北方的中国军队，专为维持地方秩序，并不与外国人为难。"

瓦紧接着说："这里的中国军队，很多都没有纪律，北方各省的老百姓都不愿和他们打交道。"

李企图回避，道："我想这只不过是道路传言，并不确实。"

瓦终于摊牌了，说："如贵大臣能保证中国军队不侵扰联军，我就可以不派兵到各处去。"

李清楚当前局势十分混乱，皇上和太后正在西安，义和团也没有完全停止抗击八国联军，难以作出有效的保证，便借口问道："联军究竟占领了什么地方，我不大清楚。"瓦德西于是拿出联军占领区地图给他们指点。

但李鸿章想将瓦德西引入套子，让他做肯定的回答，于是问："如果中国军队抵抗的话，那么德国军队一定要去的；而且听说那里有一间教会为当地的百姓虐待。"

李鸿章想说服瓦德西不要派兵，说："我想那里的教会决不会有危险，何况我已经来到北京，一切当然更没问题了。"

瓦德西根本不理睬这种保证，还是说："这支军队一定要派去！"

李鸿章于是指出："保定府原是团匪老巢，现在亦甚安静。"这一招以彼征此还真把瓦德西说服了。

庆亲王在这时来到了，与瓦德西见面打了招呼。庆亲王一开始也想拉关系，无奈瓦德西死活不买账，只好说太后和皇帝和中国人民对德国公使遇害表示惋惜之类的话。

接着瓦德西将谈话导入正题说："吾方与李相言，方因王爷来而打断。吾问中国皇帝能否早些回北京？"

庆亲王答到："我们亦盼望皇上早日东归，不过目前很难布置。惟请贵统帅转请各国公使，早日将和议条款议定。"

瓦德西信誓旦旦保证道："和议条款大概几天之内就可以办妥。"

说完，瓦德西与翻译荫昌闲聊起来。李鸿章见话题扯远了，急忙转到联军占领区之上。

瓦："联军现在正在整修杨村至北京的铁路，不日即可使用……"

李："俄军修理铁路的工程，并没有受到干扰。"

庆亲王插话道："那里的铁路原来是由拳匪拆毁的。"

李鸿章担心瓦德西听了会又生起气来，赶紧解释说："拳匪已死的死，散的散，不必再提了。不过北京到杨村的铁路是不是可以恢复旧观呢？"

瓦变得严厉了，说："我认为是可以恢复的，不过，沿途的人民必须安静，如果有任何事情发生，那一带的老百姓要负全责。"

李鸿章又担心这样会引起百姓无辜被害，于是作出保证说："如果有兵保护，不会发生任何问题，因为那一带的老百姓都是畏兵如虎的。"

李鸿章在谈判时巧妙地利用列强之间的矛盾，"以夷制夷"，尽可能把中国的损失降到最低限度。他把俄国的无理进兵提到各国的"共同利益"上，从而达到挟制俄国的侵略。

### 3. 辛丑条约（二）

清政府在向各国宣战之后，东北的义和团团民破坏天主教堂，向俄国中东铁路局进攻，黑龙江将军和副都统发动了对俄国军舰的进攻。俄国早就对东北虎视眈眈了，一直在找寻借口，现在正好乘机出兵，俄军15万人兵分四路占领了东北全境。相继制造了"海兰泡惨案"和江东"七十二屯惨案"，还纵火焚烧了沈阳。九月十八日，俄国派出考洛斯托维次威逼盛京将军增祺的代表周冕签订《奉天交地暂且章程》，强迫中国将哈尔滨至旅顺的铁路修筑权交给俄国，并由俄代管营口；此外，中国遣散奉天士兵，将炮台和军火库，同时，派俄国官员驻于奉天管理。这使得中国主权严重损失，而且《辛丑条约》签订之后，各国都撤兵了，唯独俄国仍霸占着东北，企图将其归入版图，增棋因而被罢。

十一月初十日，俄国逼李鸿章向清廷提出派杨儒为全权大臣，前往彼得堡就东北事宜与俄方谈判。当天李鸿章与庆亲王就将此向朝廷提出建议。十一月十二日，清廷同意了这一项任命。

李鸿章签订议和大纲的同日，清政府正式提出拒不承认奉天暂且约章，又因为李鸿章过去到过俄国与之签订中俄密约，这一次也要出面主持大局，和杨儒一同办理修约事宜。

十二月二十八日，俄国提出东三省交地约稿，共十二条，基本上全是对中国主权、兵权和利权的损害，更危险的是还提出不准清政府把满、蒙及东北利益让与别国等。杨儒因此主张暂缓对俄的谈判，否则别的列强也会根据片面最惠国待遇的条款向中国提出要求。李鸿章将这一情况报告了军机处说，俄国并吞东北的野心完全暴露，的确应采取杨儒提出的方法。

俄国的要求为各国得知后，英、德、日都不准中国将东北权益让给俄国。

光绪二十七年正月初六日，李鸿章将杨儒不同意赴俄谈判的情况汇报了总署，建议总署收回全权大臣的任命，并将谈判地点改在北京。

初七日，李鸿章接到朝廷让他统筹全局的命令，同时还让他不但不能激怒俄国，更不能激怒各国。这令他左右两难，正验证了“弱国无外交”一说。俄国公使格尔斯立即于当日来见李鸿章，威胁中国不得听信各国的要求，如果再不签约俄国将永远拥有东北。

正月初十日，李鸿章让出使日、德、英、美等国大臣劝告所在国停止对中俄交收东三省的干涉，否则中俄交恶，于其无益。在这一问题上，江南督抚张之洞、刘坤一等认为，应按英日建议让各国都知道俄国的企图。而李鸿章、庆亲王和杨儒都觉得列强插手此事，根本无真心实意帮助中国，实际是在给日后能“效尤”预留地步，所以各国的干扰定要摆脱。然而，盛宣怀不同意李鸿章的看法，来电报说：“列邦以恶名加于俄，中外复以庇俄之名加于中堂，后世论者，谁能曲谅乎?”提议采取各国干涉日本还辽时的做法。

正月十三日，杨儒在彼得堡发来俄约修改详细的情况，电报说十二款已减至十一款，“视原稿删改过半，不但免各国效尤，即蒙古、新疆利权已保全不少”。李鸿章对此十分满意，主张签字，但各督抚和驻外使臣坚决不同意，英日等国也提出抗议。于是李鸿章问日本公使：一但中俄决裂，而俄又不顾各国的反对指责，将如何是好？日使说将来的事不能预料。李鸿章大骂他“奸猾可恶”，更坚定了签字的决心。二月初五日，李鸿章发电报给盛宣怀，告诉他朝廷和大臣们都不了解这个条约的利害，企图让英日因此对俄用兵，根本不可能。然而就在同一天，杨儒来电表示，全国的大臣们都不同意画押，因此不能不顾众议轻易签字。

这下子俄国将杨儒骗到俄国外交部，逼迫他签字。杨儒宁死不屈，俄国人就把他从楼上踢下。他因此身负重伤，一年后去世，他的儿子不久也自杀。

二月初七日，俄国宣布停止东北交地问题的谈判。

此后，李鸿章全力就对各国和约的细节进行谈判，诸如惩办各省仇外官员名单，将总理衙门改为外务部，立碑谢罪，赔款数额等等。

各国要按损失计算赔款总数，因而英、法、德、日四国公使组成调查中国财源委员会，定下来的赔款总额是6500万镑，相当于中国海关银4.5亿两，看起来好像是根据各国损失计算，其实是让四亿五千万中国人每人摊上一两，让中国人铭记教训。三月十四日，李鸿章建议朝廷尽快提出可靠的赔款担保，好让联军尽早撤兵，要不然时间一长，又要增加赔款。张之洞和袁世凯建议加抽人丁税。李鸿章不同意这种做法，告诉军机处说，各位都当过地方官员，一定知道地方吏役的积弊，这些人本来就喜兴风作浪，如果加税，“必致海内骚然，民不聊生，立召变乱”。朝廷只得另图他谋。

四月初七日，李鸿章请朝廷赶紧批准赔款数目，因为德使已私自允诺，只要朝廷批准赔款数目，德军将带头撤离。如若不然，德军不撤，各国也跟着观望，每耽搁一日就要多付兵费百万两，这样下去到秋后就将达数百兆。

李鸿章与各国代表经过多次谈判磋商，同时多次请示朝廷。十一日朝廷正式批准签约。

各国看到中国已经在履行和约的基本要求了，于是在五月开始撤军。刘坤一建议军机处向俄国提出撤军的要求。李鸿章却告诉军机处说：“今春江鄂督为日本所愚，力阻画押，现在忽然要求俄国撤兵，俄国必然不理，不料力阻画押者如此荒谬。”结果被张之洞得知，马上回敬了李鸿章，说：“全权为俄人所愚”。

六月十四日，朝廷采取了各打五十大板的措施，发上谕说：

> 二月初间中外诸臣佥言，俄约一成，即启瓜分之祸。朝廷熟思利害，不得不为停画，此事势之当然，本无所容其成见。乃自是之后，李鸿章误以为画押为刘坤一张之洞所阻，至有江鄂督为日人所愚之言；刘坤一张之洞又以李鸿章为偏执己见，亦有全权为俄人所愚之言。彼此积疑，负气争论，究于国事何补？……平心而论，李鸿章身处其难，原多委曲，然时有不受商量之失；刘坤一张之洞虑事固深，而发言太易，亦未免责人无已。要之，俄约自难全废，终当设法改订。

这引起了李鸿章的极大不满。二十七日，他又向朝廷说俄事就坏在当时中国内部意见不一致，没有及时在俄皇已同意改订的条约上签字，现在谈判已成僵局，后悔都来不及了。英日当时阻止中国签约，现在又坐壁上观，不发一言，很明显地是对中俄进行挑拨离间。就算现在由我再照会各国进行商谈，也很难挽回。

李鸿章不找公使团领袖西班牙公使商谈，也令张之洞恼火。李鸿章偏偏去找维特谈。一周后维特表示愿意恢复谈判。

七月初六日，庆亲王和李鸿章报告朝廷，对俄约只能争取不夺我兵权，不损我地方主权，铁、矿基本上已成俄国专利，应该让予；如果还是坚持反复讨价，约章将难以签字，将永远失去东三省。

李鸿章向来以倔强著称，现在更容不得商量。这多少也是受到健康状况不佳的影响。他已不如从前魁伟，已变得体亏气虚，精神萎顿，加上事务繁冗，心中有气，几乎已是心力交瘁。他对身体时好时坏已习以为常。七月又受了风寒，仍是不听医生让他多休息的劝告，表现得不服老，照样会客办公。初七日，各国公使将和约总结底稿送到他和庆亲王手里，两人于是立即电奏西安。十四日，西安同意签约。

二十五日，李鸿章、庆亲王与奥、德、美、比、西、法、日、荷、英、义、俄十一国代表签订辛丑和约，共十二条，主要内容是：一、清政府派使节赴各国道歉；二、严惩祸首，在伤害洋人的城镇停止文武科举五年；三、向各国赔付4.5亿两海关银，分39年还清；四、划定使馆界，中国人禁止在界内居住；五、拆毁大沽到北京沿途所有炮台；六、取缔一切反对洋人的组织。

他不遵医嘱，抱病参与签约的举动加重了他的病情，吃不下任何东西，身体忽冷忽热，又咳嗽不止，已不能坐起。

八月初五日，联军撤离北京。初十日，离开直隶。李鸿章让姜桂题部和马玉昆部进驻京畿，同时，向朝廷奏报签订和约的情况：

> 臣等伏查近数十年内，每有一次挑衅、必多一次吃亏。上年事变之来，尤为仓猝，创深痛巨，薄海惊心。会和议已成，大局少定，仍望我朝廷坚持定见，外修和好，内图富强，或可渐有转机。譬诸多病之人，善自调医，犹恐或伤人元气，若再好勇斗狠，必有性命之忧矣。

这充分表明了他的一片忠心。爱国诗人黄遵宪对此十分感动，赋诗说：

> 天乎叔带台戎来，举国倾危九庙哀，拳勇竟遭王室乱，首谋尚纵贼人魁。
>
> 失民更为丛敺爵，毕世难偿债筑台。坐视陆沉谁任责，事平敢望救时才。

有的史学家指出："这辛丑和约，是中国历史上空前的屈辱文件。然而，倘若列强不互相勾心斗角，而始终沆瀣一气，其内容之毒辣更甚于此，可谓不幸中之大幸了。"这看到了问题的关键所在，利用列强之间的矛盾和斗争，减轻中国所受损害，正是李鸿章一贯实行的"以夷制夷"的策略。

《辛丑条约》的确是丧权辱国，但中国只有两道路可走，如果不签定丧权辱国的条约，那么就只好亡国。很明显，两者对比，前者更好一些。历史有过无数证明，谁签订丧权辱国条约，谁就注定遗臭万年。其实，真正要负责任的是造成丧权辱国局面的人。如果签定条约的人能在极为不利的条件下尽可能减少国家的损失，就应是有功之臣。然而，中国人始终难以接受这一观点。于是中国的历史上常出现这样的一幕：罪魁祸首逍遥法外，而有功之人却成了替罪羔羊。

## 四、魂系国事

《辛丑条约》既定，李鸿章又开始与俄国就其撤兵问题进行谈判。八月二十四日，已初步达成了一致。但二十八日，俄国道胜银行的鲍斯尼夫又拿出了一个底稿，要将东北一切权力交归俄国，这一来情况又不甚明了了。九月初四日，李鸿章向俄国公使雷萨尔明确提出：可以订立撤兵协定，但道胜银行要求坚决不能同意。

于是俄国开始大力向李鸿章施压。李鸿章有病在身，而维特派驻北京的代表鲍斯尼夫却始终软硬兼施，威胁利诱。李鸿章觉得这个曾被他视为朋友的俄国人实在欺人太甚，心中气愤不已。

十九日，李鸿章从俄国使馆回来，就吐了一碗血。二十日晨，又吐血半盂，呈紫黑色，有大块，虚汗不止，还伴有头眩。经过西医诊断，发现胃小血管出血。

九月二十二日，太后接到李鸿章电奏，提及与比利时公使姚士登已经议定天津比国租界合同。同日，总理商税事务大臣盛宣怀电告军机处："傅相昨夜吐血，幸未再吐，惟头眩体弱，恐难即愈。……庆邸辰刻由京起程到开封。"

军机处马上亶明行在，回电称："奉懿旨，李鸿章吐血甚深悬念，著加意调养，随时详陈病情。"西太后还是相当关注他的病情。

二十六日，西太后在汜水又接到李鸿章电奏："臣病十分危笃，京师根本重地，非庆亲王回京，不足以资震慑，乞天恩电饬庆亲王奕劻，无论行至何处，迅速折回，大局幸甚！现已电令藩司周馥来京交代一切矣。"

慈禧马上回电："览奏深为廑念，该大学士为国宣劳。忧勤致疾，著赏假十日，安心调理，以期早日就痊。荣膺懋赏。有厚望焉!”很不希望他这时去世。

李鸿章咯血后已有六七日粒米不进。临终时，问及他对家事的嘱咐时，他不作答语。这时，马玉昆、周馥在一旁，问及国事。他流下了眼泪，眼睛也闭上了。他已无话可说了，和约签订，换来了和平却差强人意，中国必须支付巨额赔款；更棘手的是俄国企图霸占东北，敲诈勒索，这都是令他抱憾终生、死不瞑目之事。周馥哭着喊道：“我尚有言，公如何即气绝?”旁人都怪他多嘴。然而李鸿章却又睁开了眼，似乎要听他说一说，周无奈撒了个谎：“俄国公使说了，相国去位（逝世）后，俄国一定不作难为中国的事情；两宫不久也要从西安回京了。”李鸿章这才永远地闭上了双眼。大家都觉得他至死不忘国事，有古时贤臣之遗风。

九月二十七日，七十九岁的李鸿章在北京去世。

自从带淮军出征，李鸿章剿灭太平军、捻军，创办洋务外交，整理内政，清政府的内政、外交、军事，经济，无一不倚仗李鸿章，他身系着清朝的安危。活着的时候，他颇受攻击。他最了解当时的国际形势，有敏锐的洞察力和过人的见解。无奈朝廷中慈禧太后独断专横，自以为是，王公大臣愚昧无知只懂得争权夺利，使他的主张难以为国家所用。可是他的死，却让清廷发现自己的统治变得更加风雨飘摇。

荥阳行在得到这一消息，好像每个人的心里都被一大块石头压住了。此时是秋后，菊花的盛开也显得惨淡极了。朝野上下都十分震动，有如擎天柱塌，再无依靠。那些平时极力攻击他的人都感到了惋惜。人们到现在才明白，元老大臣对于国家不可取代的重要作用。李鸿章毕生致力于洋务事业，到头来却因为中日甲午一战被打败而受到世人唾骂。然而，他此次入京与外国谈判时，大家都已知道只有他一人能救此危急，于是称赞他的声音又多了起来，可以说他是死得其时了。慈禧也降下懿旨：

> 大学士一等肃毅伯直隶总督李鸿章，器识湛深，才猷宏远，由翰林倡率淮军，戡平发捻诸匪，厥功甚伟。朝廷特沛殊恩，晋封伯爵，翊赞纶扉。复命总督直隶兼充北洋大臣，匡济艰难，辑和中外，老成谋国，具有深衷。去年京师之变，特派该大学士为全权大

臣，与各国使臣妥立和约，悉合机宜。方冀大局全安，荣膺懋赏，遽闻溘逝，震悼良深。李鸿章着先行加恩，照大学士例赐恤，赏给陀罗经被，派恭亲王溥伟带领侍卫十员，前往奠醊，予谥文忠，追赠太傅，晋封一等侯爵，入祀贤良祠，以示笃念荩臣至意，其余饰终之典，再行降旨。

谥号“文忠”仅次于“文正”。晚清的林则徐、胡林翼、文祥等曾获此赠谥，他们个个生前都是朝廷重臣，立下不朽功勋，故而要想像他们一样获得“文忠”之谥，名望和功勋都不得比这几人逊色。赐李鸿章谥“文忠”，正是根据李鸿章一生的显赫政绩及崇高威望地位而定的。

李鸿章一辈子在镇压太平天国、兴办洋务、剿捻中都对清廷颇有建树；同时，也有人根据他参与签订的中法、中日及中俄和约骂他是“卖国贼”，然而李鸿章却死得其时，因为1900年清廷利用义和团的排外行为几乎直接导致清朝的灭亡。李鸿章当时任两广总督，在朝廷的不断催请下进京与各国和谈，清王朝才免除灭顶之灾，同时也给饱受战乱的北方城镇带来了和平。能做到这一点的清朝官员也只有李鸿章一人，这又给他带来了不少的赞誉。

李鸿章的去世给清王朝的打击是难以挽回的。是晚清朝廷最震动的一件事。